U0448020

钱商

ILYA STREBULAEV
ALEX DANG

The
VENTURE MIND$ET

投资、决策与财富增长的 9大思维

HOW TO MAKE SMARTER BETS
AND ACHIEVE EXTRAORDINARY GROWTH

[美]伊利亚·斯特雷布拉耶夫　[美]亚历克斯·邓————著
崔传刚————译　陈劲 况婧————审校

中信出版集团｜北京

图书在版编目（CIP）数据

钱商：投资、决策与财富增长的 9 大思维 /（美）伊利亚·斯特雷布拉耶夫,（美）亚历克斯·邓著；崔传刚译 . -- 北京：中信出版社 , 2024. 12. -- ISBN 978-7-5217-6940-1

I. F830.59-49

中国国家版本馆 CIP 数据核字第 2024D00X18 号

The Venture Mindset: How to Make Smarter Bets and Achieve Extraordinary Growth by Ilya Strebulaev and Alex Dang
©2024 by The VC Mindset, LLC
Simplified Chinese translation copyright ©2024 by CITIC Press Corporation
ALL RIGHTS RESERVED
本书仅限中国大陆地区发行销售

钱商：投资、决策与财富增长的 9 大思维
著者： ［美］伊利亚·斯特雷布拉耶夫
　　　　［美］亚历克斯·邓
译者： 崔传刚
审校者： 陈劲　况婧
出版发行：中信出版集团股份有限公司
（北京市朝阳区东三环北路 27 号嘉铭中心　邮编　100020）
承印者：中煤（北京）印务有限公司

开本：787mm×1092mm　1/16　　印张：23　　　　字数：380 千字
版次：2024 年 12 月第 1 版　　　　印次：2024 年 12 月第 1 次印刷
京权图字：01-2024-3111　　　　　 书号：ISBN 978-7-5217-6940-1
定价：69.00 元

版权所有·侵权必究
如有印刷、装订问题，本公司负责调换。
服务热线：400-600-8099
投稿邮箱：author@citicpub.com

献给安雅、丹尼尔和伊丽莎白
——伊利亚·斯特雷布拉耶夫

献给玛莎和蒂姆
——亚历克斯·邓

目录

推荐序一
来自风险投资人的决策框架 _V

推荐序二
明智决策、坚持不懈以及适应变化的思维 _IX

前言 向风险投资人学习 _XIII
引言 高回报行为背后的九大原则 _XV

第1章　三振无关紧要，重要的是本垒打 _1
不要在乎小钱，重要的是最终赚到钱

失败乃兵家常事 _3
大胆出击 _6
风险投资人的最大噩梦 _10
在创新中失败，在失败中创新 _12
凡事皆有定数 _18
不幸的公司各有各的不幸 _20
失败之王，本垒打捕手 _23
构建自己的金字塔 _26

第 2 章　**打破藩篱，主动出击** _31
　　　　　善于通过人脉找到新机会

　　你是来买地毯的，还是来融资的？　_33
　　广交人脉　_38
　　不要等待机会，要创造机会　_43
　　每个回应都很重要　_48
　　谁需要一台复印机？！　_54
　　时刻保持警惕　_61
　　意外因素的力量　_67

第 3 章　**打造有准备的头脑** _71
　　　　　有备而来才能果断、明智决策

　　为什么我不想投资？　_73
　　鲨鱼、龙和致命缺陷　_76
　　一望便知　_80
　　专业知识乃成功之必需　_86
　　分秒必争　_91

第 4 章　**学会说"不"，而且要说 100 次** _95
　　　　　管控好决策风险

　　如何为存钱罐出价？　_97
　　说"不"是风投的天性　_101
　　抑险工程师　_107
　　切莫堵塞流程管道　_111
　　持续说"不"的力量　_115

第 5 章　押注骑师，而不是马匹 _119
找到对的人是赚钱的关键

第二次机会　_121
赛马和捕捉独角兽有什么共同之处？　_127
创建你自己的赛道　_131
做突破常规的创新多面手　_136
骑驴赢不了赛马　_141
下一个发明家可能就在你身边　_147

第 6 章　和而不同 _ 151
善于倾听不同意见，并从中得到启发

有样学样　_153
警惕共识　_160
魔鬼也需要代言人　_166
莱克尔：叛逆的力量　_171
避免一致犯错的风险　_177

第 7 章　要么加倍下注，要么果断退出 _181
学会按轮次逐步思考

风投赌场：弃牌、跟注还是加注？　_183
按轮下注　_185
你的选择权很重要　_190
决策者的滑坡效应　_194
谁想成为百万富翁？　_199
杀手本能　_207
把握退出时机　_211

第 8 章　把蛋糕做大 _215
要想获得高回报，就要做好激励

同舟共济　_217
水涨船高　_220
薪酬革命　_223
激励驱动行为　_225
你怎么出钱，人家就怎么出力　_232
贪婪不是好事　_235

第 9 章　着眼长期 _241
对目标保持足够的耐心和战略定力

激发长期思考　_243
浴火重生　_247
无价的资产　_251
着眼长期　_257
棉花糖越多越开心　_264

结语　_271

附录　风投式思维实操手册　_279
致谢　_281
注释　_287

推荐序一
来自风险投资人的决策框架

作为一名长期从事创新管理与战略研究的学者，我非常高兴参与伊利亚·斯特雷布拉耶夫教授的著作《钱商：投资、决策与财富增长的9大思维》中文版的审校并作序。这本书并不仅仅是一本关于风投资本的指南，它更是一个桥梁，连接了学术界关于战略管理和创新的严谨研究与实际商业世界中的成功案例。这本书不仅揭示了风险投资行业的独特思维模式，更为中国企业的创新与发展提供了极具现实意义的借鉴和指导。斯特雷布拉耶夫教授将他多年来对风险投资的深入研究与他所观察到的企业成长之路完美结合，为读者呈现了一种既可以运用于商业管理又适用于各行各业的思维模式。

风投式思维不仅仅是一种投资理念，更是一套适应当今快速变化和高度不确定性世界的决策模式。它教会我们如何通过多元的思维方式去迎接失败、管理风险并最终获取成功。作者通过对硅谷最成功企业背后的风投模式的解析，帮助读者深入理解如何从微小的创新中实现大规模的增长，为我们展示了如何运用风投的核心思维，帮助企业在不确定性中找到方向，并通过科学的决策模式和前瞻性思维取得成功。书中的九项原则不仅适用于风险投资行业，对任何领域的领导者和决策者而言，同样具有深远的指导意义。

近年来，中国经济的快速发展得益于创新驱动战略的不断推进。

从"互联网+"到人工智能,从新能源汽车到生物科技,中国各行业的创新步伐令人瞩目。无论是高科技领域的快速崛起,还是传统制造业的转型升级,创新都在其中扮演着至关重要的角色。然而,如何在复杂多变的市场环境中实现持续增长和突破性创新,是所有企业领导者和投资人都面临的共同课题。《钱商:投资、决策与财富增长的9大思维》一书为此提供了重要的启示。

对中国企业而言,风投式思维具有极强的借鉴意义。中国市场规模庞大,但竞争激烈。企业在寻求创新时,往往面临着技术、市场和管理等多重挑战。在这样的背景下,风投式思维所倡导的敢于失败、灵活决策、重视长期发展的理念,正是中国企业突破困境、实现跨越式发展的关键。这不仅仅适用于初创企业,对那些正在寻求转型升级的传统企业来说,风投式思维同样能提供有力的战略支持。

在中国,企业家精神和创新飞轮正在全面释放,但同时,企业普遍面临着如何在短期业绩压力和长期战略之间找到平衡的问题。本书通过一系列翔实的案例,帮助企业管理者理解如何在保持灵活性的同时,制定长远的战略目标。这种注重长期价值创造的思维模式,特别契合当前中国企业在全球竞争中面临的挑战。

此外,风投式思维中的团队优先和鼓励多样化意见的理念,也与中国企业文化中的团队合作和创新精神不谋而合。中国企业在快速发展的过程中,如何有效激发团队的潜力,如何在企业内部构建创新的文化氛围,是决定企业能否保持持续竞争力的重要因素。斯特雷布拉耶夫教授通过对硅谷成功企业的深入剖析,展示了这些企业如何通过建立高效的团队文化和创新机制,最终实现了行业的颠覆性变革。

在中国当前的商业环境中,政策导向、市场需求和技术创新正以前所未有的速度交织在一起。无论是互联网巨头的崛起,还是新兴产业的涌现,都展现了中国市场的巨大潜力。而风投式思维提供了一种系统化的创新框架,帮助企业在这一复杂环境中找到前进的方向。无论是初创企业还是传统企业,通过学习和应用风投式思维,都能够更好地把握未来发展的机遇。

总的来说,这本书是一部对中国企业极具启发性的著作,它为中国的企业家和管理者提供了一个全新的视角:如何在不确定性中寻找确定性,通过系统的创新管理实现企业的持续发展。这本书不仅适用于科技创新领域,对传统行业的转型升级同样具有现实的指导意义。中国企业正在走向全球,而全球化的竞争环境要求企业具备更强的创新能力和应对风险的智慧。通过学习和借鉴风投式思维,中国企业将在未来的全球竞争中更具优势。

陈劲

清华大学经济管理学院教授

中国管理科学学会副会长

《清华管理评论》执行主编

推荐序二

明智决策、坚持不懈以及适应变化的思维

你手上所拿的是一本非常重要的著作。知识、创业精神和创新总能超越国界,并在世界范围内自由传播。《钱商:投资、决策与财富增长的9大思维》在美国已经成为畅销书,并被翻译成多种语言,现在这本书终于在中国与大家见面,这令我尤为激动。

作为一名从硅谷起步并最终创立起一家全球性公司的创业者,我经历了诸多的错误、失败以及起伏,并从中吸取了许多的经验教训。真希望我在创业之初就能读到这本书。没有任何一本书能够让创业者或投资者避开所有的挫折,因为很多挑战都是不可避免的,但有些书确实能成为指明方向的罗盘,帮助我们做出更明智的决策,引导我们在不确定性中正确前行。《钱商:投资、决策与财富增长的9大思维》就是这样的一本书。

在这本书中,斯坦福大学商学院的伊利亚·斯特雷布拉耶夫教授和创新实践者亚历克斯·邓揭示了驱动风投行业和硅谷取得非凡成功的核心原则。他们将数十年的研究和经验浓缩成九大关键原则。任何商业领袖或创业者,无论是身处硅谷还是在北京、上海或深圳等充满活力的中国科技中心,都可以对这些原则加以运用。本书阐释了在创业过程中审慎承担风险、构建多元化人脉网络、重视人才以及致力于长期增长的重要性。这些都是在构建成功企业过程

中不可或缺的宝贵经验。

Zoom 的实际发展历程完美诠释了这些原则。我们的早期投资者相信我们的团队以及我们的技术潜力。他们的信任以及我们对客户体验的不懈专注，是我们得以成为视频会议市场领军者的关键因素。成功并非一蹴而就，我们花了十多年心血才打造出一款为全球数亿人所使用的产品。正如这本书所述，这一成就是在一种明智决策、坚持不懈以及适应变化的思维指引下取得的。

本书中提到的许多原则都在 Zoom 的发展过程中起到了重要作用，我相信这些原则也会为你们带来启发。这本书为读者揭示了硅谷的运作方式，并为创业者和决策者提供了宝贵的见解。同时它也提醒传统企业，创新永不会停歇，新的产品和服务总是在不断涌现。

这本书并非一本普通的励志读物，相反，它是一本基于斯坦福大学斯特雷布拉耶夫教授及其团队近二十年研究成果、严谨且具有数据支撑的指导性图书。本书中的观点还得到了亚历克斯·邓在亚马逊和麦肯锡实战经验的印证。两位作者对全球诸多公司进行了案例研究，并据此提出了深刻的洞见。这些案例企业很多都是从小型初创公司起步，在风投式思维的指引下不断发展壮大，并最终成长为全球性领军企业。这本书所总结的各项经验不仅仅适用于初创企业的创始人，对于那些希望推动创新并适应新市场现实的成熟企业领导者也同样具有重要意义。

当年我初到美国之时，世界上大多数的创新科技公司都位于美国西海岸，尤其是硅谷。但现在形势已然发生变化。如今，中国的初创企业数量已与旧金山湾区不相上下。利马、雅加达、底特律和内罗毕等地的创业者们也在纷纷创办公司，其团队则分布于全球各地（因为 Zoom，他们仍能像一个团队一样无缝协作！）。当下正是在全球各地开启新事业的绝佳时机。从很多方面看,全球许多企业,包括来自中国的公司,都已经在践行这本书所倡导的大胆尝试、搭建创新平台以及快速扩张等原则。阿里巴巴、腾讯和字节跳动等公司的故事已经证明,通过运用这些策略,中国的初创公司同样能够成长为改变世界的企业。

在新的时代背景下,人工智能正在颠覆各行各业,企业组织则必须更加倚重技术驱动。这本书则提醒我们,公司无论规模大小或处于哪个行业,都需要通过勇于创造、大胆尝试以及不断创新来构建具有韧性且面向未来的组织。

谦逊以待,心怀好奇,持续精进!

袁征

Zoom 创始人

前言

向风险投资人学习

下一个能够改造现有行业、颠覆传统企业并改变当下世界的大事件是什么？本书所关注的，正是以寻求这个问题答案为业的那一群人，他们被称作风险投资人，是我们身边最具创新性组织背后的智囊。风险投资人每天都在四处搜寻创新的想法，并借此取得了卓然不群的成就。他们总是能够识别出伟大的创意和优秀的团队，并帮助他们成长为类似亚马逊、苹果、谷歌、特斯拉、网飞、莫德纳（Moderna）或太空探索技术公司（SpaceX）的公司。风险投资人致力于发现未来并投资未来。

但本书要讲的并不是如何成为一名成功的风险投资人。本书所讨论的，是人们如何通过向风险投资人这一群创新大师学习，在提升自我的同时，促进企业攀上新高峰。本书内容适用于任何行业的每一位决策者。本书会教你如何发现新机会，培养出适合的人才，培育创新文化，承担适当的风险，并实现超凡的增长。何以实现这些目标？关键是发扬并运用风投式思维。

风投式思维是一种崭新的思维模型，依据这一模型，失败乃是必需，尽职调查是重中之重；要鼓励不同意见，为了找到最终赢家要敢于舍弃；要及时止损，也要坚持长期主义。

本书两位作者中的一位是斯坦福大学的教授，另外一位则担任技术行业的高管。我们已经对风投式思维进行了多年的研究，并为那些想要实现跨越式发展并超越竞争对手的组织找到了将其付诸实践的方法。在过去的十年里，我们发展出了风投式思维的九项原则，并制作了一份适用于所有组织的操作规范。

我们在硅谷完成了本书的写作，在硅谷，创新生机勃勃且无处不在，但本书的目标读者却是那些远离这一创新中心的人。颠覆性创新无国界，绝不应局限于风险投资基金和风险投资所支持的企业。

无论你身处哪一行业哪一区域，现在就请行动起来，充分运用风投式思维来发掘和投资下一项革命性成就。不管身居小型工厂还是写字楼，不管你做的是营销还是供应链，最重要的是具备正确的思维模式——风投式思维模式。

引言 高回报行为背后的九大原则

时间回到 2012 年 11 月，此时三位风险投资人——萨钦·德什潘德、帕特里克·埃根和纳格拉吉·卡什亚普——需要做出一项决定：他们是否应该向一家名为萨斯比的小型初创公司投资 50 万美元。

当年的早些时候，通过卓越硅谷天使投资人比尔·塔伊的介绍，卡什亚普结识了萨斯比的创始人。这位创始人宣称，萨斯比将彻底改变人们在后 PC（个人电脑）时代进行视频会议的方式。萨斯比的英文 Saasbee 是由 SaaS 和 bee 这两个单词组合而成的。在英文中，SaaS 是 "software as a service"（软件即服务）的缩写，bee 则表示勤劳的昆虫蜜蜂。卡什亚普所领导的高通创投是高通这家大型半导体制造商所设立的一个投资部门，主要负责对有前景的初创公司进行投资。在高通位于圣迭戈的总部，卡什亚普和他的团队已投资了全球 300 多家初创企业。这个团队今天可能在忙着评估韩国的纳米技术，明天又可能在试着去了解位于巴西的某家软件初创公司。他们遇到的每一位创业者都自诩能做出一番惊天动地的成就，卡什亚普对此早已司空见惯。这次会有什么不同？

2012 年，视频通信领域的竞争已然异常激烈。电信巨头思科的子公司网迅（WebEx）是一家实力强劲的老牌企业，已拥有数百万注册用户。Skype（讯佳普）在前一年被微软收购。谷歌正在努力改进

Google Plus 的环聊功能。网络会议服务公司会翼通（GoToMeeting）也在近期对用户容量进行了扩展。此外还有一众新近成立的初创企业，例如资金实力雄厚的 B2B（企业对企业）视频会议平台 BlueJeans Network 和移动视频会议应用 Fuzebox 等，也在竞相分食这块业务蛋糕。

萨斯比的创始人认为他的这家小型初创企业终将脱颖而出，甚至可以击败网迅。但截至 2012 年 11 月，萨斯比还没有一个付费用户。而且别忘了，在 2012 年的时候，人们更喜欢见面交谈或直接打电话。

萨斯比的创始人是一位出生于中国的工程师，英语不怎么灵光，在硅谷已经住了十几年。初到美国之时，他被网迅公司录用。2007 年思科收购网迅时，他选择了留任。后来他向公司建议开发一款适用于智能手机的视频会议工具，但遭到了管理层的拒绝，于是他离开了思科。

萨斯比到底有没有创始人所宣称的那般前景广阔？为了更深入了解这家企业，卡什亚普向他的同事萨钦·德什潘德求助。"你能帮我调查一下这个公司吗？"他说道，"你可是我们中最懂这块业务的，请帮我好好看看。"德什潘德曾与人共同创立过一家 TikTok（海外版抖音）风格的视频公司，并于 2010 年被高通收购。他对视频行业非常感兴趣，并投入了大量时间和精力来研究这一蓬勃发展的领域。

德什潘德在接受采访时对我们说："在与创始人通了一次电话之后，我就爱上了这家公司。"两天之后，他飞到旧金山湾区同创始人会面。凭借在视频领域的经验，德什潘德发现萨斯比确实不同于一般的竞争对手。视频可是最难在移动界面运行的应用程序，但当他点开萨斯比公司的软件时，却发现其视频流非常清晰，没有任何中断或延迟。然后,德什潘德又切换到自己手机上——画面变小了,但质量却与在笔记本电脑上毫无二致。这款产品的用户体验非常好。创始人对视频会议市场的理解非常深入,这也让德什潘德倍感惊讶。他飞回圣迭戈,对卡什亚普说:"这是一家与众不同的企业,我们必须向萨斯比投资 500 万美元。"

德什潘德的同事帕特里克·埃根也参与了进来。埃根是名文科生,本对金融一窍不通,后来他加入了伦敦的一家大型投资银行,每周长达 100 小时的工作让他得到了深度锤炼。之后他返回学校攻读 MBA(工商管理硕士)学位。在找工作时,他面试的大都是对冲基金和传统的投资管理公司。最终他获邀加入高通创投,成为这个团队中的一名初级成员。正如德什潘德经常对我们说的,埃根在高通创投逐渐蜕变为"一名极具创意的种子融资奇才"。

高通总部位于圣迭戈,但在 2010 年,埃根搬到了硅谷,并迅速成长为一名专注于为同事寻找初创公司投资调研机会的"交易狂人"。萨斯比创始人对打造卓越产品的执着态度给埃根留下了深刻印象。在旧金山市中心市场南区的菲尔兹咖啡店见过第二次面之后,埃根认为这位萨斯比的创始人也是一位相当出色的推销员。"这可真是一名拥有销售天赋的技术大咖!"多年后埃根对我们如此感叹道。

2012 年 10 月初,卡什亚普和团队从圣迭戈飞到高通在硅谷的办事处,在一天内会见了六家初创公司,萨斯比就是其中之一。一些参与者称,当现场演示即将开始时,办公室的网络连接出现了问题。萨斯比的创始人说:"我们的办公室离这里很近,要不去我们公司?"于是他们都去了萨斯比的小办公室。在那里,跨越多种设备的无缝演示让卡什亚普立即意识到,整个视频通信行业的潜在市场可能非常巨大。

现在三个人都在推动高通创投成为萨斯比的领投方,承诺投资金额至少为 300 万美元。在一周之内,德什潘德和卡什亚普便把这个项目机会介绍给了风投团队的其他成员,也就是将其提交给了投资委员会。但没有人对这个项目感兴趣,其他的团队成员都对萨斯比充满了质疑。同事们的疑虑让卡什亚普、德什潘德和埃根感到失望,但这种反应也在意料之中。他们看到了太多的不确定性和危险信号。视频会议赛道本身已经很拥挤,而且萨斯比所瞄准的小企业群体是一个非常难切入的市场。萨斯比和其他竞争者的技术差异也不明显。创始人英语水平不高的问题则受到了过分关注。而且,对一家只有一位创始人、工程师团队都在中国且没有任何客户的初创公司来说,2000 万美元估值似乎过高。目前,至少有八家其他风险投资公司放弃了对萨斯比的投资,这一令人不安的事实更是加深了他们对估值的疑虑。[1] 为什么会这样?这是因为他们的办公室里都装有昂贵的思科网真系统[①],并配备高速网络。如果你有私人司机,你也会很容易低估优步的潜力。

要不是因为高通创投在运营中的一项独特之处,这个故事到此可能已经进入了曲终人散的尾声。对于这类非常规的交易,他们还有另外一个解决办法。2010 年,针对那些规模较小、风险往往更高的投资项目,高通成立了一只早期基金。"当然,从法律上来说,它本身并不是真正的基金,"卡什亚普多年后向我们回忆道,"但从概念上讲,它就是基金。"这只基金最核心的特点是可以绕开烦琐的官僚主义,快速进行小规模的投资。埃根领导着这只早期基金,并有权从预先批准的资金池中拿出最高 50 万美元来独立进行投资。当然,

---

[①] Cisco TelePresence,思科推出的一套视频会议系统。——译者注

如果他投资的项目失败，这种自由裁决权也意味着他需要为失败承担更多的责任。

也就是说，这三个人已经找到了一条进行非常规投资的另类方法。他们完全可以无视其他成员的反对，从高通的基金中拿出 50 万美元来投资萨斯比。但是否值得冒这个险呢？

卡什亚普和埃根最终在德什潘德的支持下进行了这笔交易。最终结果证明，这是高通创投迄今为止投资回报最高的一笔投资，不仅如此，它还促成了全球数亿人日常生活的变革。你可能就是被改变的人之一。

你没有听说过萨斯比的原因在这里

你肯定知道这家视频会议公司，只是它现在有着不同的名字。该公司在 2011 年创立时名叫萨斯比，但到 2012 年底高通对其进行投资时，该公司的创始人袁征将其更名为 Zoom 视频通信公司。

没错，就是那个 Zoom，那个在新冠疫情期间陪伴了我们千百万人的 Zoom。2019 年，Zoom 以超过 90 亿美元的估值上市，而得益于上述三位敏锐投资者的努力，高通占据了该公司 2% 的股份。在 2020 年，Zoom 的市值一度超过 1500 亿美元。[2]

自此，Zoom 便被誉为现代最伟大的创新之一。创始人袁征也被视为一位雄心勃勃、高瞻远瞩、富有创见的企业家。作为一家预算和人力都极为有限的初创企业，Zoom 是如何在视频通信领域取得一系列革命性进步的？它何以能够击败思科、微软和谷歌这些拥有巨额预算和众多天才工程师的强大竞争对手？与其他成功的创新公司相比，Zoom 的故事有何独特之处，是什么让其与众不同？高通的风险投资人只是运气好而已吗？

Zoom 确实取得了巨大成功，但它可不是唯一取得成功的企业。恰恰相反，它只是众多革命性的年轻企业之一，在过去的 50 年中，有很多企业取得了巨大成功，并极大地改变了世界。想想苹果、思科、脸书、谷歌、网飞、亚马逊、优步、特斯拉、SpaceX，或者想想高通的其他三项投资：诺美（Noom）、驰行（Cruise）和睿安（Ring）[①]。Zoom 改变了人们在线互动和交流的方式，这些公司和许多其他公司则在其他领域做了同样的事情，颠覆和革新了全球的行业和传统。毫无疑问，还有许多更卓越的公司在不断涌现——人们也许还没听说过这些公司，但它们已经在某人的车库或卧室里孕育启动了。

所有这些著名的成功故事都有一些共同点。它们都是由小型创业团队创建的私人企业。它们都是近年来发生的故事。苹果是迄今为止我们提到的最老的公司，成立于 1976 年。此外，这些公司在其成长早期的最关键时刻，大多数都位于加州硅谷，或者与硅谷存在联系。

然而，这些公司发展轨迹的最重要特征还是它们的融资方式。一般来说，创业者会有很好的想法，却没有足够的资金来实现这些创意。袁征就是一个典型的例子。袁征在创立 Zoom 时绝非身无分文，但是要想打造一款能够在拥挤市场中存活下来，甚至能够与思科的网迅等公司展开竞争的产品，他就需要筹集远超其个人财富的巨额资金。但融资这件事，可是说起来容易做起来难。

金融体系为寻求资本的公司提供了多种选择。一些公司会选择

[①] 诺美是一家专注于帮助用户减肥和提高健身水平的公司，驰行是一家自动驾驶技术公司，睿安是一家智能门铃硬件开发商。——译者注

在公开市场融资,但股票市场更喜欢拥有现金流和对未来利润有合理预期的成熟企业。当德什潘德和埃根第一次见到袁征时,Zoom根本没有这些东西。事实上,直到2012年12月,Zoom才争取到第一个付费客户——斯坦福大学的继续教育学院,而且这份合同的价值仅为2000美元。如果只是这种水平的收入(或者连这点收入都没有),你就很难进入投资者的视野。企业确实也经常从银行和债务市场筹资,但如果你是一名银行信贷员,并打算向Zoom提供贷款,你的主管会立马解雇你。你的主管显然是明智的。Zoom当时不仅没有收入,而且连抵押品也没有。银行无法向这些没有有形实物资产、收入或担保的公司提供贷款。还有一些公司是靠各种赠款起步的,它们的初始资金往往来自家人、朋友和一些个人投资者(这类人被形象地称为"天使投资人"),Zoom在2011年创立时就属于这种情况。然而,这些资金并不足以让这些企业顺利进入规模扩张的阶段。

简而言之,在2012年,很少有人同时具备押注Zoom所需的可用资金及勇气。然而,有一类投资者却两者兼具。

风险投资的重要性

在埃根代表高通创投和Zoom达成了一项投资50万美元的协议之后,2014年,另一家硅谷投资公司新兴资本(Emergence Capital)向Zoom投资了2000万美元。两年后,Zoom已经声名鹊起,但仍未盈利,此时红杉资本等又向其投资了1.15亿美元。[3]

高通创投、新兴资本以及红杉资本都属于风险投资基金,简称为风投(VC)基金。在过去很长一段时间里,风投的运作模式一直鲜为人知。与整个金融体系的庞大规模相比,它们的资金规模相对较小，且绝大多数位于加州，尤其是硅谷。它们专注于投资小型、新兴、富有创业精神的公司。它们不是那种家喻户晓的金融机构。

例如，在2014年，即投资Zoom的那一年，新兴资本管理的资金还不到6亿美元。作为最大的风险投资公司之一，红杉资本投资Zoom的那只基金的规模也只有大约20亿美元。相比之下，作为共同基金的先锋集团在2012年时管理着超过2万亿美元的资产，这大约是新兴资本和红杉基金总价值的800倍。直到大约10年前，仍有许多专业人士和投资者没有听说过风险投资基金，这是一个远离世界金融中心的小众领域。

然而，正是风险投资人成就了Zoom、优步和SpaceX等一众公司。他们为看似疯狂的想法提供早期资金，而这些想法有时会取得令人瞩目的成功。例如，正是在风投的支持下，我们才有了谷歌、思科、脸书、网飞、亚马逊、特斯拉，过去几十年来美国最引人注目的成功故事，大都是拜风险投资所赐。此外，风险投资现已成为一种全球现象。澳大利亚的可画（Canva，一家在线设计软件平台）和Atlassian（一家主要为软件开发者及项目经理设计软件的公司）、中国的阿里巴巴和腾讯、新加坡的Shopee（一家电商平台）、阿根廷的Mercado Libre（拉美最大的电商平台）以及印度尼西亚的Gojek（一家网约车服务应用平台）等公司，都是由风险投资造就的传奇。风险投资致力于发掘并投资于各类初创企业，这些初创企业在当时皆毫无知名度，通常也就是有一个小的管理团队和一份涂写在餐巾纸上的商业计划书。

然而，尽管人们对风险投资及其重要性的认知在不断增强（尤其是在科技行业），但硅谷之外的大多数人，甚至硅谷内部的许多人，仍对风险投资公司的实际运作方式不甚了解。从数百甚至数千家竞逐资金的初创公司中选出它们认为最有前途的初创公司，这只是风投公司工作的第一步。与富达（Fidelity）和很多其他的投资公司不同，一旦风险投资公司投资了一家企业，它们会积极介入这家企业的成长，并尽力帮助这些羽翼未丰的企业获得成功。[①]在高通创投投资了Zoom之后，萨钦·德什潘德便加入了Zoom的董事会。[4]紧接着，新兴资本的桑蒂·萨博托夫斯基也进入了董事会。事实上，在一家初创公司中投资最多的风险投资公司，几乎总是会以获得董事会席位作为投资条件之一。它们会继续在这些公司的生命周期中扮演十分积极的角色。许多风投还会不断招徕其他投资者，为初创企业获取更多推动增长的资本。

Zoom的故事有不少特殊性，但算不上独一无二。事实上，这只是一家成功初创公司的缩影。想想爱彼迎、优步、赛富时或特斯拉，这些企业在最初的时候，在资金、资源、支持以及经验方面都比不上那些体系成熟、持续盈利以及资金充裕的对手，但它们还是对老牌企业成功发起了挑战。

那么，已有50余年历史的风险投资，对企业到底有多大的作用？在2015年，斯坦福大学教授伊利亚和他的一名博士生威尔·戈纳尔对1970年代中期以后成立并已上市的美国企业的融资经历进行了研究。他们想搞清楚每家公司在股票市场首次公开募股（IPO）之前，都是从哪里获取发展资金的。

结果显示，自1970年代以来成立的每100家上市公司中，有50家得到了风险投资基金的支持。若以市值来衡量，这些风险投资

[①] 富达和先锋等一样，都属于共同基金，这类基金类似于中国的公募基金，基本上不会直接参与或干涉企业的经营管理。当然，由于这些基金拥有投票权，因此从本质上来说也可以在一定程度上影响企业的经营。共同基金一般不会投资初创企业。——译者注

所支持公司的市值，占到了股市总市值的 3/4。无独有偶，2016 年 7 月 29 日，商业界发生了一件惊天动地的大事（尽管相对不为人知），当天，随着脸书总市值超过伯克希尔 – 哈撒韦公司，美股上市公司市值的前五名完全由风投所支持的企业占据，这五家企业分别是苹果、微软、字母表（谷歌）、亚马逊和脸书。自 2016 年以来，尽管市场波动不断，这些公司始终占据着榜单的前几名（最近崛起的英伟达和特斯拉，同样是由风投支持的企业）。

伊利亚和威尔还进行了跨国比较。你有没有想过，为什么美国的大型科技公司总是层出不穷？你听说过德国的谷歌、法国的特斯拉、日本的亚马逊、意大利的脸书、英国的苹果或加拿大的微软吗？显然没有。原因就在于风险投资。美国的风投行业自 1970 年代末以来就迅速扩张，而七国集团（G7）中的其他国家直至最近才创建起有一定生存能力的风投行业（有些国家在这一领域仍毫无建树）。自美国风投行业崛起以来，美国新成立的公司数量是 G7 其他国家总和的两倍。伊利亚和威尔的研究表明，在目前美国最大的 300 家上市公司中，有 1/5 的公司是在风险投资人的推动下建立的。此外，他们估计，如果没有风投，美国那些由风投支持的最大规模企业，有 3/4 根本不会存在或达到目前的规模。所以说近年来风投在全球的兴旺对全球经济的未来具有重要意义。

这些数据令人信服地表明，风险投资行业是促进美国商业发展的一个重要引擎（我们希望美国联邦政府和加利福尼亚州政府的政策制定者能够更多关注到这一点！）。但本书的主旨并不是为风险投资行业唱赞歌。本书要讲述的，是当下的决策者（包括正在读本书的你）该如何理解和应用风投界通过试错和实践所得出的那些能够改变世界的技能。

世界正在发生变化。此前，在我们所熟知的各种发展故事中，无论是个人电脑、商业互联网、智能手机、社交网络、植物人造肉，还是民营太空火箭发射，其核心主角一直都是其创始人。在企业家精神的驱使下，创始人将未来的愿景变成现实，我们则总是会被他们的独特个性所吸引。但是如果没有投资人为他们的愿景提供资金，他们就不可能做到这一切。风险投资人不仅利用他们的资金推动了那些颠覆性企业的崛起，还带来了一种独特的成功和失败的方法，而且这种方法已经融入他们所支持的每家公司的基因之中。我们将这种独特的思考方式称为风投式思维。

风投式思维

经验告诉我们，这种思维方式与世界各地大公司的思维方式有着明显的不同。从招聘流程和投资项目的选择，到对创意孵化和决策制定的态度，这些差异几乎贯穿于企业所面临决策的每一个方面。风险投资人与传统企业管理者、政府领导人、监管机构和非营利组织有着截然不同的决策方式。

风投式思维并不是一夜之间冒出来的，相反，它是经过数代决策者（其中很多人都来自硅谷）反复试错，并通过数十年的发展所得出的成果。风险投资人之所以形成这种思维模式，是因为他们所面临的是一种需要以极端灵活性来做出极端选择的环境，因此必须找到能够适应这种环境并能够在这种环境中生存和发展的方法。在本书中，我们将会向大家展示众多看似微不足道却十分有效的行事方法，风险投资人正是以其独特行为创造了这些方法，并利用其影响了由成千上万初创企业所构建的生态圈，缔造了众多颠覆整个行业甚至创造了全新行业的企业。我们会观察那些成功采用风投式思维从而取得巨大成功的公司，诠释应如何向它们学习以取得非凡成就。我们还会解释，为什么在当下我们所面临的高度不确定的环境中，传统思维模式已经不起作用，也无法再发挥作用。

从历史上看，世界各地的成功都是建立在连续性、保守主义和传统的基础上的，从纽约到伦敦，从孟买到悉尼，无不如此。几十年来，稳定增长一直是企业界和政界的金科玉律。在小步快走、渐进式、按部就班的创新环境下，稳定性和连续性都至关重要。如果你的业务符合这一特征，那么你就不需要风投式思维，或者至少就部分以稳定性和连续性为目标的业务来说，你不需要它。但这些不再是企业的唯一目标。技术的快速进步意味着没有哪个行业能够真正保持稳定（这种快速进步很大程度上来自由风险投资支持的企业）。没有人能够幸免于被颠覆的可能性。

企业领导者当然了解这一点。事实上，现在他们中的大多数都预计自己的行业会发生颠覆。他们的反应在很大程度上受到恐惧和机遇的共同驱动。恐惧是因为颠覆的冲击将使许多现存的商业模式和公司变成明日黄花；机遇，则是因为人们看到了领先于竞争对手并巩固其行业领导地位的绝佳可能性。然而，一家企业的各个业务部门总是以千篇一律的方式来追求和构建所谓的创新理念，而这样的创新终究会以失败告终。当今的领导者往往不明白，颠覆性创新的前提是你必须具备差异化的思维方式。

风投式思维的九大原则

在本书中，我们将向现代决策者展示应当如何在各种组织中有效地应用风投式思维。我们将利用九个章节的内容向读者展示九种不同的风投式思维原则（见图 1）。多数人未能有效践行甚或从未尝试过这些成功的方法。在每一章中，我们都会指明这些思维方式的具体要点以及该如何展开实际行动。你可以在传统环境中应用这些方法，并产生立竿见影的效果（参见附录"风投式思维实操手册"中列出的 30 种方法）。我们还介绍了一些更基础性的原则，以帮助你重新思考自己组织的构建路径。我们甚至会教你如何将风投式思维应用于众多的个人生活决策之中。

1 商业模式	2 寻找项目	3 初步筛选
三振无关紧要，重要的是本垒打	打破藩篱，主动出击	打造有准备的头脑
鼓励：进行大量的小规模押注	鼓励：建立多样化人际关系网	鼓励：将学习作为一种前期投资
避免："失败不是选项"心态	避免："非我所创"综合征	避免：分析导致瘫痪

4 尽职调查	5 选择标准	6 决策制定
学会说"不"，而且要说 100 次	押注骑师，而不是马匹	和而不同
鼓励：创建大型管道	鼓励：人优先于流程	鼓励：鼓励不同意见
避免：错失恐惧症	避免：流程优先于人	避免：群体思维和寻求共识

7 后续轮次	8 激励举措	9 退出时机
要么加倍下注，要么果断退出	把蛋糕做大	着眼长期
鼓励：保持灵活性	鼓励：对价值创造予以奖励	鼓励：着眼长远
避免：承诺升级	避免：限制领导者上升空间	避免：短期主义

图 1　风投式思维的九大原则

回顾 Zoom 的故事，我们便可以看到这些原则所发挥的作用。对 Zoom 的投资者来说，他们最关心的是公司的增长潜力。押注袁征公司的人预期会获得巨额回报，并最终如愿以偿。风险投资人知道，在他们的世界中，**三振无关紧要，重要的是本垒打**。大多数风险投资项目都会以失败告终。你是否是一名成功的风险投资人，取决于你发现（或错过）了哪些极度成功的项目。在许多商业环境中，一次失败就可能毁掉一个人的职业生涯。与之形成鲜明对比的是，风险投资人坚定认为失败是一项主动选择。事实上，很多风险投资人坦言，他们担心的是自己的失败次数还不够多。对他们来说，失败不仅仅是一个选项，而是一种必需。在本书中，我们将了解到风险投资人是如何将这一显著原则付诸实践的，以及你如何能够成功地"失败"，以便进行更多的创新。

埃根和他的风投同事们可不会一直待在办公室里。埃根在一家咖啡店会见了 Zoom 的联合创始人，之后便驱车半小时去了袁征的办公室。事实上，你更有可能在咖啡馆，而不是在豪华办公室里找到风投。这体现的是另一条关键原则：风投会**打破藩篱，主动出击**。这条原则既强大又简单，但在传统的企业环境中却难以实现。我们将在第 2 章介绍如何将风险投资人寻找创意和会见创始人的方式移植到自己的环境中并从中获利。

另一条令许多非风险投资高管同样惴惴不安的关键原则是：**打造有准备的头脑**。出于在视频领域的背景，德什潘德在破旧的办公室里见到袁征后，便立即决定推进对 Zoom 的投资。Zoom 的另一位早期投资者甚至在袁征进行项目推介之前就给他签了一张支票。[5]

埃根很早就对 Zoom 展现出兴奋之情，但在同其他数十家有前途的初创公司创始人会面时（别忘了他是个交易狂人），他却没有出现类似的感觉。正如我们所看到的，他的一些同事也没有对 Zoom 表现出任何兴趣！风投行业就是一遍又一遍地拒绝别人。风险投资人经常放弃那些看似不错的机会，他们说"不"的频率往往超出我们的预期。在最终答应投资某个人之前，他们通常会说 100 次的"不"。当然，他们之所以能成功地说出那个"不"字，全是因为他们掌握了一种知道该在何时说"行"的独门绝技。我们将在本书中向你揭示这种方法。

从 Zoom 到 SpaceX 再到脸书，风险投资人更喜欢**押注骑师，而不是马匹**。吸引德什潘德投资 Zoom 的，是袁征对客户的专注以及他对视频会议领域的洞见。正如一位风险投资领域的传奇人物所说，他宁愿投资一个追求二流创意的一流团队，也不愿投资一个追求一流创意的二流团队。我们会在本书中介绍如何将这种方法应用于不同的环境，并使其得到成功的施行。

在需要以共识来实现决策的组织中，很多像 Zoom 这样的公司根本不可能拿到投资。高通创投的投资委员会就拒绝了对 Zoom 的投资提议。在这种情况下，风险投资人会诉诸其他复杂手段，以帮助其能够**和而不同**。你也可以在大多数的群体决策会议上应用这一原则。

面对 Zoom 的蓬勃发展，其投资人也急切地想要追加投资。就像园丁会不时修剪植物，只留下最好和最强壮的枝干，投资人也不得不抛弃一些自己的宠儿，以便为像 Zoom 这样有前途的公司预留资金。这种**要么加倍下注，要么果断退出**的决策观，正是风投式思维的核心，我们也将在本书中介绍如何将这一原则成功应用于传统环境中。

Zoom 成为一家成功的大公司后，袁征做出的第一个决定就是成立 Zoom 自己的风险投资基金，拿出 1 亿美元用于投资初创企业。[6] 如此一来，袁征就变成了风投式原则的运用者。他的投资人在决定投资 Zoom 时运用过这些原则，他本人作为 Zoom 的领导者也同样运用过这些原则。人们可能会发现，现在已是亿万富翁的袁征会拉出一张临时办公桌，坐到他的工程师团队旁边，一起深入研究新项目。他们每个人都不再是普通员工，而是决心让 Zoom 成为一家更大、更有价值企业的股东。毋庸置疑，**把蛋糕做大**是风投式思维的另一个精华所在。

当初埃根向 Zoom 投资 50 万美元时，他并不知道这家公司最终能够取得多大的成就。但他知道，任何成功都不可能一蹴而就。风投式思维认识到，伟大的事业需要**着眼长期**。风险投资人为了推动长期主义的思维模式，开发出了各种创新机制，而你可以充分利用这些机制。

在风投式思维中，有些原则很容易被借鉴运用，其效果也往往立竿见影。而另一些原则却无法简单复制。但本书中所述的每一项原则，都十分有助于你改进在自己组织内的思维和行为方式。

我们的风投式思维之路

本书的写作灵感源于两位作者共同的爱好和热情，我们的共同爱好并非风险投资，而是葡萄酒。伊利亚的酒窖里藏着不少珍贵的葡萄酒，有一天，他叫来以前的学生兼好友亚历克斯，让他帮着自己将冰窖里的葡萄酒进行整理和分类。一开始两人讨论的都是产区、著名的酒庄和优质葡萄的年份等话题，后来的话题则逐步转向了风险投资决策和各种企业的业务创新故事。

我们最初讨论的主要是风险投资，但话题很快扩展至其他类型的决策者，比如天使投资人、企业家、企业创新者、大型科技公司的高管，甚至监管者等。我们不约而同地从中找到了一套清晰的规律。最令我们震惊的是，我们发现成功的风险投资人和成功的企业创新者之间存在着诸多共同点。很多企业创新者都获得过风险投资公司的支持。他们都大致遵循一套类似的行为方式。我们还发现，在许多情况下，我们都可以清晰察觉到哪些决策出现了偏差，因为灾难性的结果往往使得这些错误决策变得显而易见。我们意识到，成功的风险投资人都遵循着一种特定的思维模式。我们将这种思维模式称为风投式思维（或简称 VC 思维）。成功的企业创新者也都在使用这种思维模式，而不成功的创新者则往往反其道而行之。

作为斯坦福大学的学者、斯坦福大学商学院风险投资研究中心的创始人以及许多公司的顾问，伊利亚定期向世界各地的高管发表演讲。亚历克斯则是一位创新实践者，作为亚马逊的产品负责人、麦肯锡公司的合伙人以及一家科技初创公司的首席执行官，他一直在践行各种创新理念。

我们一直在通过讲座、研讨会、会议和企业场外活动等形式，向我们的客户和学生介绍应如何运用风投式思维。我们给出的信息引起了受众的共鸣。当听见我们谈论风投式思维时，企业高管们的脸上总会浮现出笑容。我们与全球的高管交谈得越多，就越发现一个现象：风险投资独特且时常反直觉的思维和决策方式，让他们倍感震惊。正如我们的一位研讨会参与者所总结的那样，"风险投资总是另辟蹊径。不论之前如何成功，今后都不能照搬照抄！"

我们一直致力于风投式思维的研究，并希望通过对这一思维的运用来帮助更多领导者强化其创新能力。这就是我们写作本书的原因。我们希望本书能在商界掀起一场运动。然而，正如夏洛克·福尔摩斯所言，没有数据的理论化毫无意义。获取数据是许多研究者和从业者遇到的一项难以克服的挑战。风险投资界非常隐秘，其公开数据少之又少。风险投资人不愿披露他们签署的投资协议。至于如何寻找和评估那些最终价值可达数十亿美元的创新想法，他们也讳莫如深。许多隐藏于大公司内部的各种企业创新举措也同样难见天日。

尽管受制于风投这种神秘的文化，但经过十多年的研究，伊利亚和他的斯坦福研究团队还是撬开了风险投资界的大门。从初创公司到风投基金，从风险投资人到受支持企业对经济的影响，这些研究可谓面面俱到。当将这些研究成果同亚历克斯在企业环境中设计和实施创意的第一手经验相结合，一种强大的协作效应便呼之欲出，并催生出众多意想不到的见解和各种新颖的实用经验。

本书还借鉴了伊利亚对"独角兽"的研究。所谓独角兽，是指那些由风投支持，至少经历过一轮私募融资，且投后估值达到10亿美元以上的创新企业。Zoom、SpaceX、Instacart（一家生鲜配送平台）、可画、OpenAI（人工智能研究机构）、DoorDash（一家外卖服务平台）和莫德纳等都属于或者曾经属于独角兽公司。

自2015年以来，伊利亚和一个由研究助理、博士生、律师以及其他人组成的团队一直在跟进收集每一家美国独角兽公司的信息。这是一项艰巨的任务，他们使出了浑身解数。他们调查了每一家独角兽企业的创始人背景和年龄，以及公司从创办到成为独角兽或上市公司的时间框架等。这个团队很快就发现，认清这些独角兽的特征，能够更容易地尽早发现那些具有颠覆性的创意和注定会取得巨大成功的公司。

伊利亚团队对独角兽的研究吸引了大量关注，除了那些有志于登上风险投资之巅的风险投资人和创始人，很多传统企业领导者和监管者也对如何在短短几年内孵化培育出价值数十亿美元的创意想法产生了浓厚兴趣。

在公司内部寻找独角兽的活动也开始兴起。给公司内部培育的独角兽进行估值可不是一件容易的事,但事实上,它们如果能够独立运营,很容易就能成为"独角兽"榜单上的一员。例如,由大银行财团创立的即时支付服务应用Zelle就符合这种情况。还有新加坡电商Shopee在南美成立的分公司,以及微软的云计算平台Azure。

字母表、亚马逊和苹果可不仅仅是搜索引擎、在线书店以及个人电脑制造商。它们是创新工厂。并不是说你公司的名字必须以A打头才能搞创新。我们说个名字以Z开头的公司的例子。Zoom不仅将自己定义为视频会议工具,还将自己设想为一个覆盖了硬件、人工智能翻译甚至呼叫中心的创新平台。另外也别忘了Zoom还有自己的风险投资业务,并已经投资了从聊天机器人到虚拟办公空间解决方案在内的数十家初创公司。我们很明确地看到,凡是寻求大规模增长的企业,皆需要利用风投式思维。

为了揭开风险投资公司内部运作的神秘面纱,深入了解风险投资人在办公室中(更经常的是在办公室之外)的行事原则及其决策方式,伊利亚和他的同事们对1000多家风险投资公司进行了调查,并对其中的数百人进行了采访。结果证明,他们看似疯狂的行为实际上遵循着一套非常有逻辑的方法。

我们将通过本书来分享我们所了解到的风投行业知识,并为读者提供一系列实用、易懂且相关的建议。你离风险投资和硅谷的世界越远,你越不认为自己的行业会轻易受到风投领域所发生变化的影响,你就越需要阅读本书,因为你的想法很可能都是错的。知识就是力量,这一点在今天尤为明显。

第 1 章

三振无关紧要，重要的是本垒打

聪明的风险投资人一般先进行较小的投资，并预设其中的大多数都会以失败告终。只要有一笔投资取得成功，它就会对整个投资组合的回报产生重大的影响。

失败乃兵家常事

让我们来玩一个叫作"你会不会投资"的游戏。

2013 年初,一家极具前途的电子商务初创公司叩响了众多顶级风险投资公司的大门。该公司创始人当时正在寻求新一轮融资。此时他已经建立了一个足以引以为傲的企业。该平台于 2011 年推出,在短短 5 个月内就吸引了 100 万用户的加入。相比之下,脸书花了 10 个月,推特花了两年时间,才实现了同样的用户规模。这家初创公司并没有就此止步,一年后,也就是 2012 年 12 月,它的用户数量突破了 1000 万。与此同时,它创造的收入也相当可观:在成立后的 18 个月内,该公司的销售额就超过了 1 亿美元。创始人现在正在融资,以刺激业务的进一步快速增长。你会不会投资这家公司?

作为一名精明的投资者,你可能想知道还有谁对这笔交易感兴趣。不到两年前,包括安德森·霍洛维茨(也常被称作 a16z)和门罗创投在内的硅谷著名风投公司向这家初创公司注入了 4000 万美元。到 2012 年 7 月该公司进行另一轮融资时,其估值已达到 6 亿美元。

创始人呢?他是斯坦福大学毕业生,也是一位连续创业者,于 21 世纪初创办了自己的第一家公司。我们正在谈论的这家专注于独特设计师产品的电子商务公司则成立于 2010 年。

这家初创公司的使命简洁但又雄心勃勃,那就是要"成为世界第一的设计商店"。该公司拥有自己的产品线,还通过与设计师合作的方式,独家生产和销售商品。这位创始人甚至创造了"情感商务"

一词，以将他的公司与阿里巴巴、易贝、亚马逊和乐天所提供的相对枯燥的客户体验加以区分。世界各地的客户都非常喜欢这个概念。到 2013 年，该公司已经收到来自 27 个国家的订单。

投资这家公司似乎是理所当然的，对吗？投资人显然也是这么想的。2013 年初，他们又向这家初创公司的银行账户注入了 1.5 亿美元。

先别急着因为错过了一个大好机会而感到懊悔，因为有一件重要的事情我们还没有说。这家初创公司的名字是 Fab.com。[1]2013 年 10 月，就在创始人兼首席执行官贾森·戈德伯格筹集到 1.5 亿美元的三个月后，该公司解雇了大部分员工，陷入了死亡螺旋。在欧洲一系列失败的收购和极高的现金消耗率最终导致了 Fab.com 的毁灭。这家公司一败涂地，那些著名的风投公司也因此赔了个精光。作为一家估值数十亿美元的企业，Fab.com 仅用了短短三年时间就烧光了大量现金并最终破产。你很难找到比它更典型的失败案例了。

当初这些投资者都是怎么想的？为了解开这个谜团，不妨跟随我们前往这一事件的"犯罪"现场——纽约。我们要去的并非 Fab.com 那座废弃的格拉梅西公园总部，而是一座博物馆。在一次横贯大陆的飞行之后，我们沉浸在一个充满线索和展品的世界中，并幻想着自己是现代版的夏洛克·福尔摩斯和华生医生。

纽约以其博物馆闻名于世，但你可能从未听说过我们要去的这家博物馆。它坐落于布鲁克林的一个前工业区，有着包括 150 多种创新产品在内的丰富收藏。入口旁边带玻璃罩的架子上放着一张红色的电影一卡通。该卡的所有者名为乔安娜，有效期至 2024 年 10 月，持卡人每月仅需花费 9.95 美元就可以每天在当地电影院观看一部电影。再往前走几个房间，你会看到一张名为"硬币"的一体化电子卡，这张卡据说能够取代所有其他的借记卡和信用卡。它旁边是一款将强大的游戏机与手机功能融为一体的设备，即诺基亚的 N-Gage 游戏手机。接下来你会看到一台名为 Juicero 的所谓智能榨汁机，只需轻按一下按钮即可得到一杯鲜榨果汁。这个博物馆里还展示着一种含有特殊"促进剂"的清洁剂，名为 Persil Power，以及一种来自杜邦公司的名为 Corfam 的合成皮革替代品。

所有这些展出品有什么共同点？它们都是失败的产品。你要知道，这家博物馆的名字本身就叫作"失败博物馆"。"硬币"电子卡不仅难用，而且安全风险很高。当顾客意识到他们可以直接用手从品牌包装袋里挤出果汁时，智能榨汁机自然也就失去了吸引力。洗涤剂的功效确实挺强大，不仅能洗掉污垢，还能洗坏衣服。电影一卡通的问题则在于它太受欢迎了，人们的观影数量远远超过了该公司的预期和可承受的范围。

该博物馆中的许多特色展品都曾得到过知名风投公司的资助。"硬币"电子卡得到了美国创业孵化器 Y Combinator、星火资本（Spark Capital）和红点创投（Redpoint）的支持。电影一卡通获得了真实资本（True Ventures）和美国在线创投（AOL Ventures）的投资。Juicero 得到了谷歌风投和凯鹏华盈的支持。这就让我们不得不想到该博物馆导览应用程序所提出的疑惑："它们当时是怎么想的，怎么会投资这些？"

或许这些投资者当时的想法是，很多创意看似注定会失败，但总有获得成功的机会。他们或许想到了 Fever（带我们去博物馆的应用程序）、贝宝（PayPal，我们用来支付门票的应用程序）和优步（带我们去博物馆的网约车应用程序）。这些可都是由风投支持的公司打造的产品，而且它们都取得了非凡的成功。当初这些产品也都曾面临被送进失败博物馆的命运。失败并不是什么不寻常的结果。事实上，这完全是风险投资人意料之中的事情。失败是风险投资工作的一个特征，而不是缺陷。简而言之，风险投资人事先并不知道哪些创意会失败。

频繁失败，正是风投行业的一个根本特性。尽管 Fab.com 倒闭了，但参与该项目的两家主要风投公司门罗创投和 a16z 都吸引了更多投资人的资金。Fab.com 的创始人贾森·戈德伯格成功地为他的下一家初创公司筹集到了资金，这家公司最终可能会进入失败博物馆，但也可能会为他在风险投资名人堂中争得一席之地。[2]

大胆出击

是什么让风险投资人能够如此游刃有余地应对失败，他们为什么不会过分担心投资打了水漂？你的智能手机就能够帮助你回答这个问题。打开你的手机，你使用的是哪一款打车软件？如果你住在美国，你可能会使用优步或者来福车。如果你来自其他地区，那你的答案可能会变成滴滴、欧拉或者凯瑞姆。在我们举办的高管研讨会上，我们要求他们说出所在地区第三大最受欢迎的网约车应用程序，结果没有人能给出答案。当我们询问其他类别的应用程序时，结果也是如此。在每一个由风投支持的新垂直领域，都会诞生一个明显的赢家，第二名参与者则紧随其后，然后你就再也找不到其他竞争者了。这并不是因为缺乏竞争。在最开始的时候，得到风险投资支持的网约车初创公司可能不下数十家。但到了最后，绝大部分都会出局，只有一两家能够完成本垒打。在风投的世界里，你要么成为第一，要么只能成为其他。

无论哪行哪业，颠覆性创新和新的商业模式最终都会将成功者与失败者区分开。这一定论不仅仅适用于科技行业。星巴克拥有美国约40%的咖啡店,第三名的店铺数量只有星巴克的5%。[3]风投公司一直承受着"不是第一就是其他"这一原则的压力,而这一原则也在影响越来越多的行业,包括你所在的行业。

虽然面对的是一个赢家通吃(或近乎通吃)的无情竞争环境,但风险投资人却从容地研究出了一套适应这种环境并在其中取得成功的机制。在硅谷,最好的初创公司比同一领域所有其他公司加起来还要成功,第二好的初创公司则比剩余其他公司加起来更成功。由于排名第四的初创公司可能根本无法生存,因此排名第三的公司的处境可能比其余所有初创公司加起来还要好得多。不信的话,你再看看自己的智能手机应用。

或者可以想一下棒球比赛,本垒打和三振出局的概念就是来自棒球。棒球迷期待他们最喜欢的球员打出本垒打,但历史上最伟大的本垒打手,如亚历克斯·罗德里格斯和雷吉·杰克逊,却都因三振出局而臭名昭著。自1920年棒球时代开始以来,三振出局与本垒打的比率一直稳定在6.4左右。有意思的是,职业棒球运动员花了好长一段时间才认识到三振出局的重要性。几十年前,埃里克·戴维斯被认为是棒球界最有才华的球员之一,但他初进入大联盟时却遭遇了不少非难,皆因他的三振出局率高达24%,而专家们认为这个数字太高了。但在2019赛季,当皮特·阿隆索打破大都会新秀本垒打纪录时,他的三振出局率为26%,比当年的戴维斯还高,但如今已经没有人在乎这个事情。[4]三振出局和本垒打本来就存在着关联性。

风投采用的就是本垒打模式。他们大多数时候都预计自己会失败,但一旦成功,他们就会大获全胜。风险投资人想出了一系列独特的技巧来应对失败、干扰和不确定性,如今这些技巧对我们每个人而言也变得越来越有用。在一个变化莫测的风投世界中，你根本无法预判输赢。但你确实知道，只有少数人会成为最后的赢家，其余的人则会沦为输家，有时甚至是一败涂地。

为了真正了解风险投资行业所面对的成功与失败比率，我们可以随机选择由风投支持的 20 家典型的初创公司，并对其进行分析。这 20 家公司中的大多数都会失败，所有相关的投资都将化为乌有。这种硬着陆往往会让投资者血本无归，因为初创企业所拥有的有形资产往往接近于零。变卖办公桌椅可收不回多少钱。这些倒闭的公司偶尔也会留下一些有价值的东西，比如专利，但更常见的情况是，一旦投资失利，投入的资金也大概率会全部付诸东流。

在这 20 家初创公司中，有一些可能会表现不错——纵使它们还达不到能登上《华尔街日报》头版的程度。平均而言，每 20 笔投资中，会有 3~4 笔交易能够收回最初的投资，而且兴许还能带来些许额外收益。例如，苹果以大约 4 亿美元的价格收购了 Shazam（一款音乐识别应用）。[5] 这笔交易给 Shazam 的支持者带来了不错的回报，但也确实算不上惊艳，因为在收购之前，这些投资者已累计向 Shazam 注入了 1.5 亿美元。

在每 20 家初创公司中，通常只有一家能够演绎出爆炸性的成功故事，为风险投资人带来 10 倍甚至 100 倍的回报（见图 2）。一次 100 倍的成功足以让人忘却之前所有的失败。风投们一切的努力都是为了这些本垒打。这就是为什么对风投来说本垒打很重要，三振出局却无关紧要。

要想理解"不是第一就是其他"这一原则是如何发挥作用的，最好的办法是观察一下那些最为成功的早期风投基金，即在所有此类基金中排名前 10% 的基金。如果我们从这些基金的投资组合中剔除它们最成功的投资，那么许多原本表现优于90%同行的基金，会突然变成一只仅跑赢中位数的平庸产品。如果我们现在更进一步，再把其投资组合中第二成功的初创公司剔除掉，一些原本表现优异的风险投资基金，就会沦为赔钱的垃圾。[6]

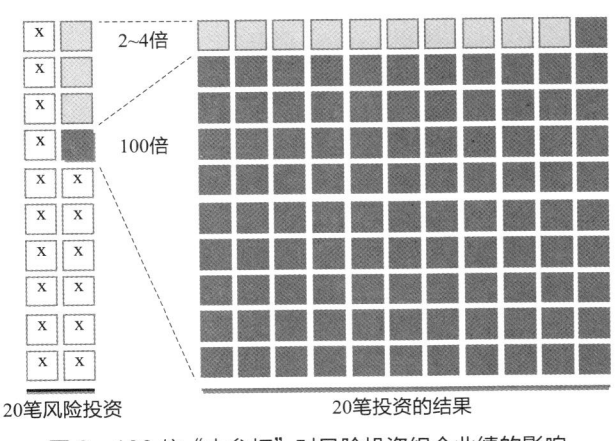

图2　100倍"本垒打"对风险投资组合业绩的影响

要想学会风投式思维，你首先需要认识到，风险投资的成功并不像你想的那样，纯粹是靠运气。优秀的风险投资人总是会不断地从成功走向成功。颠覆性创新关乎各种异常值，即各种超额收益和不对称回报。在日常生活中，我们总是被各种平均值包围，诸如平均回报、平均表现、平均收视率之类。但各种创新理念打破了这种模式。优步、WhatsApp（网络信使）或Spotify（声田）起初并不存在，但没过几年，它们就成了你生活中不可或缺的一部分。风投会系统地识别这些突破性的想法，而忽略各种失败的尝试。他们关注的是各种创意的投资组合，而不是单个赌注。企业也应该这样做。在一个一不小心就会陷入失败的世界里，一家企业应当如何行动才能确保其长期的成功？"三振无关紧要，重要的是本垒打"，这就是风险投资奉行的首要原则。当然风险投资人和其他人一样，也有夜不能寐的时候。但他们的噩梦和我们的并不相同。

风险投资人的最大噩梦

在为硅谷以外的人做有关风险投资的培训时，我们经常会问他们如下问题：你认为风险投资人最害怕什么？什么痛苦是他们最难以忍受的？是什么让他们彻夜难眠？参与者通常会根据自己的经验给出直观的答案：风险投资人会害怕做出错误的决策，害怕投资失败并亏损。这就是传统的思维模式，它优先考虑的是如何避免失败。

对于硅谷风险投资公司来说，情况恰恰相反。"如果你投的项目没有成功，你顶多损失一倍的钱。但如果你错过了谷歌，你就会损失一万倍的钱。"标杆资本（Benchmark Capital）合伙人、著名风投家比尔·格利如是说。[7]a16z 另一位非常成功的风险投资人亚历克斯·兰佩尔则告诉我们，"在风险投资界，错过要比投错更具破坏性"。

如果你支持的是一匹瘸腿的赛马，那你的投资注定会打水漂。但不幸中的万幸是，你的损失也就这么多。这就是投错的代价。然而，如果你放弃了一项本来可以为你的整个基金甚至你的整个职业生涯带来最佳投资收益的交易，那就真的是一场悲剧了。这样的一笔交易可以一次性弥补你此前积累的所有损失。"在风险投资的商业模式中，"水闸基金（Floodgate）的创始人麦克·梅普尔斯告诉我们，"你不能把风险理解为你可能会失败，而是要把它视为一种成功的可能性"。

这种不对称的特性在风险投资生态系统中催生出一种独有的文

化和思维方式，换句话说，风投从业者会以不同于常人的方式去对待风险和失败。许多风险投资人都曾错失过十年一遇的绝佳投资机会，并常常为此抱憾终生。许多风投从业人甚至还把那些他们错过的成功企业记录在册，持续追踪，并将其戏称为自己的"反向投资组合"。历史最悠久的风投公司之一贝瑟默（Bessemer Venture Partners）甚至在自己的网站上创建了一个专门的页面，列出了他们放弃投资的一系列成功企业。他们错过的最著名公司包括苹果、爱彼迎、谷歌、联邦快递、贝宝和Zoom。但这种对失败的庆祝并没有阻止他们抓住其他大鱼，例如Shopify（跨境电商）、推趣（Twitch）、领英、品趣志（Pinterest）、Yelp（点评网站）和Skype等。

贝瑟默公司的戴维·考恩是反向投资组合创意的发起者，他告诉我们，贝瑟默未能识别出众多的优秀初创企业并不是一件值得骄傲的事情。但他对自己能够坦然面对这一切而感到自豪，"如果我们不能承认自己的错误，我们还怎么进步？"当然，你必须有足够骄人的投资成绩来弥补这些错误，否则你可能很快连做一个网站来展示过往失败的资格都没了！

谁都免不了犯错，风险投资人也承认他们并非全知全能。"我们在反向投资组合中所犯的错误有助于我们避免重蹈覆辙。"考恩解释说。他停顿了一下，接着说道："不过，我们还是会犯各种新错误。"

那么，风险投资人是如何击出本垒打的呢？他们的做法是先进行相对较小的投资，并事先承认其中的大多数都会以失败告终。聪明的风险投资人知道他们无法准确预知未来。所以他们会通过多元化策略来分散投资风险。当然，分散投资并不是什么新鲜事，这是许多投资顾问的口头禅。但风险投资人追求的分散投资却另有含义。风险投资人押注的是个别公司，而不是整个市场。因此，风险投资人的策略可以被称为"有意义的分散投资"。这些投资的规模都相对较小，但只要有一笔投资取得成功，它就会对整个投资组合的回报产生重大影响。但请记住，要成功运用此策略，你必须做好在击出本垒打之前多次被三振出局的心理准备。

大多数人所接受的教导，都是认为失败不是一个选项，这种心态天然地限制了我们冒险的意愿。风险投资人的想法则完全相反。他们不仅分散投资，更敢于冒险出击。他们不断寻找能够弥补失败的10倍或100倍回报的交易。如果你寻求的是传统市场中的渐进性收益（例如在传统金融机构或者在大企业中），那么这种风投式思维心态可能并不适用，相反它还可能导致危机的发生。但是，如果你寻求的是实现非凡增长并超越竞争对手，而且你所处的行业正在经历颠覆性变革、新市场正在急速取代旧市场，那么风投式思维将是唯一有效的应对方式。在这种情况下，冒险是早期投资者获取巨大成功的法宝。

在创新中失败，在失败中创新

尽管其存在感相对微弱，但风投式思维一直隐藏于企业界的某些角落。2001年，在3M公司工作了38年的杰夫·尼克尔森博士决定退休。你几乎肯定在办公室或家里使用过他的团队的一项发明，尽管它最初并没有像新推出的iPhone那样引起媒体的热议。这项发明就是便利贴——那些可以毫不费力地粘在任何表面上，但又可以在一秒钟内撕掉的小小彩色纸片。如今，便利贴已成为3M的一项重要业务，其年销售额超过10亿美元。要知道，这一数字比美国最大的办公用品实体销售商欧迪办公（Office Depot）一个月的销售额还多。[8]

你也许不相信便利贴的成功完全是源自一场意外，但事实的确如此。

这一切都要从 1968 年说起，当时 3M 公司正在其中央研究实验室开发用于飞机制造的新型超强黏合剂。其间，一位资深科学家无意中发明了一种弱压敏黏合剂。但令人沮丧的是，科学家们没能为这项新发明找到任何的实际用途，所以他们就把它归为了"毫无用武之地"一类的物品，并将其束之高阁。

六年后，尼科尔森的一位同事阿特·弗莱终于发现了这项发明可以解决的一个问题。当弗莱在教堂唱诗班唱歌时，他会用小纸片当书签来标记赞美诗，但这些纸片总是会掉出来。"其他人都开始唱了，我却还没找到赞美诗所在的那一页，"弗莱解释道，"所以我就会偷瞄旁边的人，试图找到正确的页面。"在这种情况下，一张有黏性但又可轻易移除的纸条就找到了用武之地。弗莱决定与他的同事一起对便利贴进行测试。令他惊讶的是，所有人都喜欢这个产品。就连弗莱的上司在回应他关于这项发明的报告时，也附上了一张带有评论的便利贴！正如弗莱后来所说，"思路一下子就打开了，那可真是一个激动人心的时刻！"[9]

这个故事可能会让你觉得便利贴的发明完全是一个巧合。孤立来看，情况确实如此。但 3M 公司开发的创新型开箱即用产品还有很多。3M 公司最初是一家小型矿业企业，在历经沉浮之后，最终发展为全球制造业的巨头。该公司自上而下对创新的系统性支持以及对失败的容忍文化，显然并非出于偶然。早在 1925 年，3M 公司中央研究实验室主管、后来担任总裁的理查德·卡尔顿就在公司的内部手册中描述了这一企业特质："每一个想法都应该有机会证明其价值。如果有价值，我们就要支持采纳。如果没有价值，那么在我们证明其不具有可行性时，我们也能够心平气和地面对，因为我们并没有为此遭受什么损失。"[10]

从这个角度看，卡尔顿显然是一个具备风投式思维的人物，而且早在现代风险投资时代开启之前，该公司就已经确立了应用这种思维的内部流程（别忘了，这可是在1925年！）。3M明确鼓励冒险和失败，这一策略带来了实实在在的巨额回报。过去100多年中，该公司一直在向其投资者分红，最近50多年来更是从未减少过股息。[11] 华尔街称此类公司为"股息之王"，全美股票市场中能担得起这一称号的也不过几十家。分析师甚至称3M为"发明机器"。[12]3M的员工发明了透明胶带、洗碗布、弹性绷带等，事实上，3M已获得超过10万项专利。[13] 更值得注意的是，3M在将这些发明商业化方面取得了巨大成功。3M公司采用一项革命性的指标来衡量创新性。他们设定了一个目标，即希望在过去五年中所推出产品的销售额能够占到公司所有产品总销售额的25%~30%。[14] 便利贴因为被广泛用于各种头脑风暴和设计会议，所以也成了创新的一个代名词。

但最终这种创新传统被抛弃了。2000年12月，通用电气传奇CEO（首席执行官）杰克·韦尔奇团队的成员詹姆斯·麦克纳尼被任命为3M公司的首席执行官，打破了这家百年公司从内部提拔领导者的传统。[15] 麦克纳尼甫一上任，就把重点放在了财务绩效等问题上，他引入被通用电气奉为圭臬的那一套操作规范，要求3M公司精简运营、削减成本，并以铁腕手段建立财务纪律。麦克纳尼迅速加强了对公司的控制，强化了绩效评估流程，并引入了著名的六西格玛管理程序。

六西格玛旨在消除流程中的可变性，它因能优化制造过程而在全世界受到赞誉，并被广泛应用于各种行业。例如，如果制造过程中的缺陷或故障数量增加，六西格玛会要求立即解决这一问题。因为避免缺陷（我们可以将缺陷理解为失败）从根本上提高了效率，从而节省了时间和金钱，所以它能够带来更可预测的结果。因此，通用电气在其制造流程中应用六西格玛并取得了巨大成功，并不让人感到意外。

当3M公司宣布对麦克纳尼的任命时，股东们欢呼雀跃，因为他们相信降低成本会成为新任首席执行官的重要目标。但是，专注于减少不确定性和成本最小化的六西格玛，到底能否在一个以创新为特征的环境中发挥作用，一些人对此产生了疑问。

正如伊利亚在斯坦福大学的同事查尔斯·奥莱利指出的，"如果你接管了一家以创新为生的公司，那你显然可以压缩成本。"在担任3M公司首席执行官的头几年里，麦克纳尼正是这么做的。他削减了资本支出，并开始严格控制研发费用。但奥莱利教授接下来说的话却戳中了要害："问题是，这会给公司带来什么样的长期损害？"[16]

3M公司内外的许多利益相关者认为，在麦克纳尼的治下，该公司失去了创造力。[17] 研究人员玛丽·本纳和迈克尔·图什曼得出的结论是，3M并不是这种做法的唯一受害者。[18] 他们对专利的分析证实，像六西格玛这样的项目，在显著提高绩效的同时，也导致了企业从突破式创新到渐进式创新的根本转变。

这也引出了我们的一个批判性观察结论：风投式思维和六西格玛方法各有所长，但它们在特定环境中是否能够起作用，则取决于其具体目标。风投式思维所创造的文化氛围和组织流程更能鼓励员工打造全新产品和提出有创意的想法。相比之下，六西格玛更适用于目标明确的工作环境。作为第一个提出将黏合剂用作黏性书签的人，阿特·弗莱曾评论说："创新是一场数字游戏。你只有在仔细研究了5000个初步想法之后才能找出一个成功的商业模式。六西格玛则认为，干吗要白费这么多力气，为什么不在一开始就找到正确的想法？"[19]

有点可悲的是，企业界会把这两种不同类型的流程混为一谈，并把它们统称为"创新"。其中的一种创新导致了便利贴的发明并取得了巨大的市场成功，另一种像六西格玛这样的创新，其作用主要是降低现有产品的制造成本。在大多数时候，后一种形式的创新也具有不错的效果，但有时候也可能具有负面作用。

3M 的故事表明，大型组织中的风投式思维不仅脆弱，而且极其罕见。当我们对长时间跨度内的多家公司进行观察和比较时，我们发现了一个引人注目的现象：3M 所奉行的战略与任何其他公司都截然不同，并因此实现了百余年的基业长青。通过比较 2022 年和 1955 年的《财富》世界 500 强公司榜单（1955 年是这一著名榜单首次发布的年份）我们会发现，只有 10% 左右的公司能做到持续榜上有名，3M 正是其中的幸运者之一。[20] 如今，公司从这份榜单中消失的速度比以往任何时候都要快，取而代之的则通常是各种技术类新兴企业。1958 年，标准普尔指数入选公司的平均存续时间为 61 年；至 2012 年，这一数字降至仅有 20 年。[21] 黑莓、诺基亚、西尔斯……近年来，大批公司正在一个接一个地倒下。

随着公司"年龄"的增长，成熟及成功的企业往往会减少创新，推出的新产品也会越来越少。有很多原因可以解释这一现象。一是它们的流程和文化变得更加"六西格玛"——失败被视为需要消除的缺陷，因此它们会尽力避免失败。我们需要强调的是，在许多情况下，六西格玛都是一项能够靠降本增效来取悦股东的卓越管理技术，但在充满混乱和不确定性的时期，一家公司需要对创新持开放态度，同时这也意味着它必须能够坦然面对各种失败。

企业活动中的一个潜在风险在于，它会驱使管理者谨慎行事，避免产生大胆的想法。[22]在企业环境中的决策者有一个根深蒂固的想法,那就是宁可错过,也不能做错。高管们很少会因为不推行有前景的措施而被解雇,但他们很容易成为失败项目的替罪羊。失败让人害怕,令人却步。那些未启动的项目本可以为企业带来超额的不对称收益,但其潜在价值终究无法在资产负债表上体现,因此也很容易被公司忽略和遗忘。因此,管理者宁愿因坚持现状而错失良机,也不愿为创新而冒险。

这就让我们得出了一个重要的教训:要谨慎设定你的组织目标。如果公司只愿意为成功实现目标的员工鼓掌和提供奖赏,那就不要对员工总是给自己设定过于保守和易于实现的目标而大惊小怪。

所以你要大胆鼓励失败。把所有成功和不成功的项目尝试都公布在你办公室的墙上,并为3M便利贴这样的创新产品留出预算。大多数尝试固然会以失败告终,但一两个项目的成功就足以让你获得巨大收益。要鼓励你的团队成员提出更大胆的想法,而不是教导他们墨守成规。不赌大的,你就永远赢不了大的。

我们的目标不是每次都赢,而是不要错过至少狂赢一次的机会。

有一次,当伊利亚向一家大公司的首席执行官和他的一些副手解释风投式思维时,这位首席执行官对风险投资的失败统计数据印象深刻。他问公司创新部门的负责人:"我们有多少失败项目?"这位负责人以自豪甚至有点傲慢的语气回应道:"几乎没有,我们做得非常好。"如果企业的创新部门没有遭遇过众多失败,甚至不承认有过失败,那么它所谓的创新很可能没有多少创新性。可悲的是,许多公司对失败毫无容忍度。为了理解其中的原因,让我们从客观的角度来观察分析一个典型的企业投资预算编制流程。

凡事皆有定数

传统公司通常是运转良好的机器，其流程按部就班，好似瑞士手表一样平稳顺滑。这在批准新投资方面尤其明显。预算编制流程通常会要求提交一系列详细的前瞻性财务指标，如 ROI（投资收益率）等。小项目很早就会被过滤掉，因为它们被认为不够大，不值得讨论。然后是项目之间进行比较，那些最具影响力和指标最漂亮的项目会优先获得预算分配。预算编制通常每年进行一次，并按季度更新。预算一旦获得批准，除非有重大外部原因，否则一年内都不会再做修订。季度更新则通常波澜不惊，也仅是对计划做些微调。

但大多数实验性项目在创建之初的规模不都是很小的吗？最具创新性的想法怎么可能在一开始就有衡量指标？由于缺乏足够的数据支撑，这些项目往往在早期就会被过滤掉，其可行性也往往因其未经过充分审查而遭受质疑。它们的不可预测性让规划部门抓狂。企业预算分配流程旨在防止公司投资那些规模过小或不可预测，以及可能在短短几个月内就会遭遇彻底失败的项目。当然，对风投式思维来说，这些正是值得一探究竟的好机会。这就是为什么传统公司的高管和经理人难以像风险投资人一样思考。这些项目规模太小，风险则太高，甚至可能需要快速干预才能快速调整方向。传统的企业组织不具备这样的条件。

在谨慎管理公司资产的同时规避风险并不是一种罪过。勤勉地利用资本和资源是高级管理层的职责所在。公司的机制旨在保护股东，而保护股东往往意味着要避免失败，尤其是那些代价高昂的失败。想想宝洁公司每年是如何说服顾客购买其刀片或清洁剂的。推出新的刀片或清洁剂是一个非常系统化、有组织的过程，需要综合运用精密测试、定价模型和焦点小组等多个工具。再以大型芯片制造商英特尔为例。英特尔斥资200亿美元新建芯片工厂这件事可不能是一场赌博,相反,它需要经过健全的预算编制和投资调研流程。这些例子的共同点是它们面临着已知的未知因素:即使总成本高达200亿美元,但市场环境是可预测的,公司了解其消费者,产品的每次修改也都是渐进性的。

然而,在产业结构发生重大转变的关键时期,这种流程却可能带来大麻烦。在这种情况下,强调避免失败和过分谨慎的规划可能不再是个优势,而是变成一种诅咒。传统公司很难转换模式。在它们谨慎行事的同时,那些规模较小且风险承受能力更高的企业则正忙着开发抓住新兴市场机遇的崭新方法——这些企业通常都是在风险资本的支持下建立的,无须对流通股股东负责。许多尝试会以失败而告终,事实上,一些公司本身也会在这一过程中消亡,但总有一些企业会获得成功。这些成功者会逐步削弱成熟企业的市场力量,并颠覆其商业模式。

例如,像博德斯(Borders)这样的实体连锁书店就被亚马逊的在线图书销售彻底打垮了。[23] 在21世纪初,博德斯可是美国第二大连锁书店,它何曾想到西雅图的一家小型科技初创公司会给它带来如此巨大的冲击。但正是这家起初毫不起眼的初创公司最终迫使博德斯关门大吉并进入破产申请程序。同样的故事在一个又一个行业中重复上演。谷歌和网飞颠覆了传统媒体和广告巨头。Skype和后来的Zoom对老牌电信企业发起了挑战。企业领导者应该持续阅读本书的原因之一就在于,他们所在的行业迟早会出现另一个亚马逊。也许它已经潜藏在硅谷的车库或美国西海岸的某处,甚或是柏林或上海的某个小小的办公室里。

不幸的公司各有各的不幸

一家公司如何能够在取得巨大成功的同时承受住众多不可避免的失败？当与企业的领导人交谈时，我们通常会先问他们如下几个简单的问题：你的组织是否会经常进行积极大胆的投资尝试，以求取得非凡的成就？公司是否会建立一个能够分散风险的多样化投资组合？公司是否有机制定期退出和淘汰不成功的项目？这些都是至关重要的问题，忽略其中的任何一项，都可能导致你无法有效地从失败中吸取教训。以下是需要避开的三个陷阱。

切勿太过谨慎

那么，你是不是只在自己的舒适区里开展投资活动？答案是这不够激进，也不够冒险。过于谨慎是我们观察到的主要缺陷之一。许多高管一听到"赌注"或"实验"这两个词，就会立即联想到A/B测试，或是一些关于新技术或设备的试点。可以肯定的是，A/B测试是有用的。《纽约时报》对同一篇文章的不同标题进行A/B测试，结果发现一个标题吸引到的流量是另一个标题的三倍。[24] 这个发现很重要，因为编辑们可以利用它来优化公司对客户的产品交付。但问题是，尽管A/B测试也算是一种实验，但它和宝洁针对新刀片搞焦点小组或3M公司在选定市场测试便利贴的颜色一样，属于渐进式创新。你必须突破自我想象的限制，采取更为大胆、更为冒险的行动。

不要孤注一掷

如果你敢于大胆投资，却把鸡蛋都放在一个篮子里，那这也是个大问题。我们经常观察到的第二个陷阱，是一些大公司总喜欢在投资上孤注一掷，而这与风险投资所奉行的分散投资原则形成了鲜明对比。以下就是一个非常典型的情景：一位企业高管决定进行大举创新，在经过长时间思考之后，他最终决定将所有筹码都押到一个创意上，发誓要进行一场"全力以赴"的豪赌。然而，赚大钱并不总是需要下大赌注。

商学院里有大量这样的案例研究：一些公司片面追求单一、大型、激进的投资项目，结果导致它们用力过猛，后期很难再进行转型。当空中客车公司全身心投入世界上最大的客机A380的设计和制造时，它的高管们可能是期望能赢个盆满钵满。A380本应成为世界第八大奇迹，但不幸的是，它反而成为一个公司把所有鸡蛋都放在一个篮子里的教科书级案例。这是一场极为惨痛的失败，让欧洲的财团损失了250多亿欧元（要知道，该项目最初的预算还不到100亿欧元！）。飞机的研发出现了多次延误和严重的成本超支，等到近20年后一切准备就绪时，已经几乎没有航空公司还对它感兴趣。自从该项目启动以来，航空旅行经历了根本性的转变，乘客更倾向于直达航班，而不是通过大型机场枢纽转机。那些原本会购买A380客机的航空公司转而选择了波音的787梦幻客机，因为后者的体积更小、燃油效率更高、价格更实惠。[25]空中客车公司并非孤例，在"失败不是一个选项"的心态和孤注一掷情绪的驱使下，很多企业的高管往往执迷不悟，持续不断地在一些明显不可能成功的项目上大把撒钱。

在日常生活中，我们会下意识地发觉，下很多小的赌注要比单下一次大的赌注更安全。我们可以持续等待，观察结果，之后再选择出一个潜在的赢家，并把我们的筹码转向一个更有希望的替代选项。然而，出于多种原因，我们很难在企业的环境中运用这一方法。专注于一个项目要比同时处理多个项目容易得多。为一个光鲜亮丽的项目争取预算也要比为一系列的小创意分配资金容易得多。因此，高管们常常会把自己的职业生涯押注在单个想法上。公司也是如此，有时甚至会因此走到无法挽回的地步。相比之下，在风投式思维的模式下，你不会假装知道谁是未来的赢家，而是始终处于一种"观察和学习"的状态。

定期给你的创意花园除草

你也许构建了很多想法，并且让它们在你的脑海中肆意激荡。但不幸的是，这并不是一个能确保你获得成功的办法。"百花齐放"也是一个常见的缺陷：你在业务组合里押注了太多的项目，却没有淘汰那些不成功的投资，其结果就是平均用力，哪个都没有顾上。和孤注一掷相比，这就是走向了另外一个极端。在孤注一掷的情况下，单是一个"曼哈顿计划"就会耗尽一家公司的所有资源和注意力。但在平均用力的情况下，各个创意所获得的资金支持都将非常有限，这些项目可能会被企业视为一种有趣的探索，但由于缺乏充足的资金支持，它们肯定无法实现爆炸性的增长。

过多的想法可能会分散管理人员的注意力，使他们迷失方向。乐高就是一个业内闻名的典型案例。[26] 该公司曾经极度沉迷于创新活动，马不停蹄地推出各种创意：建设主题公园，将所有乐高元素数字化，和麦当劳的开心乐园餐合作，拍摄电视节目，创造新角色人物，甚至还搞出了一个可动人偶加利多（Galidor）。但他们却忘记了一件重要的事：聚焦。2003 年，公司陷入困境，新的领导层上任。他们的第一个举措就是确立了一套有纪律的创新方法。纪律让有着近百年历史的乐高重新焕发了生机,并赢得了"玩具界的苹果"这一美誉。

一个在车库里带着一帮大学毕业生创业的公司创始人,会很容易接受"快速失败,经常失败"的理念。但如果你是一个大型成熟组织的领导者,情况就没这么简单了。这就凸显出躲避开如上三个陷阱的重要性。既要学会如何面对失败,又不能让自己毁于失败,这一点非常关键。

要想成为创新之王,你就必须先成为失败之王。

失败之王,本垒打捕手

50位四五十岁的成年人站起身来,并举起了手。他们都是社会成功人士,许多人还是大型跨国公司的高级管理人员。然后,面带微笑的他们一个接一个地喊道:"我失败了!"整个房间都回荡着"我失败了!"的感叹声。这不是宗教团体聚会,也不是自我责备训练,相反,这是丹·克莱因在斯坦福大学教授的一门著名的即兴表演课程。[27]这种貌似幼稚的练习,可以让我们的身体和思想适应失败的概念。每个人都害怕失败,因为我们的天性和社会训练都要求我们避免错误和危险。我们需要额外的努力才能够摆脱这个逻辑的束缚,并承认高风险(包括失败)是高回报的自然副作用。

改变组织可比让人们在课堂上举手要困难得多。到目前为止,你可能已经发现了,由于存在太多的系统性障碍,大型、成熟的组织很难像小公司和风险投资公司一样灵活创新。然而,如果流程设计得当,成熟公司实际上可以比初创公司拥有更高的成功机会。初创公司就像小型的独立实验,可能会成功,也可能不成功。每个创业团队的资源都是有限的，创业失败的原因则有很多种。初创公司如果在找到产品与市场的契合点之前就耗尽了资金，那它肯定不会成功。如果产品不能推向市场，那创业也只能面临失败的命运。如果创始人不能吸引有才华的员工，创业也会失败。初创公司将一切都押在了一个往往很渺茫的机会上。相反，大型组织有足够的资源来参与创新竞赛。它们可以进行许多的创业实验。它们拥有实验所需的资源、人才和客户，并且有能力应对多轮失败。当然，我们之前说过，由于和公司的理念存在冲突，大多数公司并不会遵循这种范式，但总有例外情况存在。

当今最具创新力的公司有哪些？创新选美比赛层出不穷，各种排名和方法论也总是充满争议。但不论以何种标准看，由硅谷风投支持的科技企业都是创新方面的佼佼者。

在追求商业成功方面，这些技术创新者有什么共同特质？哪些共同特质可以供你的企业学习和借鉴？实际上，造就这些企业技术主导地位的并不是技术本身，而是其他因素。它们都遵循了相同的模式，而且它们都自觉不自觉地从支持它们的风投公司那里学到了这些方法。这些公司持续运用风投式思维来提高它们的竞争力。它们不断地寻找下一个增长引擎或"飞轮"，因为这将决定它们能否在未来继续保持领先。它们会冒很多风险，投下很多赌注。它们做好了失败的准备。事实上，它们知道很多赌注都会以失败告终。但它们相信，这些看似疯狂的赌注中，起码会有一个能够成长为超越当下所有业务的庞然大物，而当这样的一个希望开始出现时，它们就会在该项目上加倍押注，并放弃那些明显没有前景的项目。简而言之，它们已经有效地内化了最初孕育它们的那种模式，并且在自身内部对其进行了成功复制。

苹果起家于个人电脑业务，但如今，iPhone 贡献了苹果 40% 以上的收入。iPhone 的成功故事家喻户晓，但很多人不知道的是，苹果也经历了很多失败。还记得早期的苹果平板电脑牛顿（Newton）吗？你可能早就把它忘了。苹果于 1993 年发布了这款产品，并预计第一年的销量能达到 100 万台，但事实上，该产品在前三个月仅售出 5 万台。[28] 苹果于 1997 年正式停产了这一产品。无论怎么说，牛顿都还算是有点知名度的产品了，相比之下，很多其他产品根本就没有进入过公众的视野。同样，来自亚马逊云部门 AWS 及其广告业务的利润占到亚马逊目前营业利润的一半以上，但这两个业务在刚推出时规模都很小且充满争议。当然，亚马逊也推出过许多失败产品。其中一个著名的例子就是 2014 年大张旗鼓地发布的"火机"——Fire Phone。[29] 亚马逊创始人兼首席执行官杰夫·贝佐斯在西雅图弗里蒙特艺术区的公司演播室亲自介绍了这款产品，这可是数百名员工四年努力的结晶。但当这款售价 650 美元的手机上市之后，用户的反馈却相当残酷。Fire Phone 上市前两周仅售出 35000 部。同年，价格与 Fire Phone 相同的苹果 iPhone 在上市后 24 小时内就售出了 400 万部。这简直就是亚马逊的奇耻大辱。相对于其功能，Fire Phone 650 美元的售价实在是太高了，无用的功能和笨拙的用户界面更是引来无数批评。几个月后，亚马逊取消了该项目。

Fire Phone 失败的故事本身并不罕见。这个故事的不同寻常之处在于亚马逊领导层对这次失败的态度。在传统组织中，负责产品的副总裁可能会被降职或解雇，而首席执行官在做出人事调整后，也会尽量不再提起这个项目，他会把它当成一场噩梦并尽力将其遗忘。然而在亚马逊，情况却恰恰相反。杰夫·贝佐斯提到 Fire Phone 的次数仍然高于亚马逊的其他产品。他甚至不无夸张地对记者说道："我们面临的失败还多着呢。我可没有在开玩笑。未来的一些重大失败会让 Fire Phone 看起来完全不值一提。"[30]

当然，尽管 Fire Phone 失败了，但智能音箱 Echo 等产品的成功为亚马逊挽回了颜面。[31]Echo 获得了空前的成功，如今有数千万家庭在家中使用它。嗯，你猜怎么着？这两款产品都是由伊恩·弗里德领导研发的。"你绝不应该为 Fire Phone 的失败感到难过。答应我，你不要为此事想太多。"杰夫·贝佐斯在项目取消后这样对弗里德说。[32]亚马逊的迅速崛起和持续成功，在很大程度上要归功于贝佐斯及其副手懂得如何运用风投式思维来应对失败。传统组织可以就此向亚马逊学习。

构建自己的金字塔

这些本垒打猎手是不是只会进行冒险式的押注？当然不是。亚马逊会持续扩大其仓库面积，谷歌会扩大其服务器容量，苹果则会通过逐步引入新功能和服务来改进其产品。所有这些都是相对低风险的投资，也是它们在其盈利核心业务上开展的一种渐进式创新。这些投资明显不是高风险的押注。这些公司懂得如何将高风险投资与传统投资融为一体。

我们认为，企业领导者应该使其业务组合包含三种类型的项目，我们将其形象化为一个金字塔（见图 3）。底部最宽部分是所有核心业务的集合。针对核心产品的渐进式创新会一直持续（比如调整产品的配色，添加可有可无的功能，或者对产品进行微调以便在一个新的国家推出），但现有产品的属性绝不会发生根本性的变化。这样的渐进式创新通常都会遵循一个明确且易于操作的流程。这些是整个业务组合的低风险部分，其成本和时间框架通常都高度可预测。

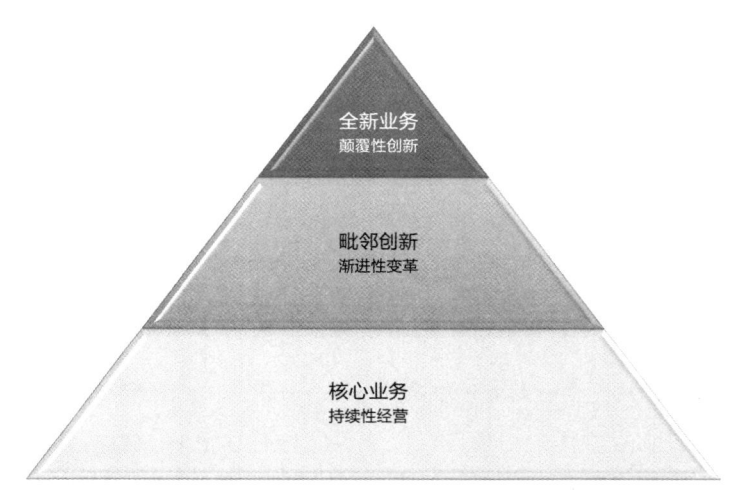

图3　一个相对平衡的企业业务组合中包含的三种业务类型

如果你把风险等级稍微提高一点，你就会遇到新的流程和服务，例如改变顾客购物方式的个性化引擎或者新的石油钻探技术等。这类项目都是以现有技术和商业模式为基础，或者是对现有产品或服务进行了一些改动。我们把金字塔的中间部分称为"毗邻创新"。谷歌的领导层把这种渐进式毗邻创新戏称为"攻顶"，以使其与具有颠覆性的"登月"相对应。

最后，位于金字塔顶端的是颠覆性创新。这些押注如果获得成功，可能会从根本上改变公司及其业务，比如亚马逊的AWS云业务、阿里巴巴的支付宝，或者网飞的流媒体服务（当年网飞的主要业务是邮寄DVD）。这类创新天生就具有风险和不确定性。它们可能会导致代价高昂的失败，也可能会颠覆整个行业，为世界带来全新的商业模式，或者为公司创造全新的用户。当位于金字塔顶端时，一定要懂得运用风投式思维。

在埃里克·施密特的领导下，谷歌甚至制定了一条经验法则：这三种类型的项目之间的比例应该是70∶20∶10，也就是至少要把10%的时间和精力用于真正的登月计划。谷歌把登月计划都放在了其秘密的创新部门谷歌X（Google X）中。谷歌X的运作类似创新工坊。毫不夸张地说，它的使命就是要创造出最终能够成为下一个谷歌的新企业。当谷歌的母公司字母表成立时，拉里·佩奇和谢尔盖·布林甚至提醒利益相关者："我们肯定会在一些崭新的领域进行小规模的投资，和我们的当前业务相比，这些新项目可能会看上去非常具有投机性，甚至会让你们感到吃惊。"[33] 谷歌X每年会对从清洁能源到人工智能的数百个创意进行评估，但只有其中的一小部分项目会获得人员和资金方面的支持。其中一些种子现在已经长成了参天大树，比如微末（Waymo）就是一家可能会颠覆现有交通运输行业的自动驾驶汽车公司。[34] 从某些方面来说，谷歌X很像一只内部运作的风投基金。

当然，谷歌X也有自己的痛处。谷歌眼镜就是一个明显的例子。该产品的第一个版本遭到了铺天盖地的嘲讽，并且很快就停产了。然而，与其他公司形成鲜明对比的是，谷歌X的员工会因失败而获得奖励。[35] 同样，塔塔集团的创始人拉坦·塔塔也在公司内设立了一个最佳失败创意奖。财捷公司（Intuit）不仅给员工颁发"最佳失败奖"，而且还举办"失败派对"。这些公司知道，在它们众多的小赌注中，一次巨大的成功就可能超过所有失败的总和。[36]

风投式思维已经成功地应用于许多行业。好莱坞就是一个完美的例子。电影行业也是有起有落，与风险投资行业有着惊人的相似性。电影投资也有很高的失败率。[37] 据信，在好莱坞顶级电影公司购买的每十个电影剧本中，只有一个能够真正获得拍摄并发行。所有上映的电影中只有一半能够收回制作成本。和风险投资一样，影视行业也是一场追逐爆款的竞赛。《权力的游戏》或《纸牌屋》等热门剧集的成功都是压倒性的，排名前20%的电影包揽了整个行业80%的收入。[38] 电影的制作周期很长：《蜘蛛侠》从获得版权到成为大片，总共耗时17年。[39] 这是一个超长的时间框架。无独有偶，数据分析软件公司帕兰提尔（Palantir）从创立到成为一家市值达200亿美元的上市公司，也花了整整17年的时间。[40]

聪明的电影公司高管在寻找潜在大热影片时也会利用风投式思维，他们容忍失败并鼓励尝试。网飞的前首席执行官里德·黑斯廷斯曾批评他的团队成功率过高："我总是在督促内容团队，我们必须承担更大的风险，必须尝试更多疯狂的事情，因为我们总体上应该有更高的项目取消率。"[41] 不用说，网飞是一家由风险投资公司支持的初创公司。皮克斯前总裁埃德·卡特穆尔也赞同这种做法，指出"在制作这些电影之初，我们根本不知道它们能否成功"，但他补充道："作为高管，我们必须抵制那种想要规避或尽量降低风险的天然倾向。"[42]

另一个采用风投式思维的行业是制药行业。在这个领域的成功企业会为了成为大赢家而疯狂下注。一家技术初创公司可能仅需几个月的时间就能够开始验证其想法，但一个生物技术团队却需要经过数年的时间才能知道他们的想法是对还是错——尽管这些想法实际上只是关于某种特定分子在特定健康干预中的应用。许多著名的药物，如青霉素、安定和伟哥，都是偶然发现的。由于市场进入成本高，从研发到上市的时间极长，成功的机会很低，制药公司不得不建立一种特别敢于冒险和容忍失败的文化。

你也应该试着将风投式思维应用于整个组织的三振和本垒打。

如果有人问你该从哪里开始，那就从失败开始吧。

有一个很精彩的笑话，讲的是一个叫雅各布的人，他走进犹太教堂祷告说："上帝啊，你看我是多么贫穷和不幸。拜托，让我中个彩票大奖吧。"开奖的日子到了，但雅各布未能中奖。第二周他又回到教堂："上帝啊，求你了，我走投无路了，如果我还不能中奖，我就真完了。请让我中个彩票大奖吧。"结果他又一无所获。就这样重复过了几个星期，雅各布始终没能如愿。最终，在雅各布又做了一次祷告之后，上帝于电闪雷鸣间现出了真身，他大声说道："雅各布啊，我真的很想帮助你，但是请你先买一张彩票吧！"许多现代企业的领导人都像雅各布一样，压根儿就没有购买创新彩票。

思维模式评估

- 在知道一旦成功就能获得 10 倍甚至 100 倍巨大收益的情况下，你的组织是否会进行大胆押注？
- 在知道大多数押注会以失败告终的情况下，你的组织是否还会持续进行广泛的小规模押注？
- 你的组织是会不惜一切代价避免失败，还是会将失败视为一种正常的结果？

第 2 章

打破藩篱，主动出击

风险投资人致力于发展多样化的关系网络，从中发现新机会并建立持久合作。重要的不是能认识多少人，而是人脉的品质和多样性。如果你认识的人在相似的部门、行业或公司工作，这种单一性就会限制创意的交流。

你是来买地毯的,还是来融资的?

旧金山联合广场曾经有一家叫作安仕的传统意大利餐厅,但问题是,你会愿意花 120 万美元到这里来吃一顿晚饭吗?即使菜做得再好,这价格也太高了吧。但如果这笔钱还包括对一家名为 Evenflow Inc. 的公司的小规模种子轮投资呢?一些风险投资人觉得这是一笔不错的交易。10 年过后,他们对这家名不见经传的科技初创公司的小额投资,转化成令人瞠目的 20 亿美元的丰厚回报。[1]

2007 年 9 月的一个晚上,红杉资本在安仕餐厅开出了一张价值 120 万美元的支票。众所周知,红杉资本是硅谷最著名的风险投资公司之一。他们入股的这家企业专注于为客户、同事和学生提供文件共享服务,后来改名为多宝箱(Dropbox)。这笔投资协议是时任红杉资本合伙人萨米尔·甘地与多宝箱创始人、麻省理工学院的年轻毕业生阿拉什·费尔多西和德鲁·休斯顿共进晚餐时达成的。[2]

如果没有佩吉曼·诺扎德,就不可能有安仕餐厅的这顿晚餐。诺扎德是硅谷最具传奇色彩的风险投资人之一。1992 年,诺扎德从伊朗的大学退学并移民到美国。在十五年的时间里,他从一个在酸奶店打工、住在店铺阁楼的穷小子,成长为硅谷最负盛名的投资人之一。那些知名风险投资公司里的合伙人,无不期望能够和他打交道。

就在安仕餐厅晚餐的前几天,诺扎德在帕洛阿尔托市中心的一家地毯店里用波斯语迎接了阿拉什·费尔多西和他的好友德鲁。帕洛阿尔托是位于旧金山湾区的一个小城,斯坦福大学的所在地,其房价也在美国数一数二。阿拉什和德鲁可不是去地毯店买装饰品的,因为他们新租的公寓面积太小了,根本装不下那里出售的大多数地毯。几天前,诺扎德在 Y Combinator(简称 YC)主办的演示日上与他们见过一面。[3] YC 是一家创业孵化公司,他们设置演示日的目的,就是希望那些有前途的创始人能够获得向潜在天使投资人和风险投资人推介自己的机会。

诺扎德可是费了很大的劲儿才得以参加 YC 的推介活动。[4] 数年前,他在电视上看到了帕洛阿尔托美达连地毯精品店的广告,上面说他们在招聘一名销售人员。诺扎德得到了这份工作。在这家高档地毯店工作期间,他意识到,要想把这些通常超过两万美元的昂贵地毯卖出去,他就必须与顾客建立信任关系。随着多年的关系打造、客户家庭走访,以及对他们生活和工作的了解,诺扎德也逐渐加深了对硅谷科技发展的了解。有一天,他找到自己的上司,也就是地毯店的老板,说服他以地毯店为依托成立了一只科技风险基金。如此诺扎德才得以参加 YC 的活动,并遇到了这两位麻省理工学院的毕业生。他俩的创意让他兴奋。

2007 年的世界与我们今天所知的大不相同。第一代 iPhone 刚刚发布。人们仍然十分依赖 USB 闪存驱动器(甚至软盘)来复制和分享文件。但无需 USB 闪存驱动器的日子很快就会到来。硅谷的许多人都清楚,文件共享和文件同步将是一个巨大的市场。

许多崭露头角的创业者都盯上了文件共享这一领域。2007 年 7 月,科技博客 Mashable 发布了一份活跃在数据存储和虚拟共享领域的公司名单。[5] 这个名单竟然包含了 80 家正在互相展开激烈竞争的解决方案提供商,而且其中不少公司都得到了天使和风险资本投资人的资助。最终超过一半的公司都倒闭了，只有少数几家至今仍在运营，其中就包括两个家喻户晓的名字：Box 和 Google Drive。多宝箱没有出现在 Mashable 的榜单上，因为当时这家初创公司仍然默默无闻。

诺扎德一边喝着浓浓的红茶，一边听休斯顿和费尔多西（费尔多西也是伊朗裔）的推介。诺扎德对他们的想法非常感兴趣，于是立即给他的朋友、红杉资本合伙人道格·莱昂内发了一条短信。两天后，红杉资本的麦克·莫里茨亲自到德鲁和阿拉什满是空比萨盒的小公寓里做了拜访。[6] 莫里茨是风险投资界的传奇，曾经投资过谷歌、优兔以及捷步（Zappos）等知名企业。没过多久，著名的安仕晚餐会正式上演，交易顺利达成。一系列看似随机的事件，最终导致了一家成功企业的诞生，我们也因此得以享受到了多宝箱带给我们的各种便利。

要进行投资，风险投资人首先需要找到投资对象。风投式思维与传统公司决策者和几乎所有其他人的思维方式的截然不同之处，首先就体现在这一行动之上。

红杉资本投资多宝箱的故事既不特殊也不偶然。相反，这是风投式思维的一个必然结果，这一思维模式与企业圈的主流思维形成了鲜明对比。公司的决策者在公司内部掌控着大量的人力和物力资源，也正是因此，他们对创新的想法也往往取决于自己到底掌握了哪些可用的资源。事实上，研究人员发现，在 300 多家大公司中，超过 85% 的创新领导者会认为内部创新资源是最为重要的。[7] 但风险投资公司是不可能有这些资源的。它们的办公室很小，它们寻找新想法的唯一方法就是走出去。风险投资人知道，像多宝箱这样的交易只能发生在他们的办公室之外，不是在车库、公寓和咖啡店，就是在各种演示日、见面活动或者大学实验室。理解了这一点，你就会发现诺扎德、莱昂内、莫里茨和甘地的事迹其实都很正常,并没什么独特之处;这些故事很有启发性,但确实算不上很酷。

门罗创投的风险投资人马克·西格尔评估了他能找到的所有净推荐值(一种计算人们积极推荐一家公司可能性的指标)高于苹果的消费类初创公司。[8] 通过这种方式,他发现了新近成立的眼镜初创公司沃比帕克(Warby Parker)并成为其第一位投资者。

基线风投(Baseline Ventures)的风险投资人史蒂夫·安德森在一家酒吧偶遇了凯文·斯特罗姆,后者拿出自己的手机,向他展示了自己正在开发的一款名为波本(Burbn)的应用(以他喜欢的酒命名)。[9] 没过几天,安德森就给斯特罗姆汇出了一张小额支票,成为我们现在所知的照片墙(Instagram)的第一位投资者。

另一家风险投资公司光速资本(Lightspeed)的杰里米·刘发现他的合伙人的女儿正和朋友们挤在厨房的桌子旁,聚精会神地看手机。杰里米要求看一下这款如此吸引他们注意力的应用程序。他找到了这款应用的开发者,通过脸书向其联合创始人埃文·斯皮格尔发送了一条消息,并很快成为这款名为阅后即焚(Snapchat)的应用的主要投资者。[10]

诸如此类的例子比比皆是。只要你去寻找,你就一定会找到适合的目标。关键是要具备慧眼识珠的能力。风险投资人将其称为一种"挑选"技能。就像一名蘑菇采摘者,你必须知道如何区分可食用的鸡油菌与有毒的网状菌。但所有的蘑菇采摘者都会告诉你,在找到合适的蘑菇之前,你得先找到一片到处都是蘑菇的森林。在风险投资领域,我们将其称为"寻找项目"。

著名风险投资公司 a16z 的合伙人克里斯·迪克森曾说:"风险投资交易的成功率,或许只有 10% 取决于项目的挑选,另外 90% 则取决于能否寻找到正确的项目。"[11] 作为风投界的领军者，迪克森等人认为寻找项目是他们创造价值和取得成功的最重要因素。尽管多宝箱的所有早期投资者都意识到了文件共享领域的市场机会，但他们需要花费大量的精力才能找到一个适合投资的项目团队。甘地可能见过几十家文件共享初创公司。为了做出最终的投资决策，你需要先接触尽可能多的初创公司，然后从中选出你认为最有前途的一家。而且你必须时刻提醒自己，这些初创公司很可能会出现在一些不同寻常的地方。

　　传统企业的人是否善于寻找创意和项目？让我们思考一下这个问题。你觉得一位大企业的高管会出现在一家地毯店里，和两名麻省理工学院的应届毕业生坐着聊天吗？在没有现成产品可供展示，甚至连产品原型或者产品概念都没有的情况下，一位传统企业的高层管理人员会不会在星期六跑到两位创业者的小公寓里，听他们谈论自己的创意？像通用汽车或美国电话电报公司这样的企业，会不会在和创业者见面的几周后就决定为其投资（即使与其营业额相比，投资金额小到可以忽略不计）？和我们合作过的许多传统企业的决策者都摇着手说："我们做不到这个。"

　　对于我们遇到的大多数管理者和领导者来说，寻找项目是一个巨大的挑战。无法在外部寻找项目、行动迟缓，是许多公司的创新被扼杀的主要原因之一。组织内部的创新管道是完全不够的。问题往往不在于缺乏资源或人才，而是缺乏足够多的想法或这些想法过于相似。很多时候，组织只能从为数不多的内部可用选项中进行选择。如果你的目标是在已经做得很好的事情上做些细微的改进，那么这种方法还能行得通。但它无法带来全新的创意，也无法让你的公司取得突破性的进展。相比之下，为了投出十几个项目，风险

第 2 章　打破藩篱，主动出击　　37

投资公司每年都需要评估数百家甚至数千家初创公司。哪家大企业的决策者能够每年审查这么多内部项目？据我们所知，少之又少。

风险投资公司会去哪里寻找潜在的投资项目？毕竟帕洛阿尔托的伊朗地毯店总共也没有几家。

广交人脉

星佳（Zynga）是《虚拟农场》等热门社交游戏的开发商，然而，如果没有其联合创始人马克·平卡斯和其投资人里德·霍夫曼建立的深厚关系，这家游戏公司可能不会取得今天这样的成就。两人相识于 2002 年，当时里德还是贝宝的高管，还没有参与创办领英，马克则正在为自己的创业项目到处寻求建议（不是星佳）。5 年后的 2007 年，平卡斯萌生了在脸书平台上发行一款社交扑克游戏的想法，于是他给霍夫曼打电话，想听听他的意见。霍夫曼旋即成为星佳的投资人。同样，当霍夫曼筹集资金创办领英时，他在贝宝的朋友彼得·蒂尔也向他伸出了援助之手。[12]

在遇到霍夫曼之前，平卡斯曾经创立过一家名为蹭客（Freeloader）的公司，1995 年时，还在读高中的肖恩·帕克曾在这家公司实习。帕克后来成为纳普斯特（Napster，即 iTunes 的前身）的创始人。2004 年，帕克通过查看在斯坦福大学上学的朋友的笔记本电脑，知道了脸书。[13] 当时脸书还处于起步阶段，但帕克很好奇，作为一个狂热的网络爱好者，他立即向脸书的邮箱发了一封电子邮件，试图与 20 岁的马克·扎克伯格取得联系。不久，他们在纽约的一家中餐馆碰了头。你肯定猜到了，帕克利用他的关系网，把蒂尔、霍夫曼和平卡斯都变成了脸书的投资者。

如果这个人脉网络中的任何一个环节出现断裂,我们可能就永远无法通过脸书和领英等社交网络与他人建立联系,或者一起玩星佳的游戏了。

尽管听起来显而易见,但人脉真的非常重要。为了深入了解风险投资决策的隐秘过程,伊利亚和他的同事进行了多项研究。在一项研究中,研究人员要求 1000 多名风险投资人(几乎占风险投资人总数的 1/6!)确定他们所投资初创公司的关键信息来源。大约一半项目要么来自公司的其他投资人,要么来自投资人的专业网络[14](见图 4)。与许多公司高管不同,风投们总是会不知疲倦地扩大和维护他们的专业网络。

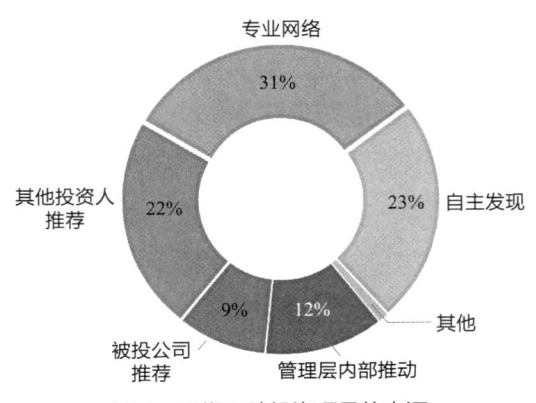

图 4 早期风险投资项目的来源

伊利亚的另一项研究对机构风投(如红杉资本和基准资本的合伙人)与在大公司工作的风投做了对比,他观察了二者在领英联系人和关注者方面的差别。[15] 按理说,企业风投是拿着大企业的钱来投资独立的初创企业,因此也应该积极向外拓展人脉,然而研究发现,平均而言,他们在领英上的人脉规模只有机构风投的一半左右!我们敢打赌，对公司内部的其他团队来说，情况会更糟。在大公司内部工作的人显然不会像风险投资人那样积极地向外拓展关系网，但这也使得他们的商业计划经常被一些风投支持的初创团队打乱。人脉和网络会慢慢地转化为卓越的项目和创意，而你永远不知道下一个交易机会来自哪里。

但人脉不仅仅关乎你有多少联系人。你可能认识一千个人，但如果他们都有着同样的背景，或者在相似的职能部门、行业或公司工作，这种单一性就会限制创意的交流。重要的不仅仅是关系网络的规模，还有它的品质和多样性。

风险投资人致力于发展多样化的关系网。他们的交易机会不仅来自其他投资人以及被投公司的管理团队成员、律师、会计师、教授和学术顾问，也来自他们在大企业的熟人、银行家或学生时代的挚友。

从事社交活动已变成风险投资人的一种本能。卡米·塞缪尔斯是早期风险投资公司之一文洛克创投（Venrock）的合伙人。二十多年来，塞缪尔斯一直从事对医疗保健和生物技术初创公司的投资。她曾经投资过一家名为 RegenXBio 的小型初创公司，该公司致力于开发针对视网膜、神经退行性疾病和代谢疾病的基因疗法。你可能会认为她会把所有的时间都花在对临床试验的客观科学分析上。但实际情况与之相去甚远。尽管塞缪尔斯热切地钻研各种相关的有前途新药的科学细节，但她每星期都要马不停蹄地与各路专家、学者、高管、员工以及被投公司的创始人会面。她会在和这些人吃饭的同时，了解各种新兴趋势、机遇以及正在这些领域中竞逐的企业。她以这种方式建立了一条能够给她带来颠覆性想法和投资项目的复杂关系链。

塞缪尔斯告诉我们,她极为注重在多样化的专业网络中构建新关系和建立持久性合作。这一策略取得了良好的回报。在作为一名初级风险投资人和董事会观察员时,她就与年轻的创始人内德·戴维建立了长期联系。文洛克在帕洛阿尔托设有办事处,塞缪尔斯经常在从办公室开车回家的路上给戴维打电话,和他进行项目交流。她投资了戴维的5家公司。如果塞缪尔斯没有与戴维合作,这些生物医药公司可能永远都无法从构想变成现实。

甚至还有一些连社交大咖都意想不到的关系网。谁能想到一个商业教练能够为世界最大电子商务公司的建立贡献力量?但这正是在1996年发生的事情。当时,有"硅谷教练"之称的比尔·坎贝尔把凯鹏华盈的约翰·杜尔介绍给了莱斯利·科赫,后者正是初创企业亚马逊的营销总监。[16]这种联系成就了约翰·杜尔有史以来最好的投资之一。再以斯坦福大学计算机科学教授戴维·切里顿为例。他曾经将两名不知名的斯坦福大学研究生介绍给太阳微系统公司联合创始人安迪·贝托尔斯海姆,结果贝托尔斯海姆给他们开了一张10万美元的支票。谁能想到这两个雄心勃勃的年轻人会成为谷歌的创始人?切里顿的这个投资决定使他成为世界上最富有的教授之一,其净资产接近100亿美元。[17]

更让人想不到的是还有人曾经在更衣室寻求创业融资。在帕洛阿尔托的一家健身房,菲利普·温特遇到了苹果公司的首席执行官蒂姆·库克。温特刚发明了一款名为Nebia的环保淋浴喷头,并说服了这家健身房试用。[18]他当时正站在淋浴间外面,询问顾客对新喷头的看法,突然间,他看到蒂姆·库克从淋浴间走了出来。库克一般不会投资苹果以外的公司,但这次他成为Nebia的投资人。

如果有人想把一个有着新奇想法的人引荐给你,你会做何反应？通常情况下，即使人们知道自己可能会遇到一个能够改变世界的人，他们也可能会拒绝见面。《财富》世界500强的老板、各个领域的专家和普通投资者，可能都会做出如此反应。"这个穿着黑色T恤和海军蓝连帽衫的书呆子是如此衣冠不整，怎么值得让我把15分钟时间花在他身上？"你可能会有这样的想法。"算了，别理他了。我这一整天忙忙叨叨的。"这都是很常见的想法。但成功的风险投资人不会这样。他们总是在努力让自己的关系网络更加多样化，不遗余力地与各种有趣的人和想法打交道，他们总是以开放的态度去看待各种奇人怪事。红杉的风险投资人唐·瓦伦丁在第一次去见史蒂夫·乔布斯并试用最新款苹果电脑时，他发现乔布斯穿着紧身牛仔裤和凉鞋，留着齐肩长发，还蓄着胡志明式的胡子。[19] 瓦伦丁后来问介绍人："你干吗要把这么一个奇葩推荐给我？"然而瓦伦丁还是完成了他的尽职调查，并最终成为苹果公司的投资人。

在这个瞬息万变、充满不确定性和颠覆性的世界里，你永远不知道最好的机会来自哪里。你兴许有不少知根知底的老相识，但问题在于他们可能都是一个圈子的，而且都落伍了。如果你的专业网络里全是拥有相同背景和经验的人，你就不太可能找到不同寻常的创新想法，而且即使你找到了这样的想法，你关系网络中的人也会异口同声地拒绝它。

在我们的一次研讨会上，我们请一家大型欧洲银行的一组高级管理人员评估他们这个领导团队。当他们相互对视时，才意识到他们的背景是多么相似。他们中的大多数人都是在同一个环境中成长起来的，并且已经在这家公司工作了很多年。没有一个人来自其他行业，即使是新招聘的人也来自直接竞争对手。要他们进行理念创新，未免太难了吧？

为了培育出新理念，你需要让员工的来源多样化。不同的背景意味着不同的思想、不同的文化和不同的观点。那家银行的领导非常勇敢地做出了改变。在新一轮的招聘中，他们吸收了一名来自消费品创新企业的资深高管，这是该行历史上首次从行业外部招聘高管。

机会越不寻常，越充满前景，就越有可能来自意料之外的地方。请审视你自己的组织和关系网。你的联系人列表里可能有上千的人与你有过专业交往。也许是时候给你所在行业和组织之外的人打个电话，一起喝杯咖啡聊一聊了。

你只有走出自己的天地，才能发现新天地。

不要等待机会，要创造机会

你能在建筑工地找到新机会吗？如果你对事物有好奇心，专心致志，且总是满怀期待，那么答案显然是肯定的。不信的话，可以问问新兴资本的联合创始人布莱恩·雅各布斯。新兴资本是一家风险投资公司，投资了赛富时和其他许多创新性 SaaS 初创公司。赛富时在旧金山建造其著名的 1070 英尺[①]高的大厦时，使用了一家名为 Building Robotics 的小型初创公司的软件产品，这种软件有助于优化大型商业建筑的供暖和制冷系统。布莱恩和他的同事杰克·萨珀一直在寻找云上"物联网"方面的机会，在参观赛富时大厦的施工过程中，他俩立即认识到先进温控技术的潜力。他们要求见一下这家企业的创始人，不久，Building Robotics 成为新兴资本的投资项目之

[①] 1 英尺约等于 0.3 米。——编者注

一，后来这家公司被德国西门子公司收购。布莱恩没有等待机会上门，而是自己创造了机会。

好的风投都像优秀的渔夫。像布莱恩·雅各布斯这类伟大的风险投资人，也是伟大的猎手。他们冲锋在前。他们大胆地走出舒适的办公区。他们总是在寻找新机会。

保罗·马德拉曾是一名美国空军飞行员，1999年，他与人共同创立了美瑞泰科（Meritech）风险投资公司。美瑞泰科从一开始就非常看好客户资源管理（CRM）系统的增长潜力，当时他们投资了刚刚提到的初创公司赛富时。这笔投资取得了超乎想象的成功。赛富时凭借其首个基于云的、易于部署和使用的解决方案，迅速获得了广大销售人员的青睐。成功之后的他们问自己，哪个领域会成为下一个客户资源管理市场和下一个赛富时？

答案是社交媒体。早在2005年，马德拉就意识到社交媒体将改变整个媒体生态系统，美国有线电视新闻网或《纽约时报》等当下的媒体巨头终将成为明日黄花。在2005年时，只有7%的美国成年人使用社交网站，但马德拉知道，这个数字很快就会激增。[20]美瑞泰科公司开始积极搜寻所有社交媒体初创公司（现在你可能难以想象，但当时的社交媒体确实屈指可数）。他们首先关注的是聚友网（MySpace），这是一家成立两年的公司，总部位于圣莫尼卡，截至2005年6月，该公司已拥有超过2000万用户，是当时社交媒体领域无可争议的领导者。[21]马德拉和他的合伙人先是对其进行了初步评估，然后找到了它的创始人，并前往比弗利山庄与其会面。

在经过一系列谈判之后，他们几乎敲定了这笔交易。但就在几天后，马德拉在报纸头条上看到了一则让他羡慕嫉妒恨的新闻：聚友网以超过5亿美元的价格把自己卖给了鲁珀特·默多克的新闻集团。[22] 显然，并不是只有美瑞泰科的合伙人注意到了这种新的社交媒体现象！[23] 马德拉的预感很准：一年后，聚友超过谷歌和雅虎，成为美国访问量最大的网站。之后没多久，它就成为第一个覆盖全球的社交网络，到2008年，它的用户达到了1亿。[24]

然而，马德拉并没有把时间浪费在自怨自艾上。他评估了他们在社交网络领域发现的所有初创公司。一家叫作TheFacebook（脸书前身）的小型初创公司引起了他们的注意。它只对几所顶尖大学的学生开放，其规模比聚友要小得多，但马德拉很快意识到它有更强大的功能和更出色的用户界面。《斯坦福日报》的一篇报道给他留下了特别深刻的印象，该报道称学生们正生活在TheFacebook中。[25] 这篇文章写道："课也不上了，工作也不干了，TheFacebook的热潮已席卷整个校园。"其中一个标题特别引人注目："所有赶时髦的孩子都在上这个网站"。还随文附图对这种狂热进行了描述。自从首次向斯坦福校园开放，TheFacebook在短短7天内就收获了2815名学生用户。[26]

马德拉与TheFacebook的首席执行官扎克伯格进行了谈判，并决定向其投资1000万美元，以换取该公司约2%的股份。[27] 马德拉在多年后跟我们说，当时其他一些投资人认为这个价格"非常具有泡沫性"。但即使不是金融学教授，你也能猜到美瑞泰科最终获得了相当可观的回报。

风投公司所做的不过是人类几千年来都在做的事情，同样是在采集果实，猎捕动物。如今，许多人使用数据来帮助他们识别目标。保罗·阿诺德创立的斯威奇创投（Switch Ventures）会运用数据驱动的方法寻找初创公司。它的算法使其在投资项目辨别方面别具一格。它的数据科学团队每周都会对数百家初创公司的创始人进行调查。阿诺德利用一个包含超过10万名创始人的数据集制作出了一套模型，并依据每个创始团队打造出独角兽的可能性为这些创始人打分。然后，他会专注于那些排名前1%~5%的创始人，并尝试找出他们的共同联系人，或者通过主动打电话的方式来引起他们的注意。最近，阿诺德通过这种方式联系上了一个叫作Ribbn的创始团队。Ribbn是一家总部位于瑞典的初创公司，阿诺德将其称为转售经济领域的商匠。如果没有数据的帮助，阿诺德可能永远不会听说这家初创公司。团队组成是Ribbn在阿诺德的模型评级系统中名列前茅的一个重要因子。"经验的多样性会十分影响其得分。"阿诺德说。之后他又笑着跟我们说道："我可不能把这个模型的所有因子都告诉你。"

风投公司一旦发现了它们感兴趣的初创公司，就会竭尽全力地吸引其创始人的注意。红杉资本及其合伙人吉姆·格茨创建了一套名为"早起鸟"的系统，用于跟踪应用商店的活动，及早发现有潜力的未来之星。2010年的一天，随着一款应用的下载量开始在几十个国家和地区的排行榜上占据榜首，这只鸟儿发出了特别强烈的啁啾声。如今WhatsApp是世界上四分之一人口都听过的一款主流即时通信工具，但在当年，它却差点被错过，因为它在美国应用商店中的排名一直很低。"早起鸟"系统兴许能帮助吉姆·戈茨发现目标，但"捉虫子"仍然是一项很辛苦的力气活。没有半点儿夸张。

红杉资本决定投资WhatsApp，[28] 但如何才能参与进去呢？创始人没有寻求外部资金，而是依靠自有（或自筹）资金运营。他们不回复电子邮件，也没有可供潜在投资者参访的办公地址。即使有消息说他们的"办公室"位于山景城的某个地方，其确切位置仍不得而知（山景城是旧金山湾区的一座小城，拥有8万人口，也是谷歌总部所在地）。于是红杉资本的合伙人决定赌一把，他们前往山景城的各条街道上搜寻，打算亲自找出这家公司确切的办公地。你没看错，红杉资本的风险投资人真的走遍了这个 12 平方英里[①]小城的大街小巷，而其唯一目的，就是找到 WhatsApp 的创始人，并与他们建立联系。几个月后，红杉资本成功向这家初创公司投资了 800 万美元，获得了约 11% 的股份。不久后的 2014 年，脸书以 190 亿美元的价格收购了 WhatsApp。

红杉资本的合伙人完美诠释了何为风投式思维。伊利亚和他的同事们发现，在红杉资本的所有投资项目中，大约有四分之一的交易源自风险投资人的主动出击。他们一旦就某些绝佳的想法形成共识，就会立即去寻找任何有希望实现这些想法的初创公司。他们会参加从演示日到贸易展览会在内的各种活动，以期找到那些尚未受到广泛关注的有前途的初创企业。他们使用先进的人工智能算法来筛选出他们想要联系的创始人，然后再利用自己的人际关系网络和这些人取得联系。

有多少创意是在一些非一般的地方构想出来或者获得资助的？这个问题的答案多少会让你感到惊讶。在芬兰，人们在 93 摄氏度的高温下讨论创新和有前途的颠覆性技术。[29] 这事儿可不是发生在但丁笔下的地狱，而是出现在一个经常被称为世界上最幸福的国家的桑拿派对上。斯拉什（Slush）创投大会是一场面向企业家、投资者和技术专业人士的大型会议，通常会在芬兰北方的严冬来临之际举办。为了建立非一般的关系网，2017 年，会议组织者创建了斯拉什桑拿村这一别具一格的社交场所。同样，每年 8 月份在内华达州里诺附近举行的火人节也吸引了众多渴望拓展人脉的风险投资人和技术创新者。正如《旧金山纪事报》所描述的，火人节是一场"科技巨头

[①] 1 英里约为 1.6 千米。——编者注

的聚会"。[30]

要想和风投一样思考，你就必须具备承受各种艰难险阻的意愿。你需要对各种不合常规的新想法持开放态度。但你不必去芬兰桑拿村朝圣，也不必盛装出席内华达州的沙漠节日，还有很多的常规行业活动在等着你去开拓。毕竟，佩吉曼·诺扎德是在一个演示日上见到多宝箱创始人的。

在与大型成功企业的领导者交谈时，我们经常会举出一些例证，以证明一些新近成立的初创公司正在试图颠覆这些大公司所在的行业。我们经常发现，无论是这些大公司的领导者还是他们的同事，甚至包括那些名义上负责创新和发展的人，都没有听说过这些初创企业。如果你也是这种情况，那就要小心了。

不要指望各种创新的想法会自动找上门来。创新是门，你才是那个敲门的人。

每个回应都很重要

"教授，你确定我们的账户不会被谷歌即刻屏蔽吗？"在被教授要求向硅谷风投基金的投资人发送虚构的电子邮件时，一位研究助理如此问道。不是没有这个可能性。但没有冒险哪来收获。此外，大多数电子邮件的最终归宿，也不过是被转移到垃圾邮箱。但不管怎样，这成为伊利亚关于风投如何做出决策的最成功实验之一。

2018年，我们的投资者数据库中超过3万名活跃的天使投资人和风险投资人收到了一封来自某家初创公司创始人的简短介绍性电子邮件。在用一段简洁的文字介绍了创始人和他的这家（非常早期的）

初创公司之后，邮件发送人提出希望和投资人会面，以讨论潜在的投资可能性。这种自己找上门来的"冷推介"[1]并不罕见。风险投资人每天都会收到数十封这样的邮件。

但这封邮件有点不一样。

邮件里的创业者和初创公司都是虚构出来的。为了进行科学研究，伊利亚和他的合作者威尔·戈纳尔创造出 50 家虚拟的初创公司，甚至还为它们伪造了官方网站、商标、创始人、电子邮件地址和项目推介书。这 50 家假模假样的初创企业，是由研究人员和参加伊利亚风险投资课程的斯坦福大学的 MBA 学生共同构想出来的，你肯定能想象到，他们从中获得了不少乐趣。以下就是他们虚构出来的邮件之一：

致：约翰·史密斯
来自：艾丽卡·斯奈德
日期：2018 年 8 月 28 日
主题：欢迎投资神奇游戏公司

约翰：

我叫艾丽卡·斯奈德，是斯坦福大学的一名工程系学生，也是一家名为"神奇游戏"的初创公司的联合创始人。这次给您写信，是因为我们正在为我们的种子轮融资寻找投资者。

神奇游戏的目标是帮助人们走出社交媒体，重新在现实世界

---

[1] 冷推介（cold pitches）指的是未经邀请或预先沟通的推销信息或投资提案，通常由未经邀请的人或公司直接发送给潜在的客户或投资者，而不是在双方之间建立了联系或预约的情况下进行。类似地，英语中也有冷邮件（cold emails）和冷电话（cold calls）等说法。——译者注

中建立接触。我们在社交聚会上提供个性化的"游戏大师"服务。我们的游戏大师受过专业培训，可以引导不同年龄和规模的群体共同参与一系列不仅有趣，而且充满智力挑战的游戏。我们的服务既非常适合公司的外部团建活动，也适用于家庭及朋友之间的聚会娱乐。

我们的团队一直与行为科学家、游戏开发者和故事讲述者密切合作，此外我们已在多个社区对我们的游戏进行了成功的测试。

如方便，还请在一两周内给予答复。感谢您在百忙之中阅读我的邮件。

祝好

艾丽卡·斯奈德
神奇游戏首席执行官兼创始人（附官网链接）

很多研究会出现令人意想不到的有趣结果，这次也一样。我们的研究初衷是观察投资者对不同性别和种族创始人的反应。但是，如果你发送的创始人信息和初创公司信息都是真实的，那么回复率并不能说明什么，因为这些初创公司的推介项目各不相同，根本没有可比性。我们需要做同类之间的比较。因此，对于每一家虚构的初创公司，我们都会把相同内容的推介邮件随机搭配上四个不同的创始人名字。我们给神奇游戏公司设置的四位创始人分别叫艾丽卡·斯奈德、格雷戈里·斯通、詹姆斯·吴和格蕾丝·黄。通过这种方式，我们可以根据创始人是白人男性、亚裔男性、白人女性还是亚裔女性来研究投资者的反应。

我们发现，天使投资人和风险投资人更有可能对女性和亚裔创始人做出回应。[31] 但我们也有一个意外发现：主动发邮件比我们想象的更有效。陌生人信息通常不太受待见，往往会被直接忽略掉，人们会挂掉电话，把邮件扔进垃圾文件夹，或者立即点击删除按钮。当我们规划这个实验时（高度保密，因为我们不想让被试者提前知道），我们最担心的是投资者根本不会回应，那样我们所有的努力都会付诸东流。根据我们之前的研究，风投公司的交易中有10%是通过创始人主动联系投资人促成的，但担任我们顾问的一些风投朋友却预测，我们虚构的这些创业者绝对不会得到任何回应（他们也被要求必须对实验保密）。一位著名的投资人表示："或许只有那些不入流的投资人才会回复，理性的风险投资人是绝对不会搭理这些邮件的。"

经过几个月的准备和筹划，我们发出了第一批邮件，然后就开始了耐心等待。没想到仅过了几分钟，我们就收到了最初的几封回复邮件。这个实验看起来有了成功的希望。10个回复。20个。之后超过了100个。几个小时后，我们简直不敢相信自己的眼睛。各种积极有意义的回复不断出现在我们的眼前。总体而言，每12封电子邮件中就会有一封收到有价值的回复，其中2/3的回复会提出会面、打电话或视频通话请求，要求获得项目演示文档等更多信息，或要求将项目介绍给投资人的合作伙伴以进行尽职调查。

每12封邮件就能收到一封回复，这是一个很难得的结果，尤其是考虑到大部分邮件都会被转移到垃圾邮箱。令人印象深刻的是，在得到回应最多的五个项目中，风险投资人给出总体积极回应的比例达到了15%。换句话说，近1/6的风险投资人对这些初创公司的主动推介做出了回应！在这项研究中，有10%的投资者对至少一个项目表示了兴趣（大多数投资者会收到1~3个项目的推介，没有人收到超过4个）。那些有良好业绩记录和高质量投资项目的成功风投，回复率也同样很高。事实证明，我们那位持怀疑态度的风投朋友大错特错。

投资者为什么要这么做？尽管主动找上门的冷推介项目，其整体质量低于他人引荐或风投自主发掘的项目，但风投仍然有可能通过这种方式发现独角兽。错过哪怕一个绝佳的机会都是巨大损失。因此，风投们，即使是那些公开贬低冷推介项目的风投，也对这些主动找上门的项目保持敏感。然后，他们会应用"危险信号法"来快速高效地对这些机会进行筛选（详见第 3 章）。

对于充斥邮箱的那些乱七八糟的邮件，传统企业的员工早已心生厌烦，他们总是会先打开公司内部人员发来的邮件。而风投式思维则完全与之相反。当我们询问风险投资人什么才是他们的最大遗憾时，几乎没有人会提到那些让他们赔得精光的投资。相反，他们总是会不约而同地提到那些他们错过的成功企业。而许多这样的机会都是以陌生来电的形式出现的。

贝瑟默风投的戴维·考恩有一次去朋友苏珊·沃西基的家里拜访，因为后者打算给他介绍"两个正在搞搜索引擎的高智商斯坦福学生"，这两个学生就住在她家的车库里，他们就是谢尔盖·布林和拉里·佩奇。考恩的反应是："学生？"他直接就走掉了，甚至都不愿意路过那个车库。结果他错过了成为谷歌第一位风险投资人的机会。[32]几十年过去了，考恩仍然会常常笑着说起这件事。这真是一个笑中带泪的故事。没错，即使是风投也有失手的时候，事实上，他们错失机遇的频率非常高。这可能也是许多风投认为每封电子邮件都可能催生下一个谷歌的原因。

是否真有投资人从这些冷推介项目中捞到宝？问问加里·塔恩就知道了。[33]2012 年 3 月，他回复了一封来自 *contact@bitbank.is* 的陌生邮件。这封邮件附送了他 0.05 个 BTC（比特币）。它看起来就像那种臭名昭著的"尼日利亚王子"诈骗邮件一样可疑（而且你知道最好不要去关注这些信息）。但加里·塔恩继续读了下去。不久之后，他向比特银行（Bitbank）投资了 30 万美元，后来这家银行发展成为世界最大的数字货币平台币库（Coinbase）。仅用了短短几年的时间，他的 30 万美元就变成了 5 亿多美元！[34]

现在假设一下，如果某家传统公司的营销主管投资了一家由不知名供应商兜售的营销技术，大家会怎么想。有人会称赞他富有冒险精神吗？依照传统的和常识性的思维方式，我们不是不应该这么冒险吗？在传统环境中，我们总是会低估在乱石中找到钻石的可能性。但是，当颠覆即将来临时，企业就应该鼓励其员工不要与外部世界脱节，而是要有更强烈的好奇心。

马克·库班是许多独角兽公司的投资者，也是电视节目《创智赢家》（*Shark Tank*）的常客。有一次，他收到了一位名叫亚伦·列维的人发来的电子邮件，列维自称是南加利福尼亚大学的辍学生，一位初次创业者。库班回复了这封邮件。没过多久，库班就领投了列维所创公司的种子轮投资，这家公司叫作博克斯，后来成了多宝箱的主要竞争对手之一。[35] 库班特别善于从繁忙的日程中抽出时间来阅读这些随机邮件。25 岁的斑马公司（The Zebra）创始人亚当·莱昂斯猜出了库班的电子邮件地址，给他发了一封主题是"想颠覆保险业吗？"的简短电子邮件，20 分钟后，莱昂斯收到了回复。[36] 库班投资了斑马并担任该公司的创始人顾问一职，现在该公司可以让客户实时获取 200 多家全国性保险公司所提供的 1800 种汽车保险产品的报价。这家初创公司在 2021 年 4 月的估值为 11 亿美元。

世界充满了机缘巧合。以科学史上的一个极度感人的故事为例。

20世纪初，一位名叫斯里尼瓦瑟·拉马努金的穷困办公室文员在印度南部农村自修数学。[37]他给世界顶尖的数学家们寄去了一大堆他发现的数学定理证明材料，而这就好比是初创公司创始人在进行冷推介。结果所有材料都原封不动地被退回。直到著名的剑桥数学家戈弗雷·哈罗德·哈代打开一个包裹，往里瞧了一眼，他的命运才迎来转机。那天晚些时候，哈代一直在不停地思考包裹里那些奇怪的公式、证明和不熟悉的数学符号。事实证明，处在封闭环境下的拉马努金独自把许多重要的数学问题都重新证明了一遍。与此同时，他也有很多令人震惊的原创性发现。之所以如此，是因为当时的他并不知道哪些数学问题早已得到解决，哪些尚未被解决。哈代意识到拉马努金的天赋，邀请他前往英国。几年后，拉马努金入选英国皇家学会，并最终成为有史以来最重要的数学家之一。

哈代直到临终都认为，他对拉马努金的发掘是他对数学最重要的贡献。因为风投不想错过他们的"拉马努金"，所以他们也会对那些可能成为下一个独角兽的冷推介创业者做出回应。[38]

无论如何，都不要错过你的拉马努金。

谁需要一台复印机？！

当一项真正具有颠覆性的技术征服世界时，其背后公司的名字也会以动词的形式进入英语词汇。今天，我们用谷歌搜索信息，用贝宝支付账单，在共享晚餐后用万付宝（Venmo）给朋友转账，用PS软件处理我们的照片。在成为复印的代名词之前，Xerox（施乐）也是一家革命性公司的名字。

施乐的技术发展之路绝非一帆风顺。在今天，你很难想象一个没有复印机的世界,然而,在历史上,这项技术曾一度被束之高阁,差点永不见天日。切斯特·卡尔森出生于西雅图,成长于加州,其职业生涯则开启于 1930 年代的大萧条期间。[39]从加州理工学院和一所法学院毕业后,他在纽约市贝尔电话实验室找到了一份研究工程师的工作。他觉得这份工作太枯燥乏味,于是转到专利部门,结果却被解雇了。在纽约一家名叫马洛里(P. R. Mallory)的电气设备公司担任专利部门经理时,他在办公室注意到了重要文件副本不足的情况。[40]这个偶然的观察让他突然产生了灵感。[41]卡尔森发明了一种无须使用液体化学物质即可复制文档的方法,即静电复印术。

因此而成立的施乐公司成为投资者的宠儿,在 1961 年在纽约证券交易所上市后的头四年里,该公司的股价增长了近 15 倍。[42]1961—1971 年,该公司的发展速度在全美排在第五位。它的 914 型号复印机成为"有史以来最成功的产品"。[43]但施乐的成功之路走得非常曲折艰辛。从 1939 到 1944 年的五年间,卡尔森的发明连遭美国无线电公司(RCA)、通用电气、柯达以及 IBM(国际商业机器公司)等巨头的无情拒绝。[44]卡尔森说,这些公司都显得"异乎寻常地缺乏兴趣",言外之意就是"我们忙着呢,没空搭理你"。当时所有这些大公司的决策者都没瞧得上卡尔森,在他们看来,卡尔森背景平平,只不过是一个轻声细气的专利律师和一个不太成功的工程师。毫无疑问,后来他们都后悔当初没投资施乐。

施乐的故事是个例吗?绝对不是!苹果公司的联合创始人史蒂夫·乔布斯的职业生涯开始于一家叫作雅达利(Atari)的公司,当时他是该公司的第 40 名员工,负责协助开发街机游戏。1976 年,当他为新公司苹果电脑公司筹集资金时,他联系了自己的前雇主雅达利创始人诺兰·布什内尔。布什内尔拒绝了以投资 5 万美元换取苹果电脑公司 1/3 股份的提议。[45] 布什内尔后来说："当我不哭的时候，想到这事儿还觉得挺有趣。"[46] 与此同时，苹果公司的另一位联合创始人史蒂夫·沃兹尼亚克是惠普公司的一名忠诚员工，他向惠普公司的领导层提出了开发 8 位台式电脑（即后来的苹果 I 型电脑）的想法，他们拒绝了他 5 次。[47] 惠普不明白为什么会有人使用个人电脑，而且"惠普内部没有人对这个想法感兴趣"。不过，沃兹尼亚克得到了惠普法律部门的许可，可以在公司之外继续他的发明创造。苹果很快就走上了成功之路，并最终成为历史上第一家估值过万亿美元的公司。1984 年，当苹果公司持续在前进道路上狂飙之际，雅达利以 2.4 亿美元的价格被收购，而新老板到来后的第一件事，就是在整个组织内进行大规模裁员。[48] 这真是截然不同的际遇！

同样的故事总是在重复上演：公司内部的发明者向上级提出新创意，却惨遭拒绝，而结果证明这个创意是革命性的，足以改变市场格局。这些领导者甚至不需要主动与外界接触，也不需要接听任何陌生电话，因为他们自己内部的那些未来企业家会主动找上门来。但老板们不仅对这些创新者熟视无睹，甚至还把他们赶出了公司。肯定还有很多像切斯特·卡尔森、史蒂夫·沃兹尼亚克和袁征这样的人没有选择离开公司，但由于他们的创意都被浇灭，所以也就没有任何值得我们书写的故事。想想这些人，再想想那些为了能够第一时间收获新想法而选择在内华达州沙漠或芬兰桑拿浴室里与创业者一起汗流浃背的风投，双方简直是天壤之别！

很少在办公室外露面的企业高管们把自己封锁在了身体和精神的围城中。因此，他们总是会拒绝来自外部的各种新理念。这种普遍心态甚至被赋予了一个名字：非我所创综合征。这种病症存在多种形式，比如认为"我们公司做不了这些事情""我们这里不会这么做"

"我们可以做得更好",而这最终会导致一种"我们就是不做"的思维模式。如果这是一种疾病,那我们是不是应该找到治疗它的方法呢?

据我们所知,非我所创综合征非常普遍。多伦多大学的阿贾伊·阿格拉瓦尔及其合作者伊恩·考克伯恩和卡洛斯·罗塞尔对近100万项专利进行了研究,他们发现,受雇于大公司的研发者往往会更多地依赖他们公司之前的发明。[49]这种研究者所称的"创造性短视"意味着,大公司的研发者很少关注(甚至干脆忽略)同行的竞争对手在做什么。这一来自许多公司的证据得到了实地经验的有力支持。伊利亚曾与范慕斯有个密切合作,后者是 IBM 风险投资集团的创始人并长年担任其常务董事。20 年来,范慕斯所面临的最大挑战就是非我所创综合征。每当她提及一项颇具想象力的外部创新时,其公司内部的技术人员总会说:"我们可以做得更好。"也许他们真有这个能力,但问题是这个想法并没有排在他们的任务清单的前列,所以这些想法从来没有被实现过。

在另一项发人深省的研究中,维也纳大学的马库斯·雷茨格和耶鲁大学的奥拉夫·索伦森分析了一家大型跨国消费品公司提交的近 12000 份创新提案。[50]这家公司的中层管理人员对这些提案进行了评估。研究发现,这些评估人员更倾向于接受同一部门员工提出的想法。真是物以类聚,人以群分。

所以你会发现,非我所创综合征不仅适用于来自组织外部的新想法,甚至适用于来自同一组织内其他部门的新想法。非我所创综合征的病根儿就在这个"我"上面。

很难将这种态度归咎于企业领导人和技术专家。尽管目光短浅,但非我所创综合征似乎确实是一种理性的反应,至少对组织中的某些人来说是这样。和那些苦苦挣扎的初创公司同行相比，公司内部的技术人员往往知识更渊博，技术更娴熟。他们只是有不同的优先级和不同的思维模式。许多高级管理人员告诉我们，作为价值数十亿美元的企业的领导者，他们每年都需要为公司带来额外的10亿~30亿美元的新收入，才能证明其新产品开发的合理性。在这种情况下，即使一个分拆项目能取得成功，它带来的初始收益通常也只有几千万美元，而这对整个公司来说根本不值一提。

更何况，新产品还可能需要与当前盈利的内部产品竞争，就像Zoom必须与思科的网迅竞争，柯达的数码产品必须与其模拟胶片竞争。然而，非我所创综合征的另一个常见原因是，内部人员彼此相处的时间越多，他们就越倾向于只听得见自己人的声音，这通常被称为"回音室"效应。回音室是一种人们只能听到反映和强化自己认可的信息或观点的环境。比如有人会相信地球是平的。在今天这个时代，你会觉得这种想法实在是太过荒谬，除非你的社交人群全都这样认为。如果你的好朋友都相信地球是平的，也许用不了多久，你也会和他们一样。"地球是平的"思想的影响在商界同样充满危害。[51]

"创造性短视"的研究人员还分析了一家叫作北电网络（Nortel）的公司。[52] 该公司是一家加拿大跨国电信和数据网络设备制造商，曾经是行业领导者。在2000年的鼎盛时期，北电拥有超过94 000名员工，在多伦多证券交易所主要市场指数中占据了1/3以上的权重，并且是全球15家最有价值的公司之一。然而，当我们今天听到这个名字时，我们可能会问："它是干什么的？"

北电网络是一个关于市场领导者如何错过多种趋势，并变得过度专注于自己所擅长领域的典型案例。[53] 早在1982年，公司的创新人员就向其管理层介绍了蜂窝技术,但后者没有采纳。一位高管评论道:"谁会愿意拿着部电话走来走去?"同样的故事于1997年再次上演,当时的内部创新者提出了智能手机的概念。北电的高管们没有放眼观察和思考公司之外的事情,而是越来越多地把研发资源集中在强化现有产品上,进而忽略了长期规划。令人惊讶的是,2000—2008年,北电没有发布过一款重要的新产品。后来北电终于醒悟,开始大力投资蜂窝技术和智能手机,但为时已晚。

傲慢自大的非我所创综合征和回音室效应最终导致了北电的消亡。北电是一个明显的反风投式思维案例。大企业其实是能够从内部孕育和培养出具有商业可行性的颠覆性创意的,而且时常走在整个市场的前面,但这些创意终究无法突破公司内部的虚拟或现实壁垒,这实在令人扼腕。

一个更令人心碎的例子是1973年开发的奥托(Alto)。奥托是一台拥有许多项"第一"的计算机。它是第一个拥有图形用户界面的系统,这意味着它可以通过鼠标和可点击的屏幕进行操控。它是第一台使用面向对象编程的计算机,也是第一台可以发送电子邮件的计算机。有些人甚至认为,如果没有奥托,互联网就不可能发展得如此之快,甚至根本不可能出现互联网。

奥托并不是一个常见的车库创业故事,它是一项企业的内部发明。这款革命性的微型计算机是在斯坦福大学校园附近帕洛阿尔托的一个研发实验室内设计和开发的。仅一项这样的创新就足以证明该实验室存在的合理性,但实际上这个实验室孕育的创新项目多达数十种。这些项目后来促成了至少10家企业的上市,其中就包括奥多比公司(Adobe,即PDF编辑软件Adobe Acrobat的制造商)和3Com公司(1980年代计算机网络产品创新潮背后的功臣)。[54]

公司管理层为企业的内部创新创造了优越的条件,吸引了一流的人才,并因此收获了数十个具有颠覆性的创新理念。但具有讽刺意味的是,他们却煞费苦心地避免将这些理念变成现实。从实验室产生的十个成功项目后来都在公司外进行了商业化。该公司没有投资于这些分拆出去的公司,也没有从中获利。原因是他们觉得这些项目与公司核心技术差异过大,而且相比于主营业务,这些项目的初始收入太过微不足道。这还是犯了非我所创综合征的老毛病。

那么奥托呢?这个颠覆性项目取得成功了吗?嗯,只造出了约2000台,而且从未进行大规模销售。研发实验室的所有者没有认识到这个项目的潜力,并且没有及时进行产品商业化。等到第二代奥托,即 Star 推出时,IBM 的个人电脑已经凭借其低十倍的价格横扫市场。IBM 最终取得了完胜。

史蒂夫·乔布斯有一次在接受采访时说,奥托背后的公司"本可以拥有今天的整个计算机行业。(它)本可以成为 IBM……(和)微软的合体"。[55] 如今 IBM、微软和苹果的总市值高达数万亿美元。相比之下,在帕洛阿尔托创建这座实验室的公司的市值,仅有这三家公司估值的千分之一。这家公司至今还活着。你能猜出它的名字吗?

这家公司叫作施乐。

是的,施乐虽然有着辉煌的创新史,但却没能从如此多的发明中获益。[56]1970 年,施乐公司在斯坦福大学校园附近建立了一个研发实验室——帕洛阿尔托研究中心,也就是人们所熟知的帕克[①],距离

[①] 帕洛阿尔托研究中心英文为 Palo Alto Research Center,缩写为 PARC,故音译为帕克。——译者注

纽约州罗切斯特施乐总部 3000 英里。[57] 帕克孕育了一系列了不起的发明创造。事实上，帕克在当时是一个极具革命性的存在，一家科技杂志甚至将其誉为"IT 领域的 12 大圣地"之一。[58] 遗憾的是，没有哪家公司能完全避免自大带来的负面影响。施乐就像一个泥足巨人，犯了和那些拒绝了切斯特·卡尔森并忽视静电复印技术的公司一样的错误。

非我所创综合征就像一种能够防御入侵者的免疫系统反应。无论外部力量是以竞争者、监管者还是活动者的形式出现，组织都会如有机体一样，保护自己免受这些外部力量的影响。当防御措施起作用时，它们会保护企业文化并支持内部人才的发展。人们会骄傲地认为他们的团队或公司比其他组织更加优越。然而，免疫系统可能会崩溃，非我所创综合征也会变成一种障碍。过去的保护力量现在会变成过敏反应。当一个组织面临潜在的颠覆性变革时，非我所创综合征会尤其危险。就像霉菌一样，它会在整个组织中传播，尤其是当组织变得老化，盈利能力更强，更厌恶风险时。一定要小心这种模式，尽早铲除"非我所创"心态。形式上的改变无关紧要，但思维方式必须转变。

时刻保持警惕

为了将语言付诸行动，一个组织可考虑实施如下的一系列具体机制。

当你得知许多咖啡连锁店最初都得到过风投的支持时，你会感到惊讶吗？虽然星巴克、蓝瓶（Blue Bottle）和菲尔兹（Philz）咖啡店如今已司空见惯，但它们最初都只是一个个新颖而冒险的创意。

事实上，许多伟大的事情都是从一杯咖啡开始的，这种能够激发灵感的饮料为我们提供了一些可以用来获取创意的具体方法。以下便是其中之一。

要对自己人有信心

如果你身在罗马，一定要去参观一家名为圣尤斯塔奇奥（Caffè Sant'Eustachio）的小咖啡馆，它离万神庙只有几步之遥。2022年夏天，亚历克斯来到这家小店，要了一杯招牌饮品"格朗咖啡"（Gran Caffè）。他原本以为自己点的只是一杯小巧美味的意式浓缩咖啡，结果却发现这是一种非常独特的饮料。那浓缩咖啡上面的一层厚厚的芳香泡沫，也就是咖啡油脂，简直神奇无比。你会发现，在意大利其他咖啡馆，你很难找到能媲美这种体验的咖啡。

并不是只有亚历克斯如此，这款咖啡也引起了一位瑞士游客的注意。1975年夏天，也就是亚历克斯享用美妙的格朗咖啡近50年前，空气动力学工程师艾里克·法尔弗利用假期探索了意大利的浓缩咖啡文化。他在寻找世界上最好的浓缩咖啡。艾里克的妻子安娜·玛丽亚是意大利裔，她曾经告诉她的瑞士丈夫，瑞士咖啡很淡，远远比不上意大利咖啡。这一说法让他产生了去意大利的念头，最终他来到了罗马的圣尤斯塔奇奥咖啡馆。艾里克试图从咖啡师那里找到制作格朗咖啡的秘诀，却只得到了一句简单的回复："我只是按一下按钮。"[59]对于一位要求苛刻的工程师来说，这个答案并不令人满意。最终，艾里克发现，圣尤斯塔奇奥之所以能够做出如此出色的咖啡油脂，关键在于将水泵入咖啡粉的同时反复充入空气。咖啡师不是只按压一次活塞，而是会多次快速拉动操纵杆。法尔弗在接受采访时解释了其背后简单的原理："这是个化学问题，所有的味道和香气都来自氧化作用。"[60]

故事本该到此结束，但却因为一个小细节出现了转折。艾里克·法尔弗不仅仅是一名工程师，他刚刚加入雀巢的包装部门。雀巢是一家成立于19世纪的食品和饮料公司，以速溶咖啡、婴儿牛奶和冷冻食品闻名于世。当时，雀巢正在考虑开发一种胶囊式的速溶咖啡。艾里克回到位于瑞士沃韦的雀巢办公室后，研制了一台原型浓缩咖啡机。在此过程中，他还发明了一种密封的胶囊咖啡。这种胶囊能够把空气密封起来，在经过热水的冲压之后，便能制造出一杯泡沫丰富的浓缩咖啡。这款产品将咖啡的味道和香气都封装在了一个小小的胶囊中，深受数百万消费者喜爱的传奇咖啡品牌奈斯派索（Nespresso）由此诞生。[61]

雀巢的奈斯派索重塑了整个咖啡饮用文化。现在，你只须点击几下手机，就可以通过应用程序购买该公司的专有咖啡机和一系列咖啡胶囊。如今奈斯派索咖啡胶囊已经发展成为一项价值数十亿美元的全球性业务。虽然其成功之路漫长而曲折，但它最初的创意确实是出自一名来自企业外围部门的内部创新者。

但如果你以为雀巢的高管们一开始就对这项发明欣喜若狂，那你就错了。雀巢当时已经有了一个速溶咖啡品牌，其销售额一直在攀升。在之后的许多年里，雀巢的管理层始终对这款胶囊产品持怀疑态度。法尔弗足足等了十年才得到回报。在经历了更多的挑战和曲折之后，奈斯派索最终发展成为一个享誉世界的咖啡品牌。

等你下次看到奈斯派索咖啡胶囊时，回想一下，它是由公司总部之外的一名员工带来的创新。如果你是公司的决策者，请想想你该如何支持你自己的艾里克·法尔弗，如何支持公司内部那些敢于冒险、尝试新想法并最终可能创造新增长引擎的人才。

做好创新发掘,平衡内外部创新

与雀巢胶囊咖啡一样,另一项著名的创新和商业成功也始于一个远离公司总部的地方,而更巧的是,其起因也是一杯咖啡——确切地说,是一杯被打翻的咖啡。当德国化学公司巴斯夫的一名推销员在日本的一家建筑公司打电话时,不小心把咖啡给弄洒了,他下意识地抓起一种叫作巴数特(Basotect)的泡沫绝缘材料擦拭。这种由巴斯夫生产的三聚氰胺树脂泡沫塑料主要用于录音棚、电影院和展览设施。令这位推销员惊讶的是,这种材料的清洁效果出奇地好,它不仅吸收了液体,还轻柔地擦洗了表面。这款产品本来是一种有效隔音材料,但现在似乎有了一个令人意想不到的新用途。[62]

很快,日本消费者就在当地的零售商店里发现了这种用于去除污渍的海绵。这个惊人的发现本可能只为日本消费者所独享,但后来故事却发生了转折——宝洁公司登场了。一位在日本工作的宝洁公司科技企业家在大阪的一家杂货店里发现了这种海绵,并立即意识到了它在全球的潜力。这种曾经只是作为隔音材料的产品,现在摇身一变成了家喻户晓的清洁用品朗白先生神奇魔术擦(Mr. Clean Magic Eraser)。[63] 这是宝洁的一款拳头产品,而对众多需要清理各种蜡笔涂鸦的父母来说,这款产品成了他们的大救星。

神奇魔术擦的发明是偶然的吗?这仅仅是一个随机行动的结果吗?当然不是!事实上,它是宝洁公司通过"连接与开发"(Connect and Develop,简称C&D)战略在公司外部发掘的众多发明成果之一。其他如玉兰油新生系列护肤品、施威拂除尘掸以及佳能垃圾袋都是得益于这项战略的突破性创新产品。[64] 这项战略由宝洁前首席执行官阿兰·乔治·雷富礼发起。他在2000年走马上任后就要求公司研发团队彻底改造创新业务模式,并积极从公司外部寻找新的创造发明。[65]

宝洁的内部科学家团队规模庞大,在全球数一数二,但雷富礼指出,公司外部也有很多同样优秀的工程师,其数量是宝洁内部的200多倍。他制定了雄心勃勃的目标,誓言要把公司外部的一半创新发明收入囊中。宝洁前高管后来承认,他们面临的最主要挑战,就是如何实现从"非我所创"到"博采众长"的思维转变。[66]

为了实现这一转变,宝洁公司指定了数十名员工作为技术侦察员,这些人负责与来自大学、供应商和其他潜在行业合作者的研究人员建立外部联系,并随时与总部分享他们的新发现。截至目前,这支技术侦察队发现的创意总数已超过1万个,而根据报道,这些来自公司外部的创新已经帮助宝洁公司推出了100多款新产品。结果证明了这种方法的有效性。在"连接与开发"项目启动几年后,宝洁公司的高级管理人员自豪地宣称:"我们市场上超过35%的新产品都具有外部元素……在我们的产品开发组合中,45%的创新举措都包含有来自外部的关键元素。"[67]通过将"连接与开发"项目与内部研发相结合,宝洁认识到创意的寻求绝不应受到公司边界或部门孤岛的限制。

只有宝洁在这么做吗?当然不是。制药巨头强生公司的前首席科学官保罗·斯托费尔斯将其创新的成功归因于"对内部创新和外部创新的同等重视"。[68]这一评论点明了一个简单而有力的事实,即最好的科学技术既可能来自内部,也可能来自外部。强生公司用来获取外部创新的一个有效工具便是JLABS孵化器。在这个孵化器中,通过严格筛选的数百名外部创新者可以获得强生公司的众多资源、专家和服务,并有机会与强生公司建立更深入的合作关系,最终实现产品的商业化。他们的创新产品涵盖了孕产妇保健解决方案、精密皮肤护理平台、癌症手术工具和口服信使核糖核酸（mRNA）疫苗等多个领域。[69]

JLABS 孵化器的领导者创建了一个模仿早期公司制造引擎的模型。虽然理论上很容易认为外部创新和内部创新具有均等的成功机会，但现实更具挑战性。当创意来自外部时，要使其成为可行的商业产品并最终惠及患者，就需要克服更多障碍。外部创新者需要更多的帮助，否则他们很难将创意转化为产品。

强生公司想出了一个解决这个问题的办法。他们邀请全球各地的员工为外部创新者提供帮助，担任外部创新者的"夏尔巴人"。这类夏尔巴人被称为"J 伙伴"（JPAL）。J 伙伴是强生公司的内部专家和指导者，主要来自研发部门。他们是一群协助和赋能外部人的内部人。

这些投入得到了丰厚的回报。来自外部人员的创新喷涌而出，并培育出一系列丰硕的成果：除了 800 家新公司陆续创建，47 家企业成功上市以及 40 家企业被收购，强生还收获了价值 690 亿美元的项目，当然还有众多的合作关系。[70] 这些亮眼数据的背后，是强生所研发出的众多能够救死扶伤的优质产品，而这正是一家成功企业勇于从外部寻找创意的结果。实至则名归，2023 年，强生毫无悬念地跻身《财富》美国最具创新力公司前 20 名之列。

依靠大众智慧

Cinematch 是网飞用于预测用户电影评分的算法，为了对这一算法进行改进，网飞发起了一场竞赛，这就是我们现在所熟知的网飞大奖赛（Netflix Prize）。[71] 网飞希望通过创意众包的方式解决一个非常重要的问题：如果你喜欢电影《美丽心灵》，你是会更喜欢《角斗士》，还是《天使爱美丽》？超过 3 万名数据极客和计算机科学爱好者参与了这场竞赛，提交了数以万计的解决方案。能够实现比原始算法更加精确的推荐结果并改善数百万用户体验的团队，将获得 100 万美元大奖。最终结果显示，业余爱好者战胜了专业人士（当然，这些所谓业余选手的水平和投入程度都不一般）。更引人注目的是，比赛开始后仅仅 6 天，一支外部极客团队就已经击败了网飞的原有算法。两周后，共有三支队伍的表现超越了原有算法。这场竞赛不仅改进了推荐算法，还为网飞带来了更多的求职申请，促进了新人脉关系和友谊的建立。事实证明，向公众或更专业的社区询问他们对某个问题的看法，是一种获取新创意的有效途径。

以上这三种方法，都是风投式思维的必要组成部分。走出封闭的公司，建立创新项目的发掘网络，让公众参与到你的重大项目之中。意外之喜随时随地可能会出现，它可能发生在罗马的咖啡馆，也可能出现在大阪的杂货店。

意外因素的力量

正处于热恋中的你，是在哪里和你的恋人相遇的？你和恋人又是在哪里认识的？斯坦福大学和新墨西哥大学的研究人员探究了这个问题。[72] 他们要求数千名参与者写下他们是如何和自己的恋人或伴侣相识相知的。就像风险投资人搜寻投资项目一样，他们也是通过工作、学校和教堂等各种不同的关系网找到另一半的。寻找配偶有"主动出击"和"被动等待"两种方式。当然，也有不少由意想不到的缘分促成的相遇。有近 40% 的人是通过在线方式找到了自己的意中人，这些线上渠道包括交友网站、社交媒体应用、论坛以及游戏等。

充满未知的相遇可能会改变人的一生，虽然我们无法准确预料这些相遇会在何时何地发生，但这也正是其美妙之处。在寻找伴侣的时候，我们很容易接受缘分的概念，相信可以通过偶然的邂逅找到另一半，但我们在讨论商业决策时却常常排斥这种不可预测性。

同样的道理也适用于求职。85% 的工作据信是通过人际关系找到的。[73] 2/3 的人在他们有人脉关系的公司工作。[74] 相比之下，只有 1/10 的工作机会是通过直接联系公司获得的（如直接打电话求职）。[75] 寻找新创意也是如此。我们无法向你指明创意的具体位置——这本身就是一条重要的可操作信息。我们只知道很多创意都来自你的人际网络，而且经常是以一种不可预测的方式。

你不知道你的关系网中谁会给你带来下一个杀手级的创意，但这些创意的最佳源头很可能不在内部，而是在外部。新的营销理念、新的供应链解决方案和新的金融合作伙伴都不太可能出自你公司的内部网络，相反，它们更可能源于你丰富的外部人际网，甚至是来自印度南部的一个小村落。

风投会努力使其网络多样化，你也应该这样做。他们不会把自己限定在一个领域，也不会依赖单一的创意来源。我们在本章前面提到过的布莱恩·雅各布斯，也是伊利亚斯坦福风险投资课程上的一位合作老师。布莱恩总是告诉同学们，拓展职业关系网的最佳时机就是昨天。当然，现在开始也不算太晚。现在就可以着手给许久未联系的老朋友写几封电子邮件，或者认真思考一下你可以为你现有的人脉提供什么帮助。

多宝箱的故事就是一个证明伟大之事可能源于偶然联系的例子。如果没有佩吉曼·诺扎德的穿针引线，许多企业家或许不会得到红杉资本的投资。但佩吉曼最初是怎么认识红杉资本的合伙人莱昂内的呢？

原来，莱昂内是诺扎德的地毯客户。一天，当诺扎德去莱昂内家看了两个小时的地毯后准备离开时，他对莱昂内说，他认识许多伊朗裔的博士，说不定能帮他做些引荐。莱昂内的回答简直就是对风投式思维的最完美体现："星期一早上 7 点去你的办公室详谈。"[76]而且他真的去了。

你永远不知道最好的机会是来自一封陌生的电子邮件，还是源自你正在挑选的一张美丽的地毯。

思维模式评估

- 你的组织是完全从内部获取创意，还是会不断汲取来自外部网络的创意？
- 你的团队是否会花时间和你所在行业的初创公司、研究实验室以及专家交流？
- 你的企业文化和组织对来自外部的新鲜创意持有多大的开放度？

第 3 章

打造有准备的头脑

风险投资人很擅长在几分钟内做出决定。虽然他们看起来像是在跟着感觉走，但实际上这种技能是通过与创业者无数次会面，花数百小时翻阅商业计划书和行业研究报告培养出来的。

为什么我不想投资?

"投资"还是"不投资",这是个问题!斯坦福商学院的礼堂每年都会上演一场创意展销会,在会上,受邀的初创企业将有机会向学生们推介自己。我们诚挚邀请你也来参加我们的这场教学实践活动!

你是斯坦福MBA学生小组的六名成员之一,将在展销会上扮演风险投资基金合伙人的角色。你的任务是批准或拒绝对初创企业的投资。礼堂里挤满了人,144名学生为寻找并投资最有前途的初创公司展开了激烈的竞争。五位创始人则一个接一个地向风投合伙人推销他们的创业项目。

伊利亚这门课的特别之处在于,尽管学生团体所代表的24家风投公司都是虚构的,但这些初创公司都是真的。他们精心挑选的,都是一些正在从风险投资人那里进行真实融资的热门初创企业。这就是我们所说的"活教材",也就是说,无论是学生、伊利亚、伊利亚的合作老师布莱恩·雅各布斯还是初创公司的创始人,都不知道这些公司中的哪一家最终会取得成功。为了增加真实感,我们给学生风险投资团队提供了有上限的预算,这样他们就只能投资这五家初创公司中的一家。[1]

推介活动正式开始。来选出自己最中意的项目吧!

首先登场的是一台减压治疗设备,它的尺寸如一部小型手机,当把它放在胸口时,它可以让你平静下来,缓解你的心理压力。这款名叫森思特（Sensate）的产品已经在网上销售。联合创始人安娜·古德曼森解释说，森思特会产生声波，在你戴上耳机后，它会为你的身体带来舒缓效果。

接下来，学生们将听到酷儿空间（Queer Spaces）创始人克里斯托弗·维蒂格的演讲，这位激情澎湃的企业家正致力于为跨性别人群打造一个安全的在线家园。酷儿空间让用户能够基于共同兴趣和真实关系建立更安全的社区，《福布斯》杂志称赞它是一家"蓬勃发展的初创企业"。

之后学生们的注意力转向了行隐（Blotout）的创始人曼达尔·辛德，这家企业宣称能够在不损害用户隐私的前提下助力小企业进行在线营销。

再接下来登场的是入职易（Cleary）的联合创始人兼首席执行官马斯·昆加普，他热情洋溢地介绍说，自己的初创公司能够帮助企业简化其员工的数字入职程序。

最后，我们来听听弗兰·梅尔的看法，她是斯坦福大学的校友，也是美国老牌交友网站 Match.com 的联合创始人。梅尔问现场的学生们有多少已经有了孩子。有些人表示已育。于是她接着说：如果不用带任何沉重的婴儿装备也能轻松出门旅行，那父母们得多开心！她的公司贝贝租（BabyQuip）计划在 1000 多个城市提供婴儿车、汽车座椅、婴儿床和其他婴儿用品的租赁服务，以让父母更容易地带孩子出门旅行。[2] 这家公司会不会成为婴儿用品界的爱彼迎？

近年来已有几十家初创企业在斯坦福大学的课堂上做过推介，我们今天列举的只是其中的一小部分。[3]

你最喜欢哪家公司的产品或服务？你会投资哪一个项目？

学生们需要通过项目简介、短暂的团队讨论，并基于对创始人的观察，相对迅速地做出决策，而且五个项目中他们只能投一个。大家看起来很困惑。在对公司和创始人了解这么少的情况下，你该如何做出选择？每一家初创公司看起来都很棒，但你只能选一个。

在聆听初创公司创始人的20分钟演讲之前，学生团队会先阅读这些初创公司的简介和项目推介文稿，在小组中进行预热讨论，并准备一系列刁钻到让演讲者难以应付的问题。然后，学生们会决定他们要对哪家初创公司进行尽职调查。许多决策都需要在未能掌握充足信息的情况下即时做出。你没有足够的时间对所有初创公司进行尽职调查，所以你需要先选出一家最喜欢的公司，同时你也要认识到你对这家候选公司的了解仍不够全面。在选定了一家初创公司进行尽职调查后，学生们会仔细研读相关材料（如财务预测、客户评论、详细的演示文稿等），再次与创始人会面，试用产品，并撰写总结性的投资备忘录。

这些学生可能会让你感到惊讶，因为他们所掌握的信息量远超现实生活中的很多风投。风投往往需要在没有见过创始人或看过介绍材料的情况下，就对一个创业项目做出判断。此外，现实中的风投每天都面临着成千上万的机会，而不是只有5个。因此，风投需要面对艰难的取舍。他们不停奔波，以期能接触到更多优秀的创意。但是，由于没有时间深入研究所有的想法，他们必须在不过度牺牲质量的情况下提高处理速度。他们只能以寥寥几个问题为指引，迅速判断出每个想法到底是陷阱还是金矿。

学生们惊讶地发现，对于任何潜在机会，风险投资人都不会事无巨细地考察其所有数据点，即便这些信息近在眼前。相反，他们会努力找出拒绝该机会的信号。这就是针对风投式思维的一种快速应用方法，也就是我们所说的"关键缺陷法"或"危险信号法"。在做出初步筛选决定时，投资人就会寻找危险信号并自问："为什么我不想投资？"

鲨鱼、龙和致命缺陷

你可能不熟悉这种快速拒绝的思维模式，而且表面看起来它确实与我们通常的决策方式不同。但真的是这样吗？假设你前往一座陌生的城市旅行，而且你必须选择一家餐馆和家人吃晚饭。你打开Yelp或谷歌，会发现有上百个选项。如果你要一一仔细查看这些选项，那你今晚可能连饭都吃不上了，你旁边的孩子更是要饿得哇哇叫。所以你可能不会事无巨细地查看这些选项，而是会通过危险信号法来做筛选。例如，你可以排除所有价格太高、评价低于四星或不适合婴儿的餐馆。你不需要把所有的细节都考虑进去，因为只需要一个危险信号就能够让你排除大多数选项。用不了多久你就会坐上车直奔你选好的目的地。

当面对铺天盖地的选择时，你常常不得不匆忙做出决定，你在预订酒店、为朋友选一本书当礼物或在网上购买厨具时基本都是这个情况。你可能在不知不觉中非常有效地应用了危险信号法。但当涉及商业和专业决策时，我们却不知何故，不再相信危险信号法。相反，在只需要一个条件就能做决策的时候，我们却偏要面面俱到。

传统商业环境中的决策模式经常就是这样。你会先罗列出数量有限的想法，然后逐个进行详细分析。这种方法在常规情况下或许可行，但在一个充满变革的时代，可能就行不通了。那么，如何才能避免这种费时费力的分析过程呢？答案很简单，那就是不要考虑所有选项。相比之下，风投采用的是一种漏斗式决策方法。他们会先设置一个庞大且看似繁复的"交易漏斗",之后他们会快速且有效地缩小这个漏斗,并将所有资源和精力放在最有前途的潜在机会上。这种思维方式能够帮你扩大初始项目和机会的数量,而这正是风投能够取得成功的一项关键要素。

对于任何一个项目,风投都不会轻易让其进入下一轮评估,相反,他们会先想方设法找出拒绝这个机会的决定性理由,这就让项目筛选变得不再像表面看上去那么复杂。"拒绝"是这里的一个关键字,也是风投式思维的一项显著特征,因为风投首先寻找的是足以让其不投资的理由,而非投资的理由。在交易漏斗的这个阶段,风投对项目的拒绝率非常高。大多数进入投资人视野的初创公司都无法进入下一轮评估。投资人会在对项目进行快速审查后立即放弃投资。他们通常只需几分钟就能做出拒绝的决定。如果你不相信,让我们一起去洛杉矶看看吧。

灯光,摄像机,开拍!我们现在身处索尼电影工作室,深受欢迎的节目《创智赢家》就是在这里拍摄的。在节目中,创业者会向被称为"鲨鱼"的天使投资人推介他们的初创公司,以期获得融资。创业者会对他个人及其创意做简要的介绍。然后,鲨鱼们会询问创业者的经历和业务细节。这种互动会一直持续,直至所有的鲨鱼退出(即拒绝投资)或者有鲨鱼展现出投资意向。在向斯坦福大学的学生做宣讲之前,贝贝租的弗兰·梅尔就曾到这个节目中寻求投资。当时,梅尔希望以5%的股权换取50万美元的融资。我们来看看贝贝租是否如愿筹集到了这笔资金。

这群"鲨鱼"中包括马克·库班和卡特里娜·莱克等经验丰富的企业家和投资人,他们一上来就对弗兰和联合创始人乔·迈尔展开咄咄逼人的提问。"一辆双人婴儿车要多少钱?""你们从每一笔交易中收取多少费用？""谈一下你们的背景。""你们在平台两端的获客费用分别是多少？"听起来像是一些很随机的问题。电视观众则看到"鲨鱼"们一个接一个地退出。如果你仔细分析他们的反应，你就会意识到，一旦这些"鲨鱼"确定了一个他们认为是"关键缺陷"的因素，他们会立即对眼前的这个项目失去兴趣。最后一只"鲨鱼"凯文·奥利里提议收购这家公司 20% 的股份，但遭到创始人的拒绝。[4] 奥利里的公司曾经被芭比娃娃的制造商美泰公司收购。

这一期节目是否有足够的代表性？我们亲自检验了一下。我们从《创智赢家》的多季节目中随机挑选了几十个项目推介演讲，并记录了关于这些项目的所有提问以及"鲨鱼"的反应，[5] 以下是我们得到的结果。平均而言，"鲨鱼"们在做决定之前会问十几个问题。同样的模式一次又一次地出现。投资人会深入研究并提出问题，直到发现危险信号。他们通常会先问一些一般性的问题，如果创始人能够经得住第一轮询问，"鲨鱼"们就会提出更多有针对性的问题。一旦发现了某个关键缺陷，"鲨鱼"们几乎会立即拒绝这个项目。这就是对风险投资"危险信号"思维方式的实际运用。

是否存在某种特定的"成败"决定因素？加拿大的研究人员通过真人秀节目《龙穴之创业投资》观察了天使投资人和创业者之间的互动。该节目是加拿大版的《创智赢家》，只不过"鲨鱼"现在变成了"龙"。[6] 研究人员记录并仔细分析了创始人和投资人之间的互动。他们使用言语和非言语线索对投资人的决策逻辑进行了分析，并仔细评估了投资人的决策过程。

研究人员再次发现了投资人使用关键缺陷法的倾向。他们确定了八大"致命缺陷"因素，其中之一就是采用率，即目标市场的客户是否会轻易接受创业者构想出的产品。如果投资人看不到产品对消费者的明显益处，或者发现了无法立即解释的重大采用率问题，他们很可能会立即终止对项目的讨论，绝不会花时间关注其他因素。只有在这个关键因素上通过评估，他们才会考虑其他因素，比如进入市场的策略、企业家的相关经验和目标市场的规模等。在大多数情况下，只要项目的商业理念或创始人出现任何不符合这八大关键因素的情况，投资人会立即退出。

这种快速决策方法与传统的流程有着天壤之别，在传统流程中，你需要仔细考虑所有因素，然后将其综合成一个平衡的结论。传统的商学院课程特别看重这种方法：评估收益和成本（分析利弊），收集所有信息，并检视所有后果。当不存在任何时间限制时，这或许是一种可行的方法——但在现今这个时代，谁能有这么多时间？如果待考察的机会或项目数量非常少，这个方法兴许能行得通。现在你大概能明白为什么传统的思维方式不热衷于大胆出击寻找机会了吧——既然评估能力有限，何苦要给自己增加更多选项？但如果你身处一个充满创新、颠覆、不确定性和动荡的世界，老办法就行不通了。这就是为什么风投们会使用危险信号法迅速说不，并马上转向下一个机会（即使他们知道自己会因此错失一些好机会，做出一些令人追悔莫及的决定）。

在面对高不确定性时，关键是要在速度和准确性之间做出权衡。高速度可确保决策者能够对众多的潜在机会做出快速的筛选。高准确性则意味着投资人能够通过收集和处理尽可能多的信息来做出更好的决策。速度和准确性之间存在着天然的张力。准确性要求获取和处理更多的信息，但这需要更多的时间，且会降低速度。如果你每年可将1000个小时用来考察新机会，那么你既可以选择用平均每50个小时处理一笔交易的速度来仔细考察20个项目，也可以选择以更快的速度去考察成千上万个项目。这就是为什么在这个阶段，那些有风投式思维的人会更偏向于追求速度。这里的关键点在于，风投首先会决定不投资谁，然后才会去决定投资谁。

下次你在必须做决定的时候可以先问问自己：你更看重速度还是准确性？你有没有因为太关注准确性而错失了机会？有时候，你更需要加快决策进程并尽早找到说"不"的有效方法，这样一来你就能够以更快的速度对更多的想法做出评估。

是什么让风投总能幸运地选中一些有前途的初创公司？这个故事还要从19世纪的法国实验室讲起，并一直讲到我们在斯坦福大学旁边的创新实验室。

一望便知

你还记得硅谷风险投资人萨米尔·甘地在2007年与多宝箱的两位创始人会面时的情形吗？这两位创始人向投资人构想了文件共享的未来，甘地和他的合伙人当场就做出了投资的决定。这表面看上去只是一场幸运的押注，但实际上，甘地为那次会面做了充分准备。他知道文件共享的潜力，并且确信它迟早会成为现实。

为了学习相关的深度知识，甘地曾会见过数十个致力于文件共享的创业团队，因此在听说多宝箱之前，他其实已经对文件共享有了非常深入的了解。甘地对这一领域有着自己的看法，他说："之前的在线存储产品之所以会失败，是因为对用户来说，这些产品都设计得太过复杂。"[7] 在遇到德鲁·休斯顿和阿拉什·费尔多西之前，他已经否决了很多个类似项目。"在多宝箱的创始人之前的那些人都没能够同时解决技术和产品设计问题。"他说，"当然，在那个时候，他们也没有解决这些问题，但他们都充分认识到了这些问题的重要性。"甘地幸运吗？他当然运气不错！但为了找到能够"充分认识到问题"的休斯顿和费尔多西，他也付出了很多努力。正如托马斯·杰斐逊的那句名言："我发现我越努力，我似乎就越幸运。"[8]这句格言同样适用于甘地和风投式思维。

甘地深信一定存在文件共享问题的解决方案，只是当时它还没有被发明出来而已。这就如同因为存在很多未知的元素，门捷列夫也不得不在他那巧妙的化学元素周期表中留下一些空白。独行侠创投（Maverick Ventures）的戴维·辛格把这些有前景的创新领域称为"空白地带"。为了填补投资项目上的空缺，他会持续同众多位于这一"空白地带"的初创公司会面，直到他找到一个完全与其愿景相契合的投资目标。甘地和辛格都具备了我们所说的"有准备的头脑"。

当成功的风投们否决一个又一个的想法，以及"偶然地"决定要深入考察某个最有前途的创意时，也正是他们有准备的头脑发挥最大作用的时刻。风投依靠的是他们的模式识别技能，这种技能是通过与创业者无数次会面、花数百小时翻阅商业计划书和行业研究报告，以及把初创公司的各种模糊事实和结果相整合而培养起来的。这就是他们的前期准备方法。因此，当需要做决定的时候，风投们总是有备而来，可以在几分钟内做出决定。虽然在他们自己看来，这种决定很像是跟着感觉走，但实际上这都是长期不懈努力的结果。

这种准备帮助红杉资本收获了史上最为成功的风险投资交易之一。到正式上市时，红杉资本在爱彼迎的持股总价值达到了120亿美元。如果没有红杉资本的投资人格雷格·麦卡杜，爱彼迎绝不可能实现其指数级的增长。[9]当这家公司刚刚起步时，麦卡杜就领投了60万美元的种子轮融资。天使投资人戴维·罗森塔尔指出，格雷格"之前就关注过 HomeAway 和 Vrbo 等在线租赁网站以及整个度假租赁领域。他说,'不,我认为爱彼迎这帮人在做一些不同的事情'。"[10] 另一位爱彼迎的投资人保罗·格雷厄姆则说,格雷格"可能是世界上唯一一个看懂爱彼迎潜力的风险投资人"。格雷厄姆还补充道:"他在前一年花了大把的时间研究相关业务。"[11] 这正是"有准备的头脑"的体现。

当然,风险投资人并不是唯一受益于有准备的头脑的人。科学史上充满了有准备的头脑,比如亚历山大·弗莱明神奇地发现了青霉素。[12] 弗莱明在暑假开始时将充满细菌的培养皿留在实验台上。回来后,他发现某些培养皿——那些被霉菌污染的培养皿——居然没有细菌了。按照通常的说法,剩下的就是历史了。但事实上,早在几年前,弗莱明就经过不懈的实验,发现了一种叫作溶菌酶的天然抗菌物质。他发表了许多关于这个主题的论文,但他的同事们对此并不感兴趣。弗莱明没有因此而气馁,而是准备了数千个样本来观察细菌菌落的微小变化。当偶然事件发生时,弗莱明做好了准备。"如果没有之前的积累,"他后来指出,"我可能会像许多细菌学家一样,把那个培养皿扔掉……一些细菌学家可能也见到过类似的东西……但由于当时没有人对天然抗菌物质感兴趣,这些培养物就被丢弃了。"[13] 弗莱明之所以能够看到其他科学家忽视的现象,是因为他的头脑已经做好了准备。这听起来是不是很像风投式思维?

科学发现和创业投资有着深刻的相似之处:两者的决策都是在高度不确定的情况下进行的。尽管研究人员称此类突破为"偶然事件",但事实并非如此。X 射线、微波炉和心脏起搏器看似都是源于神奇的巧合,但如果没有数月甚至数年的努力,这些巧合都是极不可能出现的。[14] 19 世纪科学巨匠路易斯·巴斯德在 1854 年里尔大学的一次演讲中，就科学家的这种惯常思维模式做了精辟的总结，他说："在观察领域，机会只垂青那些有准备的头脑。"[15]

有准备的头脑既可以催生科学上的突破，也能够缔造商业上的传奇。就在1979年苹果公司即将成功上市之前，史蒂夫·乔布斯和他的一群工程师参观了帕洛阿尔托研究中心（帕克），我们之前提到过，这是施乐公司下属的一个部门。为了促成这次参观，乔布斯提出了一个条件："如果你们愿意透露最新的技术进展，我就让你们向苹果公司投资100万美元。"施乐公司接受了这个提议。该公司高管同意向苹果展示其新技术。[16]作为回报，施乐可以用大约10美元一股的价格购买10万股苹果股票。

关于那天在实验室里到底发生了什么，有多种说法。一些人声称，许多苹果公司的未来产品（这些产品后来让苹果取得了巨大的成功）都源于苹果工程师在帕克实验室里观察到的技术，或者至少是受到了相关的启发。乔布斯和他的团队被实验室里正在开发的各种设备所吸引，从激光打印机到商用鼠标，还有许多软件都让他们惊叹不已。乔布斯本人立刻意识到了许多发明的潜力，他激动地跳来跳去，大喊着："这太棒了！这简直是革命性的！"就像他后来所说："那真是一个天启般的时刻。我记得10分钟之内……我就想到，未来的所有电脑都会是这个样子。"然后他补充道：

"你一望便知。"[17]

但是，乔布斯之所以觉得这一切都显而易见，是因为他有一颗有准备的头脑。这种准备来自他建立个人电脑业务的实践、他对计算机未来应用场景的思考，以及他和同事就各种猜想所进行的讨论。正是基于这些背景，乔布斯才能够仅用10分钟的时间就看清了那些发明所蕴藏的革命性潜力（而我们规划每天待办事项用的时间都不止10分钟)。

但为什么看清未来的是乔布斯而不是帕克?[18]为什么不是帕克的所有者施乐公司凭借其实验室里的金矿而坐拥万亿美元的市值?原因就在于,帕克的员工固然知识渊博,经验丰富,但他们却没有和乔布斯一样拥有"有准备的头脑"。更糟糕的是,根据道格拉斯·史密斯和罗伯特·亚历山大合著的《挥霍未来》一书的精彩描述,施乐所有的高级管理人员都对工程技术一无所知。这本书的副标题也非常扎心——"施乐是如何发明了第一台个人电脑然后弃之如敝屣的"。施乐是一家历史悠久、盈利能力极强的公司,其大部分收入来自打印机和复印机。据一位高管说,虽然施乐公司每年在研究、开发和工程上花费数亿美元,但却没有一个高管能够清楚地告诉工程师哪些产品应该降低成本,哪些产品应该做性能改进。

大多数观察者认为,施乐的高管们之所以没能抓住机会,是因为他们没有计算机技能,因为施乐的主营业务不是计算机。然而,埃隆·马斯克也没有太空技能或汽车制造技能,他还不是照样成功缔造了SpaceX和特斯拉。施乐公司的主要问题是其高管缺乏风投式思维。他们对帕克实验室中的各项进展完全没有兴趣。尽管帕克产生了许多突破性的发明,但没有一项对施乐的生存有着"生死攸关"的影响。

比如电脑鼠标。[19]帕克版本的鼠标成本超过350美元,有三个按键,而且由于设计缺陷,这个鼠标使用起来也极不顺畅。帕克的工程师和他们在施乐公司的老板都不关心怎么把这些发明商业化。相比之下,乔布斯却迅速展开行动,让设计团队打造出一款售价仅15美元的单键鼠标。他要求这款鼠标能够在任何表面上顺畅滑动,即使是在他"蓝色的牛仔裤"上。乔布斯能够在一瞬间从白噪声中识别出那些预示着未来的信号，他能够把一个小火花变成一项大创新，而这正是得益于他那有准备的头脑。

老话说，一望便知。或者你可以这么说：一切都似曾相识。

从表面看来，风投和其他具有风投式思维的人在决策方面太过仓促和轻率。然而，驱动这种快速决策的，实际上是一颗有着充分准备的头脑。这颗头脑能够对模式进行识别，并快速发现关键缺陷和意想不到的变化。如果没有对该行业的仔细研究，甘地或麦卡杜这样的投资人就不会识别出像多宝箱和爱彼迎这样的未来赢家。乔布斯之所以能够"看到"和"感觉到"其他人无法认识到的关联，是因为他曾经花了无数个日夜去思考这些问题。在谈及该如何挑选初创公司时，网景和知名风投公司 a16z 的联合创始人马克·安德森曾对斯坦福大学的学生说："这可能和你们想的不太一样。其实只要你在这个行业里浸泡过一段时间，你就会很容易判断出哪些团队和公司值得顶级风投去投资。"[20] 安德森之所以能够准确地对这些公司做出判断，是因为他通过多年的投资经验培养了一颗"有准备的头脑"。

那么如何训练你的思维呢？我们不知道什么办法有用，但我们知道什么方法肯定行不通。当你身处一个充满未知的世界中时，"需要 10000 小时的练习才能成为专家"这一常见说法可能对你没有多大帮助。事实上，它可能将你限制在一个"虽知甚多，但所知范围狭窄"的牢笼里。要想识别模式，你需要的不一定是 10000 小时的积累，而是要拥有一个 10000 英尺高的广阔视角。接下来让我们一起飞向天空去寻找这一视角。我们的学习对象不是飞鸟，而是一位后来成了风险投资人的退役飞行员。

专业知识乃成功之必需

传统公司总是使用各种传统工具来评估新创意。分析师会收集有关市场、竞争对手和客户的信息。财务部门会建立详细的模型。供应链专家会评估采购模型的可靠性。我们称这种现象为"分析瘫痪"。它不仅会导致延迟，还会妨碍公司关注其他创意。很多创意就这样错失了被发现的良机。相比之下，初创公司总是行动敏捷。你这边还在撰写分析报告让老板相信 TikTok 是一个值得尝试的有效品宣渠道，人家早已经在社交媒体发起了铺天盖地的营销攻势。

但快速并不意味着盲目和没有方向。为了在竞争中脱颖而出，风投式思维会依赖以下三个核心机制。

积极拓展联系，广泛收集信息

时任脸书首席财务官吉迪恩·余对尤里·米尔纳说："大老远的，你就别专程来看我了。"他的言外之意是，脸书的潜在投资人多到数不过来，根本不缺你这一个。但几个月后，米尔纳的 DST 基金成功拿下了对脸书的投资交易，而接待他们的是一个更愿意倾听意见的人——马克·扎克伯格。DST 基金在当时的硅谷还是个默默无闻的存在，米尔纳则将其成功归结于两大因素：充足的准备和专业的知识。早在 2000 年代中期，米尔纳就成为社交媒体领域的坚定信徒，并开始在全球范围内寻找潜在赢家。他的目标是与创业者会面，并挑选最有可能执行最佳解决方案的团队。米尔纳与其他投资人的不同之处在于，他精心制作了一份大型电子表格，上面列有全球社交网站的数据，就连印度等新兴国家和匈牙利等小国的数据也都一应俱全。[21]

这种做法也让米尔纳为众多其他交易做好了准备，例如他后来投资的 Flipkart（一家印度电子商务公司）和欧拉等公司。[22] 他将这种策略描述为"深挖资源，广积关系，细制图表"。

不出所料，2008 年，脸书开始出现在 DST 的投资雷达上。米尔纳立即乘机飞越大西洋，与扎克伯格及其领导团队会面。由于脸书是一家炙手可热的初创公司，门口挤满了各路心急火燎的投资人，因此他成功的机会非常渺茫。米尔纳知道，仅仅带来资金是不够的，所以他还带来了自己的专业知识以及对社交媒体的深刻见解。这其中就包括他后来命名为"扎克伯格定律"的一个深入洞察：每隔 12~18 个月，人们在网络上分享的信息量就会翻一番。扎克伯格后来如此评价 DST："这些人确实拥有独特的优势，他们有很多可以和我们分享的经验。"[23]

"我会花很多时间来准备此类会议，"米尔纳说。[24] 这种充分的准备将 DST 的 2 亿美元投资最终转化为 40 亿美元的收益。那趟飞越大西洋之旅绝对是物超所值。

行动之前，先掌握好专业知识

如果你有机会乘坐捷蓝航空公司的航班，请留意一下你面前的显示器屏幕，你会发现，那里面有各种各样的娱乐节目和电视直播。你可以在 3 万英尺的高空巡航时浏览热门节目、股市动态和突发新闻。但你可能不知道，在 2000 年 4 月之前，只有私人飞机的拥有者才能享受到昂贵的电视直播服务。[25] 捷蓝航空是第一家在每个座位靠背上安装平板显示器并为客户提供免费电视卫星直播服务的商业航空公司。

捷蓝航空很重视创新，一直积极将各种技术功能引入其业务，但其颠覆性变革始于 2016 年，当时该公司成立了捷蓝科技风险投资公司（JetBlue Technology Ventures，简称 JTV），这是航空业最早的企业风险投资基金之一。JTV 由邦妮·西米创立并领导，她是伊利亚在斯坦福大学的学生。即使以斯坦福大学毕业生的标准来衡量，西米的职业生涯也是非同寻常的，她曾经担任过航空公司飞行员，参加过三届奥运会，做过电视记者，最后还成了一名风险投资人！她接下来会做什么呢？驾驶会飞的出租车，让《杰森一家》这部动画片里的故事变成现实？

捷蓝航空面临的一个问题是，作为一家航空公司，它的规模太小。它在美国的市场份额仅为 5%，落后于美国航空、达美航空和美联航。[26] 如果没有不对称的思维方式和能够使其立即领先于竞争对手的颠覆性举措，捷蓝航空就很难实现长远发展。捷蓝的老板们认识到，航空公司需要利用外部人士的创造力，于是任命西米负责捷蓝航空的风险投资工作。

西米明白，要想成功，必须兼具有准备的头脑和风投式思维。她之前已经对航空业进行了深入了解，接着她又仔细研究了风险投资生态系统以及各种企业颠覆性创新的成功经验和失败教训。在短短几年内，她和她的团队评估和分析了几乎所有与出行相关的初创公司，同时还分析了数十亿条航行和旅游搜索数据。[27] 通过对 JTV 声誉的打造以及充分利用自身所具备的深厚专业知识，邦妮·西米成为风险投资行业的风云人物。航空运输领域的初创公司无不期盼着能够拿到 JTV 的投资。

西米和她的团队非常挑剔，但这也完全情有可原。他们非常了解这个行业及其需求，总能够迅速识别所有可能存在的缺陷。他们曾遇到过一个帮助飞行员在航前规划燃油消耗的项目方案，但西米马上意识到，这并不是商业航空公司面临的主要痛点。另一个例子是，西米偶然遇到了一家名为 Lumo 的初创公司，这家公司为旅行者和企业提供了一种可以预测、跟踪和管理航班延误的解决方案。其他投资人态度都很冷淡，但西米却快速做出反应："这就是我们要找的项目。"得益于有准备的头脑，西米敏锐察觉到了 Lumo 对空中交通的预测能力。做任何事之前你都要先做好准备，有备才能无患。

选择你的战场

许多风投公司甚至称它们的方法为"有准备的头脑"，比如脸书的另一个早期投资者阿克塞尔创投（Accel Partners）。风投合伙人会不断地思考下一个重大突破是什么，然后到处去寻找符合其核心理念的初创公司。这样的准备使得阿克塞尔在非常早期的阶段就能为团队及其创意提供支持。

时至 2005 年，谷歌已牢牢占据了搜索领域的统治地位，但凡有歌利亚处，必有大卫。[1]硅谷知名风险投资家特蕾西娅·吴向我们讲述了她寻找"大卫"的精彩故事。科学家利用实验室来训练思维，风险投资人的大脑则因为会议而变得敏锐。他们会不停地与初创公司、专家、学者以及各领域的人会面。对于当时还是阿克塞尔合伙人的特蕾西娅·吴来说，菲利普·纳尔逊就是这样一位专家，他当时是阿克塞尔的常驻创业者，也是世界知名的搜索引擎专家。通过与纳尔逊的讨论，吴意识到谷歌的致命弱点在于"参数化"搜索。的确，如果用户想要了解波士顿的热门景点，只需点击几次谷歌搜索就

---

[1] 作者这里借用了《圣经》中年轻弱小的牧羊人大卫杀死巨人歌利亚的典故。在这里歌利亚代表的是现有的企业巨头，大卫则代表充满前景的初创公司。——译者注

可以生成一个选项列表。但是，如果你要搜索旅行方案，例如从亚特兰大到波士顿的航班，谷歌的搜索引擎就完全无能为力了。对于一项简单的搜索查询来说，诸如具体日期、时间段和首选航空公司等细节信息都过于复杂了，谷歌根本就不是为这样的搜索请求而设计的。求职、房地产和许多其他垂直行业也存在同样的问题。当谈到自己的这个重要发现时，吴朝着我们笑了笑。她抓住的机会就是针对垂直细分市场的特定需求搜索。这就是她的核心理念。

基于这一核心理念，吴开始着手行动。她选择了房地产搜索这个垂直领域作为切入点。潜在投资目标的信息来源五花八门，甚至有些是她自己通过谷歌搜索到的。她会见了数十家公司的创始人，了解得越多，她就越知道自己接下来该怎么做。当见到在线房地产搜索引擎 Trulia 的创始人时，她已然成竹在胸。几年后，得益于吴在其核心理念驱动下所做的充足准备，Trulia 成功上市。阿克塞尔最终进行了多项垂直搜索的投资，其中就包括购物搜索引擎 Kosmix 和旅游服务平台 Kayak。

成熟企业也可以从这些原则中受益。需要评估和决策的想法成千上万，妄图一网打尽并不是上上之策；相反，为了让头脑做好准备，你更应该保持专注。

把自己的精力集中在某一特定领域，同时确保自己打开视野，突破局限，这才是评估成千上万个想法的有效方法。对这些风投公司来说，从 3000 家候选公司中筛选出几十家公司本来就是一项极其艰难的任务。在追求创新理念的过程中，你需要快速地去伪存真。这种追求速度的原则也适用于风险投资之外的领域。但是，到底什么才叫快？

分秒必争

让我们再回到斯坦福大学的课堂,创始人们正在向由学生扮演的风险投资人展示创业项目。成败往往就取决于这20分钟的项目展示时间。在现实世界中,如果运气好的话,一个创业者能从风险投资人那里得到的展示时间通常也就在20分钟左右。为什么我们要加上"如果运气好"这个限定语?因为大多数创业者根本就见不到风投,他们发送的邮件大多数都会石沉大海。当然,我们也知道这些创业者靠的不仅仅是运气,他们都是有备而来。

之前我们提到,我们向初创企业的投资人发送了很多虚构的融资邮件,我们还分享了这个实验的结果。有些电子邮件显然比其他电子邮件更能引起共鸣,其积极回复率约为2%~15%。这是一个相当惊人的差异,或可部分归因于一些精心挑选的关键词正好命中了投资人的兴趣点。

向风险投资人做项目推介的确是个难事,但比起编剧的处境,这简直是小巫见大巫。每年大约有5万~100万个剧本争夺数量有限的拍摄名额,[28] 其竞争可谓惨烈。不过,"剧本漏斗"和针对创业者项目的筛选漏斗非常相似。一旦你通过了关键缺陷筛选这一关,你就会赢得大约15~20分钟的剧本展示时间。加州大学戴维斯分校的金伯利·埃尔斯巴赫和斯坦福大学的罗德里克·克雷默进行的研究让我们得以了解到决策者的心理活动。[29] 埃尔斯巴赫和克雷默不仅进行了采访,还录制了编剧向制片人推荐剧本的视频,其中包含了编剧和电影公司高管之间的互动。研究结果显示,制片人通常在几分钟甚至几秒钟内就会做出决定。[30](另一项研究则发现典型的决策时间为45秒。)

如果你认为 15 分钟太短,根本无法做出一个关乎人生的重要决定,那你不妨看看人们都是如何择偶的。当 *Time Out* 杂志询问全球 11000 名受访者,他们需要多长时间来决定是否进行第二次约会时,几乎一半的受访者说,他们只需要两三分钟就能做出决定。[31] 这么短的时间兴许够你点一杯咖啡了,但肯定无法让你把它喝完!

在速度方面,时尚界绝对不输好莱坞。T 台秀是时装公司为展示其新款服饰而举办的盛会。但在成千上万申请参与走秀的模特之中,只有极少数幸运儿能够最终入选。研究人员曾询问制作人,在征选模特时他们到底会用多长时间来做出一个决定,结果发现这些制作人的决策速度非常快,这让研究人员深感震惊。一位制作人甚至告诉他们:"这都是眨眼间的事情!"那他们的决策依据是什么?当然是他们那有准备的头脑!制作人会花费大量时间浏览时尚杂志和期刊,以培养"慧眼识人"技能。制作人还会积极与时尚界的人士进行交流,以获得关于模特选择和标准的有价值信息。[32] 这正是风投们在决定是否对一家初创公司进行正式投资之前对其所做的事情。

所以好莱坞或时尚圈的制作人就是速度之王?答案是否定的。根据一项复杂的眼球追踪研究,当招聘人员在浏览求职者的简历并以某种匹配的方式搜索某些关键词时,他们平均只需要 7.4 秒就能够做出初步的"适合/不适合"决定。[33] 像风投一样,招聘人员会搜索有限的信息,以便将候选人与期望的角色相匹配,或者直接将其淘汰。他们会首先查看主要数据点,包括姓名、教育背景、当前和以前的职位或公司,以及当前和以前工作的开始和结束日期。然后他们开始扫描关键词。这就是全部过程。7 秒钟就足以聘用到一名优秀的员工?当然不是!但招聘人员的目标是排除不合格的候选人,以便稍后可以更仔细地审查一小部分候选人。下次你准备简历或申请工作时，请站在招聘人员的角度，别忘了他们只会花 7 秒钟的时间来筛选你的简历，决定你的未来。

在本章的最后，我们要给大家提个醒。做好准备并不意味着你可以完全依靠直觉来进行决策，更不代表你可以忽视事实。一旦放弃艰苦的工作和长时间的准备，你会立即在思想上出现偏见，在行动上丧失公正。而且，即使是有准备的头脑也难免会产生偏差，所以一定要小心行事。要警惕忽视非典型初创公司、排斥不符合常规的人以及忽略不寻常的想法。偏见可能会像难以根除的病毒一样四处传播。种族、性别或背景都可能会扭曲一个人的思考方式。不要把有准备的头脑和轻率鲁莽混为一谈。有时候你唯有放慢速度方能做出正确的决定。

思维模式评估

- 你是否定期与企业家、高管和专家直接互动，以加深你对行业发展的理解？
- 是否有创业者和其他公司向你提出他们的想法，以获得你在专业知识和人脉上的支持？
- 你是否为你的组织确定了需要重点关注或可以完全忽略的区域、主题和空白地带？

第 4 章

学会说"不",而且要说 100 次

风险投资人并不是大冒险家,相反,他们实际上是抑险工程师。在选择任何机会之前,他们要先有效地拒绝大多数机会。在这个过程中,不要隐藏风险,要尽早让它们暴露出来。

如何为存钱罐出价？

"把它砸碎吧，教授！我们来数数！"

30个人聚集在一个存钱罐周围，你是参与者之一。在会议开始前，我们往存钱罐里塞满了硬币，直到再也塞不下为止。我们经常在企业研讨会上玩这个游戏，并问参与者一个简单的问题：存钱罐里有多少钱？你可以试着猜猜看（见图5）。

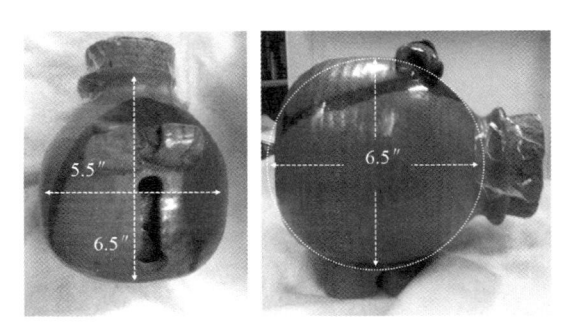

图5 装满一分硬币的存钱罐。每枚硬币的直径是0.75英寸

我们会给这些人几分钟的思考时间，同时观察他们将如何行事。有些人在仔细观察存钱罐。有些人会先把存钱罐拿在手里掂量掂量，然后上网查找一分钱硬币的重量。有些人则会给存钱罐拍照。还有一些人则在手机上打开了计算器应用程序。

接下来是存钱罐拍卖时间！拍卖规则如下：每个参与者都需要根据其对存钱罐内硬币金额的估算提出一个报价，然后所有人都把自己的报价写在一张纸上，出价最高者将赢得这次竞拍。

假设存钱罐里有 3000 枚硬币，也就是 30 美元，而你的出价是 20 美元。如果其他人出价超过 20 美元，你就无法赢得竞拍；如果你出价 20 美元，其他参与者出价都低于 20 美元，你将赢得竞拍。你付给我们 20 美元，我们付给你 30 美元。如此一来，你将赚到 10 美元。但是，如果你出价 40 美元，而房间内所有其他参与者出价都低于你的出价呢？你显然会以亏损 10 美元的代价"赢得"这次竞拍：你仍然能从我们这里得到 30 美元，但你需要付给我们 40 美元。在这场游戏中，你可能会在赢得胜利的同时落败。

当每个人都写下自己的报价后，这个游戏变得真正有意思起来。我们要求每个人将报价单举到空中。当 30 个人同时将双手举过头顶并在那里挥舞报价单时，房间里的气氛顿时变得紧张起来。然后我们仅限那些出价高于 1 美元的人举起双手。然后是高于 5 美元的。再然后是 10 美元……50 美元……100 美元。随着有越来越多的双手落下，人们开始惊讶地环顾四周。有些人对存钱罐金额的估计远远低于那些仍然在举手的人。最后，整个房间里仅剩下一位身着深蓝色衬衫、戴着银框眼镜的男士还在那里高举着双手，我们发现他的报价单上写着一个大大的"125"。他是最终的赢家，每个人都在为他欢呼。但他真的赢了吗？存钱罐里仅有 12.74 美元。换句话说，这位戴银框眼镜的绅士整整多付了 112.26 美元！

这个人的确赢了，但在赢的同时他也输了。

我们两个人已经玩过几百次存钱罐拍卖游戏了。我们从未在游戏中输过钱，一次都没有。在一个由二三十名学生或高级管理人员组成的团体中，总是会有人提出高于存钱罐总金额的报价。只有出价高于其他人，你才能成为胜利者，但你胜利的喜悦不会持续太久。

你刚刚所目睹的是一种已经过充分研究的重要现象，我们将这种现象称为"赢家的诅咒"。[1]不确定性在这里扮演着重要角色。每个参与者必须估算存钱罐中的金额。类似于对创新想法的评估，这些估算都是基于假设，因此不可能完全准确。毕竟，估值并不是一件简单的事情！有些猜测远低于实际值，而另一些则远高于实际值。虚拟现实是会成为像互联网一样的重要科技趋势，还是会像俱乐部会馆[①]一样昙花一现，目前还没有人知道。存钱罐问题也是如此。最后需要指出的是，这个游戏的关键在于最高估值和最高出价（见图6）。

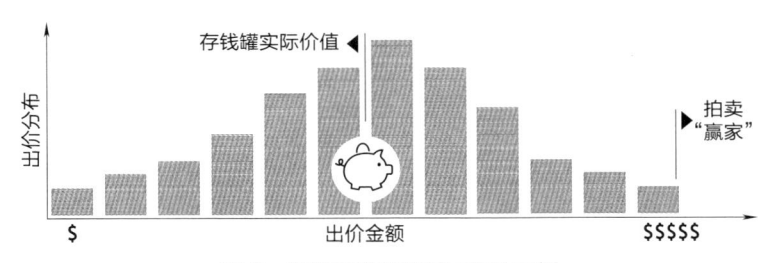

图6 存钱罐拍卖结果可能性示例

赢家的诅咒无处不在，虽看不见摸不着，却能让人切实感受到它的影响。例如，许多并购交易的失败就可以用赢家的诅咒来解释。它在风险投资领域也扮演着重要角色。在风险投资中，"赢家的诅咒"与"错失恐惧症"（fear of missing out，FOMO）密切相关，并会被其强化。当投资者考虑向初创企业提出投资要约时，他们常常担心自己的出价会被更慷慨的竞争对手超越。他们是否应该提高出价，以防错过下一个亚马逊或微软？如果他们不这样做，他们就可能会永

---

① Clubhouse，一款于2020年新冠疫情期间迅速崛起的社交音频应用程序，但随着疫情结束，该应用迅速走向衰落。——译者注

远错过这项投资。初创公司就像存钱罐，只不过它们的真正价值在很长一段时间内都不会为人所知。风投们力求估算出这些项目的潜在价值，但如果他们担心失去机会，就可能会把赌注抬得过高。

当然，投资人越焦虑，他们就越有可能高估潜在初创公司的价值。不确定性越高，整个风投市场越热，错失恐惧症就会越严重，赢家的诅咒也会因之更加强烈。许多备受关注的风险投资以失败告终，都是屈服于错失恐惧的结果。想想加密货币交易所 FTX 在 2022 年的突然崛起和更加迅速的陨落，或者另一个投资宠儿 WeWork 的早期兴衰。[2] 或者你也可以想想中国的共享单车公司 ofo 小黄车。[3] 在巅峰时期，这家公司从投资人那里筹集了超过 20 亿美元的资金，但它很快就像充气过度的轮胎一样爆裂，只留下一堆散落在街边的废弃自行车。错失恐惧症是风投界的一种常见现象。

在存钱罐拍卖游戏中，赢家的诅咒会因为竞价者的增多而得到强化。如果你在一个有 100 个竞价者的房间里获得胜利，那么你很可能会输得精光。如果出价时间被限制得很短，赢家的诅咒的负面影响也会得到强化。如果我们给参与者半小时的时间进行更仔细的计算，那么没有人会为一个装有 12.74 美元硬币的存钱罐出价 125 美元。

在时间紧迫、竞争激烈的情形下，人们很容易情绪激动。从心理学角度来看，我们很容易把赢得竞拍和赢得胜利混为一谈。我们害怕错过千载难逢的机会，所以我们有可能病急乱投医，做出不理智的决策。然而，对于任何类似存钱罐竞拍的交易，最好的反应都是退后一步，对所有可用信息进行评估，并认识到完全拒绝这笔交易往往才是最正确的做法。

如果你认为赢家的诅咒和错失恐惧症只对风险投资人构成威胁，那你就错了。请仔细想一下，当你在讨论年度预算时，是不是经常听到"现在不做就永远错过"这类说法？当你想聘请的某位专家非常抢手且已经收到了多份工作邀约时，人力资源部门是不是会建议你提高薪酬待遇以吸引人才？当面对一项潜在收购交易时，董事会和高管是不是会为了提高估值而夸大某些假设？在所有这些情况下，如果不愿退后一步，并在必要时拒绝机会，你就可能付出高昂的代价。

从心理学的角度看，我们都渴望达成交易，即使这意味着为一个并不那么值钱的东西付出过高的代价。认识到赢家的诅咒在现实生活中的普遍存在，是我们朝着正确方向迈进的一个重要前提。赢家的诅咒现象在颠覆性创新领域尤为突出，因为伟大的创意总是非常罕见，可遇而不可求。为了防止落入赢家的诅咒，风投行业确立了一系列经验法则和流程。风投非常有纪律性，他们会比你想象的更为频繁地说"不"。

说"不"是风投的天性

怎么会有人拒绝投资一家百亿美元估值的公司，并借此大赚一笔呢？

谷歌创投的比尔·马里斯拥有神经科学学位。[4] 在成为生物技术投资人、初创公司工程师和创始人之前，他曾在杜克大学神经生物学中心担任研究员。在加入谷歌并于 2009 年创立谷歌创投之后，他看到了医疗保健初创公司的潜力，其中就包括以 DNA 测试闻名的 23andMe 和专注于癌症治疗的 Flatiron Health 和 Foundation Medicine 等公司。后两家公司后来分别被罗氏公司以各约 20 亿美元的价格收购。[5] 这些交易给谷歌创投带来了丰厚的回报，也让马里斯声名鹊起。

2013 年，另一个机会来到了马里斯的眼前。[6] 一家医疗保健技术初创公司声称，它可能会像 iPhone 颠覆手机一样，颠覆传统的医疗检测实验室行业。回想一下上次你的医生让你去化验室抽血的情景。还记得那些收集血液的管子吗？现在想象一下不需要医生及这些笨重医疗设备的场景。取而代之的是，只需将微量血液滴入一只手持设备。然后，你可以在一个非常简易的应用程序上选择进行特定的血液检测。

2003 年，一位斯坦福大学的辍学生创立了希拉洛斯（Theranos）公司。到 2013 年，希拉洛斯已经和西夫韦（Safeway）和沃尔格林（Walgreens）等医药零售巨头建立了合作关系。在该公司针对投资者的融资计划书中，大型制药公司的标识赫然在列。当时该公司风头正盛，许多人都说希拉洛斯可能成为下一个估值达万亿美元的公司。的确，该公司在很多方面都非常符合一个典型风险投资人的要求。然而，一个危险信号引起了马里斯的注意。希拉洛斯的董事会成员中包含了不少声名显赫的人物：亨利·基辛格和乔治·舒尔茨都曾任美国国务卿；詹姆斯·马蒂斯是美国的著名军事将领；理查德·科瓦塞维奇是富国银行前首席执行官。总而言之，这份名单看似无可挑剔，但奇怪的是，作为一家生命科学初创企业，该公司的董事会中竟然没有一位医疗保健专家。[7] 尽管希拉洛斯已经筹集了大量资金，但没有一个投资人来自知名生物技术风投公司，也没有一个投资人在该公司的董事会任职。所有这些都和马里斯的风投式思维背道而驰。

接下来马里斯决定对希拉洛斯的产品进行一番测试。在当时，希拉洛斯的设备还没有他们所宣称的那样小巧便携，但该公司坚称，他们只需要一滴血就能够同时进行多项检测。无论如何，这听起来都非常不可思议。马里斯安排了他生命科学投资团队的一名成员，以秘密身份前往沃尔格林药店进行血液检测，结果令人失望。当马里斯的员工到了药店后,他被要求进行全静脉血抽取,而不是预期的单滴血测试。在他拒绝这一要求后,工作人员又让他一周后再回来提供更多的血液样本。

希拉洛斯公司领导层的秘密作风加剧了马里斯的担忧,他们回避科学问题,也不愿透露其革命性技术的细节。"是个人就能看出来这件事有点蹊跷。"马里斯后来回忆道。他肯定会为放弃投资希拉洛斯而深感庆幸,因为正如联邦检察官罗伯特·里奇在多年之后所言,希拉洛斯是"硅谷有史以来最为恶劣的白领犯罪之一"。[8]2022 年,希拉洛斯创始人伊丽莎白·霍姆斯因四项刑事欺诈罪名成立而被判处 11 年监禁。

是不是只有谷歌创投识破了希拉洛斯的骗局?并非如此。

早在 2006 年,另一位医疗投资人、高地资本(Highland Capital Partners)的比詹·萨利扎德也拒绝了对希拉洛斯的投资机会。当他深入研究并试图理解这项技术时,他发现霍姆斯不愿意或不能答复他的大多数问题。[9]同样的情况也发生在霍姆斯与美医创投(MedVenture Associates)的会谈之中。[10]美医创投是一家专业风险投资机构,数十年来一直致力于对医疗技术设备的投资。

独行侠创投的合伙人戴维·辛格向我们透露,当他看到希拉洛斯早期的融资演示文稿之后,他很快就得出结论:"如果他们想要入侵欧洲,那他们董事会的这群人倒是挺合适的,但我发现这家公司不具备任何建立复杂医疗保健业务的专业知识。"出乎很多人意料的是,希拉洛斯最终几乎没有吸引到任何风险投资的参与。那些考察过希拉洛斯却最终拒绝投资的风险投资人有什么共同之处?为什么他们没有屈服于错失恐惧症?希拉洛斯通过了许多风投的初步"关键缺陷"评估,这也使他们对这家公司及相关领域进行了更深入的探究。换做是你恐怕也会这么做吧？！如果真的单靠一滴血就能完成检测，那将是一个巨大的机会。但风投式思维天生喜欢质疑，而这也使得投资人会更加仔细地去审视这个想法，并试图了解关于这项技术的所有细节。随着详细的尽职调查让危险信号一个接一个地暴露，他们的态度也从机会主义转变为了怀疑主义。

在第 3 章中，我们讨论了该如何进行快速初步评估，以及该如何训练你的思维以排除无价值选项，快速做出决策。然而对于那些通过关键缺陷评估的公司，风投则会改变思维模式。为了避免陷入赢家的诅咒和错失恐惧症，现在的你应该暂时停下来，深呼吸并开始深入细节。这意味着你要确定关键假设，通过专家、客户和合作伙伴来对这些假设进行验证，对管理团队进行背景调查，以及对产品进行公开或非公开的体验和试用。这就是风险投资常用的尽职调查方式。

著名风险投资人马克·安德森在向斯坦福大学的学生描述其风投公司 a16z 的业务时，语出惊人地表示："我们的日常工作就是粉碎创业者的希望和梦想。我们在努力学习如何能更好地说'不'。"[11] 风投式思维会快速拒绝大多数想法，但对于那些值得进一步考虑的项目，他们会竭尽所能地进行细致的评估。在快速的初步评估之后，慎重决策就变成了确保投资安全的一个重要保障。

在寻找潜在重大机会的过程中，风投通常需要拒绝多少项目？在说"是"之前，风险投资人得说多少次"不"？

感谢伊利亚和他的同事们的研究，我们现在知道了这个问题的答案。平均而言，专注于早期阶段的风投每评估 101 个项目才会进行一笔投资。[12] 而且这个数字还不是上限。在硅谷，专注于信息技术领域的早期风投在决定一项投资之前，通常会考察约 150 个项目。

图 7 展示了我们所说的风投"交易漏斗"。前面我们已经讨论过这个漏斗的上半部分。风投必须尽可能多地寻找机会，这样漏斗的入口才能变得更宽。但是，漏斗越宽，风投就越难对每个项目进行详细的考察。这就是风投为什么会使用关键缺陷法来筛选项目。仅凭对初创公司的初步了解、对其商业计划书的简单评估以及对团队的第一印象，风投就可以把 100 个项目中的 90 个排除。和管理层喝杯咖啡聊天可能要花一个小时，而很多机会甚至还到不了这个阶段。每 100 个项目中，只有 10 个会在风投合伙人之间得到认真讨论。和在漏斗顶部对项目所进行的关键缺陷评估不同，这些被选中的项目将会进入一个审慎且相对缓慢的尽职调查过程。最终只有一个项目会被选中。100 ∶ 1！其余项目则尽数被淘汰。

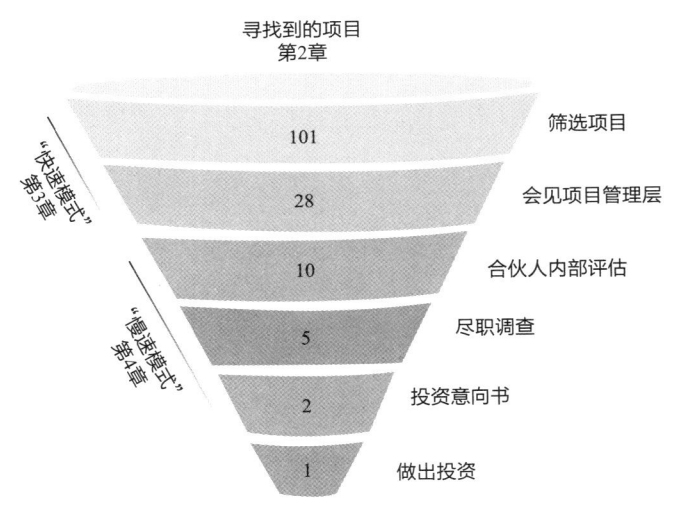

注：Source of the data is "How Do Venture Capitalists Make Decisions?" by Paul Gompers, Will Gornall, Steven N. Kaplan and Iva A Strebulaev (2020)。

图 7　风险投资交易漏斗示意图

让我们换个角度来看这些数字。风投一开始会快速筛选掉九成的项目。然后，当他们深入研究剩下的项目时，他们又打算淘汰掉其中的九成！这听起来很残酷，但这正是早期投资者应对巨大不确定性并优化项目来源，以使其商业模式得以正常运作的方式。如果你在决策过程中也面临高度的不确定性，那么你可以将这种交易漏斗策略纳入你的工具箱。

了解了这些信息，你就能理解伊利亚的朋友安德烈亚斯的抱怨了。安德烈亚斯来自欧洲，他知道伊利亚是硅谷万事通，于是就向他抱怨起自己投资初创企业的惨痛经历。安德烈亚斯最近投资了一家看似颇有前景的医疗保健初创公司，但后来这家公司倒闭了，让他亏了很多钱。伊利亚的第一反应是，在硅谷，初创公司失败是常事，即使是那些看起来很有前途、一开始就让投资人眼睛放光的公司也难以幸免。然后伊利亚问安德烈亚斯，在把钱押注在这家公司之前，他考察了多少家初创公司。安德烈亚斯愤然答道，他见了这家公司的人，很喜欢他们，而且他们的想法听起来很有前途，所以他就投资了。也就是说，他的投资交易漏斗里只有一个可选项目，然后他还投资了这个项目。这无疑就是在碰运气！

我们发现很多人会犯同样的错误，尤其是在硅谷以外的地方。如果伊利亚的朋友看了几十家类似的初创公司，并见过相关领域的几十位创始人，他可能会找到一个更有前途的机会。对专注于颠覆性机会的投资人来说，未经大量项目评估就做出选择，其结果无异于买彩票：小赌亏钱，大赌则可能会赔上身家性命。

在企业环境中，这些错误甚至更为普遍。我们的建议很简单：要想避免从车行买到烂车，你就得试驾更多的车。扩大你的创意漏斗，并在每个阶段使用不同的标准来进行严格的评估和筛选。当然，这个建议很简单,但落实起来很难。这是一项极为艰巨的工作。

抑险工程师

在网上搜寻并购买商品通常只需要几分钟。网飞用户选择一部电影的时间不超过 20 分钟。[13] 从你走进 4S 店到把车开走,通常需要 3~6 个小时。[14] 但风投针对每笔投资的尽职调查过程却长达 118 个小时。[15] 当攻读 MBA 的学生、求职者和企业高管听到这个数字时,他们的第一反应是震惊。但更让他们震惊的是,这 118 个小时仅仅针对的是那些最终获得投资的项目。如果加上在那些淘汰项目上所花费的时间,风险投资人花在投资分析上的时间可能要超过 250 个小时。

伊利亚的同事布莱恩·雅各布斯估计,在新兴资本(布莱恩是该公司的联合创始人),他们每投资一个项目所花费的尽职调查时间长达 400 个小时。当然,这 400 个小时也包括了他们为拒绝某个项目所花费的那 20 分钟。

为了做出决策,这数百个小时的工作会被浓缩成一个简单的文档,也就是"投资备忘录"。投资备忘录就是以一种结构化的方式来解释投资背后的逻辑。它有助于将拟投资项目同其他机会和被投资公司放在一起进行定位和对比。最重要的是,它会收集关键问题的答案,突出各项潜在风险,它还会对其他应进行的尽职调查项目提出建议,并点明还有哪些已尽力获取但仍不可知的投资影响因素。从建立备忘录的目的中,你可以得出一项关乎风投式思维的重要教训:

不要隐藏风险。要尽早让它们暴露出来。

投资备忘录不是最终目标,而是一种工具。它们简明扼要。它们权衡决策的利弊、成本与收益。它们是对这些项目进行的压力测试。它们识别重大风险，明确关键假设，并对未知因素做出确认。它们不会扼杀讨论，而是会为之后的讨论设定公平的基础。它们只负责客观记录，不做主观判断。它们是为所有决策者而写，并确保决策者在小组开会之前都有机会阅读。它们是激发辩论的导火索。它们还常常导致投资人说"不"。你上次撰写或阅读此类备忘录是在什么时候？

以贝瑟默风投合伙人杰里米·莱文撰写的一份投资备忘录为例。[16] 这份备忘录写于 2006 年 12 月，记录的是对新兴职业社交网站领英的拟议投资。该备忘录最突出的特点是简洁明了，只有 8 页内容。在讨论了管理团队和市场等事项之后，莱文确定了投资的主要风险，并描绘了从完全失败（一切都分崩离析）到超级光明（领英成为全球第一的职业社交网站）在内的多种情景。该备忘录的目的很明确，那就是为合伙人提供信息，并激发讨论。这份备忘录令人印象深刻之处在于它对一个潜在机会进行了诚实和细致的评估。它并没有试图说服合伙人无条件地批准这个项目，相反，它希望的是及早发现薄弱环节，并在整个合伙人团队内激发坦诚的讨论。

你可以看出，这种方法与传统企业的惯例有着明显区别。在传统企业中，提交商业计划的目的是获得通过，而不是希望别人挑毛病或激起讨论。遗憾的是，为了让一个企业项目获得批准，发起人必须表现得非常乐观。尽管会议室里的每个人都知道这种乐观情绪可能并没有什么根据，但这种盲目乐观主义情绪却总是会得到很多支持，不断扩散。

风险投资人通常会被认为是大冒险家，所以当听说这些人都自称是"抑险工程师"时，很多人觉得有点匪夷所思。在理解风险和抑制风险方面，风投有着非常严谨的态度，而这正是尽职调查的本质。[17]从与创始人的第一次会面开始,风险投资人就会深入评估管理团队、商业模式、产品、竞争情况以及初创公司的资本需求。然而,他们并不会停留在这些方面。他们会去找客户、供应商、前投资人,以及创始人的前老板、同事、同学和教授了解情况。风险投资人通常会先从一系列事先预备好的标准化问题(例如,产品的市场总量或潜在竞争对手的情况)入手,同时也会穿插一些针对初创企业的具体询问。例如,一家初创公司的创始人声称,他们研发的薄膜层可以将新鲜牡蛎和其他易腐产品的保质期延长数周,那么与此相关的监管风险有哪些?管理团队计划如何应对这些风险?想运用风投式思维,你就必须先成为一名抑险工程师。

非风险投资领域的人也认识到了风投式备忘录的好处。亚马逊发现,这种结构化的方法非常适合于对创新想法进行评估,于是在其日常决策过程中引入了类似的实践。该公司模仿风险投资备忘录的结构化设计及意图,做了一个长度为6页的"公关及常见问题解答"文档。[18]亚历克斯在亚马逊工作期间就亲自写过很多这样的备忘录,其审阅过的备忘录更是不计其数。这份文档的第一页是一篇关于新产品发布的模拟新闻稿。[19]它具有真正新闻稿的所有属性:具体的发表日期(也就是新产品的预计发布日期)、客户针对该产品有趣功能的详细点评,以及分管副总裁的评论。这一页简短的内容,既从用户角度对整个产品进行了介绍,也解释了产品团队对推出新产品的兴奋心情。当然,和投资备忘录不同的是,模拟新闻稿关注的重点是用户,而不是财务指标或公司利益。

与模拟新闻稿的内容需要生动有趣不同,"常见问题解答"的5页内容关注的是产品方面的一些重要、棘手甚至备受争议的问题。这款产品将如何给用户生活带来实质性改善?为什么需要现在推出这款产品？如何衡量产品是否取得了成功？产品的最大争议点是什么？产品面临的主要风险是什么？团队将如何克服挑战？市场规模有多大？打造产品需要投入多少时间和资源？

鉴于备忘录有着如此强大的作用，我们也经常让参加我们研讨班的那些企业高管试着给自己公司的项目撰写备忘录。和风险投资备忘录一样，这类企业内部的备忘录除了要确定项目的优势和风险所在，也应当对最关键的假设和情景进行坦诚讨论。这种方法可以帮助他们减少时间和资金的浪费，尽早发现之前未察觉到的风险或缺陷。

投资备忘录还有一个经常被低估的用途，那就是帮助进行回顾性分析。如果投资失败，仔细检查备忘录有助于找出潜在的原因和遗漏的危险信号，进而发现规律并改进未来的决策。同样，如果一个错过的机会变成了一个超级成功的故事，投资者也需要仔细研究备忘录的所有细节，以找出他们错过这个黄金机遇的原因。好脑袋永远比不上烂笔头。人们很容易事后诸葛亮，在失败之后说出"我早就知道这事成不了"之类的话。如果没有记录，我们脆弱的记忆就只能接受各种没有事实依据的说法。在撰写备忘录和记录讨论过程成为常态后，你要定期对各种失败或错失的机会进行回顾：和许多风投一样，你从失败中获得的经验教训将远超成功带给你的收获。

风投兼具的快慢两种思维能力，让众多来自其他组织的决策者叹为观止。除了要兼具这两种思维模式，更重要的是能够恰当地在快和慢之间进行自由转换。你不能总是不紧不慢地匀速前进，而是要该加速的时候加速，该减速的时候减速。这种双速法则使得风投式思维既能够处理超大规模的信息，又能够保持高度专注。

切莫堵塞流程管道

在美国的加利福尼亚州，如果你开车太慢，你可能会被罚款238美元并在你的驾驶记录上扣一分。然而在商业世界中，为了避免所有风险而"开慢车"的代价可要远超这个罚款。

尽管风投会尽量抑制风险，但他们并不指望完全消除风险。他们努力去风险，但不会回避风险。他们真正要躲避的是"分析瘫痪"。他们的会议时间简短但主题精练。在贝瑟默风投，最长的备忘录仅有15页。亚马逊将其"公关及常见问题解答"文档限制在6页，且决不允许例外。在风投界，一项投资提案很少会拖延几周，然而在企业界，一个项目可能会被翻来覆去地考虑几个月甚至几年。企业堆积了太多的审批流程，就像垃圾堵塞了动脉。官僚主义和优柔寡断是反风投式思维的致命体现。

以IBM为例，该公司在1993年大张旗鼓地创建了一家名为烟花创投（Fireworks Partners）的机构，共有150人。[20]这一团队的主要任务是模仿传统风险投资基金，投资于多媒体计算类初创企业。对于一家有着80余年历史的老牌巨头公司来说，这是一项在新兴领域中推动创新的前所未有的举措。然而，没过几年，烟花创投就销声匿迹了。哈佛大学教授乔希·勒纳发现，当IBM彻底放弃烟花创投时，该基金的一些初始投资提案竟然还没有走完其内部审查流程！

拥有创新想法的企业决策者都知道，要让一个机会通过终审的确需要付出大量时间和努力。但如果这个流程过于繁复，毫无效率，那他们可就太受罪了，所以倒不如什么都不干。

伊利亚和他在斯坦福大学的研究员阿曼达·王对全球160多家大公司的风险投资部门进行了详细研究，他们对这种传统思维有着切身的体验。[21] 以下是来自某公司前瞻性创新领导者、风险投资部门主管的一个典型评论："也许我们的母公司理解风险投资领域的规范，但坦率地说，如果你突然给我一项全新的任务，且让我必须在六个星期内完成，那么我会说，除非这个项目显而易见地能得到全力支持，否则我不会假装我们能做到，因为那样会毁掉我们的声誉。我会说这个项目更适合别人来做。"这位高管比大多数人都幸运，因为他至少相信他的老板了解风险投资领域的规范。然而，伊利亚和阿曼达发现，超过 60% 的大公司高层都不了解如何进行风险投资。你看，一个公司的最好投资机会和新的增长引擎往往就是这样被浪费掉的。

有时一篇新闻稿就足以预示风险。烟花创投成立时，IBM 发布了一系列公关稿，其中一篇文章暗示了该部门未来将面临的挑战。[22]这篇文章仅有一段，129 个单词，却罗列了五位 IBM 高管的名字。这些高管都是负责监督这个新创投部门的。此外，文中还提到，由于他们还在梳理"陌生的等级秩序"，因此"可能会有更多的"待处理问题。阿曼达和伊利亚的研究发现，负责创新部门的高管的职能多到让人眼花缭乱，不用说，这进一步减慢了决策速度。这让人想起那句著名的谚语："人多瞎捣乱，鸡多不下蛋。"

我们还发现，大多数企业风投部门都必须通过多个审批流程，并且在中间存在许多卡点：企业风险投资团队、其负责人、资深企业高管、投资委员会（其中某些成员拥有否决权）、总部，或者被打回进行新一轮审批。与之形成鲜明对比的是，风投界通常只需要简单的备忘录讨论。

传统组织往往有非常好的初衷。公司会建立创新实验室，培育一系列新想法，并努力吸引创新人才加入公司。但随后这些想法就会被卡在各种繁杂的流程之中。法律部门会要求额外的审查，财务部门会要求进行额外的场景建模，营销团队则担心新创意可能会稀释品牌，并建议聘请顾问来分析影响。正所谓"通往地狱的道路往往由善意铺就"，本来应该是建立安全港的工具，结果却变成了致命的沼泽。

官僚主义就像在组织中蔓延的霉菌。要想在创新方面取得成功，就要减少层级，去除繁文缛节。如果我们在任何组织中看到太多负责创新的高管，我们应该为其感到担忧。管事的太多，会议太多，审批环节太多，常常伴随着创新不足。

传统的决策过程与风险投资的决策过程有着根本的区别。由于典型的决策者不需要像风投那样经常面对高度的不确定性，因此他们不需要评估数百个想法，项目选择过程也就显得有针对性、可预测以及循序渐进。即使是在创新和研发部门，组织流程也都是针对风险较低的项目和想法而设计的。在一个以渐进式创新的稳定环境中，评估大量机会并快速做出决策的效用并不高。事实上，选择太多反而会适得其反。

假设你受命对公司的主打产品电锯进行 100 种改进方案的尽职调查。所有这些精心构思的方案都是一场创新竞赛的结果。你花几个小时研究了其中一个方案，发现如果实施该方案，电锯的切割速度将提高 10%。这听起来很不错。你应该就此打住，还是继续考察另外的 99 个方案？相比于你最初考察的方案，剩下的 99 个方案中最好的一个，可能会让你们公司的电锯变得更时尚、更高效、更便宜。但即便是依据最佳方案所打造出来的电锯，也不会是一款革命性的新工具，它无法彻底颠覆你的商业模式，也不能让你的公司遥遥领先于竞争对手（当然，除非你仔细研究所有方案，否则你无法确定这一点）。在一个追求小幅度渐进式变化的世界里，花费数百个小时寻找电锯的最佳方案毫无意义。选择第一个方案并让专门的工程部门落实它，反而会让人觉得更有效率和更具成本效益。当然，不利的一面是，过度关注细微的、渐进的创意而不花力气去寻找突破性的创意，可能会加速你们公司现有商业模式的衰落，到时候你们将彻底无路可退。

以当纳利公司（R. H. Donnelley，RHD）为例，该公司曾经是一家价值数十亿美元的龙头企业。[23] 尽管大多数美国家庭可能从未听说过当纳利，但就在不久前，它的产品还几乎存在于所有的家庭中，并且被大量使用。你还记得家里那本有着黄色封面，而且名字就叫"黄页"的厚书吗？黄页是一本商业电话簿，人们可以通过它在当地社区找到所需的服务，服务提供商也可以通过它来做广告营销。黄页在投资者和消费者中间都非常有影响力。超过 50 万广告客户每年支付 3500 美元在黄页上登广告。就在 2006 年，当纳利还曾在其投资者报告中自豪地宣布，其在美国的出版物数量稳步增长，在短短三年内增加到了 600 多种，总发行量更是达到了惊人的 8000 万册。凭借这股底气，当纳利的首席执行官在 2006 年 3 月向投资者做了一个题为《为持续成功做好准备》的报告。

多年来，黄页目录经历了许多细微的、渐进式的变化。例如，增加了新的类别（如"风水""肉毒杆菌""霉菌修复"等）。当纳利组织创新竞赛有意义吗？如果实施和评估成本高昂且耗时，也许不会。事实上，在他们 2006 年向投资者展示的长达 100 多页的演示文稿中，提及创新的次数几乎为零。其中一张关于"产品创新"的幻灯片上罗列了一些听起来很厉害的新功能，比如"彩色白页"和"书脊广告"。但是，当纳利的高管们不应该只是制作满是细微产品扩展的冗长演示文稿，他们应该放眼外部世界，看到即将到来的变革风暴。这样他们就会意识到，在 2006 年时，一种由在线搜索驱动的全新商业模式已经开始强势崛起，并即将蚕食他们所占有的市场。如果他们能够在风投式思维的启发下像抑险工程师一样行事，他们本应该首先去解决这个风险。

仅仅三年后，2009 年 5 月，当纳利公司宣告破产。在缺乏风投式思维的情况下，只顾打直球而错过曲球总是危险的。当纳利的决策者精通传统的渐进式变革，但他们完全错过了像海啸一样袭来的数字颠覆浪潮。渐进式创新和颠覆性创新需要不同的应对方法，你需要同时关注两者。不要让你的交易漏斗被太多的小点子和渐进式创新堵塞，不要有太多的指挥者，也不要有太多的官僚层级。在追求创新的过程中一定要聚焦。

持续说"不"的力量

有选择性地、系统地拒绝大多数出现在你面前的机会并不是风险投资人的特权，而是任何人都能掌握的技能。其中的一个关键点，就是在选择任何机会之前，要先有效地拒绝大多数机会。你可以让更多人参与这一过程，尤其是那些有备而来的人，这会对你有益处。在这种情况下，分歧是你最好的朋友。设定正确的决策速度和明确的规则可以使决策过程更具可预测性，同时你还要遵循百中选一的严格筛选标准。任何达不到这个标准的筛选都可能会导致错误。这些错误会在之后给你造成困扰，并可能妨碍你发现真正的机遇。

普利策奖是美国最负盛名的新闻和文学奖项之一，它为我们该如何一次又一次有效地说"不"提供了一个很好的研究案例。[24]《杀死一只知更鸟》等文学经典和揭露水门事件的记者都曾经荣获这一奖项。评委们会从数千本提交的作品中选出 300 本书来阅读,组织者将这些被选中的书称为"入围者"。评委只能向委员会提名三部作品。(此处又出现了百中选一的筛选标准!)一位前评委曾对外透露过一些关于评奖的内幕,他说:"评委并不会阅读所有的书,也并非所有的书都值得仔细品鉴。"普利策奖的评委们或许也使用了风投式的快慢双速筛选法。

招聘过程也遵循同样的道理。在谷歌,求职者获得录用的机会还不到 1%。[25] 在第一阶段,招聘者会迅速地"筛选"一遍简历,以筛选出少量候选人进入下一轮。到了第二阶段,这些候选人则会接受更为严格的面试和评估。许多其他公司也采用同样的招聘方法。

买房子呢?根据美国房产中介网站 Zillow 的报告,潜在买家在看过 100 套房源信息之后,只会保存 32 套房源的信息以供进一步斟酌。[26] 在这 32 套房源中,他们只向房产经纪打听了其中 4 套房子的信息。此时真正的尽职调查才刚刚开始。在这里,我们又一次观察到了先快后慢的双速决策模式。

年轻编剧、艾美奖得主米凯拉·科尔的经历,也能够很好地启发我们更频繁说"不"。[27]2017 年,科尔因其引人入胜的喜剧片《我可以毁掉你》收到了网飞提供的一份价值 100 万美元的诱人合同。她很想与这家领先的流媒体平台签约,但最终还是拒绝了对方的报价。在仔细审查条款后,她发现网飞不会给她任何的版权收益分成。这是一个有风险的决定。不久之后,英国广播公司 BBC 和美国家庭影院 HBO 为科尔提供了一份更符合她价值观和优先需求的协议。这再次证明了风投式思维的价值。在帮你寻找能够带来重大人生改变的机会的同时,风投式思维也有助于你排除那些缺乏上升潜力的交易。

准备好一次又一次地说"不"。这就是风投的思维方式，说"不"是他们的本能。他们不会仅仅看一套房子或试驾一辆车就做出决定。他们会看100套房子，试驾十几辆车。你现在应该明白了，这种策略并不是因为犹豫不决或过度怀疑。要在类似风险投资的环境中取得成功，你必须准备好说100次"不"，而只有一次说"是"。

非凡的创意和初创公司是稀有的存在。但你还是得至少说一次"是"。你不能拒绝每一个向你走来的机会。只有一个创意的漏斗很糟糕，但没有创意的漏斗更糟糕。

不要过度怀疑

有一次，我们玩存钱罐游戏时，获胜者的反应不仅让参与者感到惊讶，也让我们感到震惊。和往常一样，获胜者给出了极高的报价，不同寻常的是他坚持要拿走存钱罐里的硬币。我们很困惑，但我们认为这个要求很合理，并询问了他这么做的理由。他解释说，在数十亿枚林肯一美分硬币中，隐藏着一些价值数千美元的稀有硬币。例如，由于生产错误，一些1970年的硬币的正面出现了重影（也就是说，"自由"一词看起来好像被印刷了两次，稍微偏离中心）。这些硬币是当今正在流通的最有价值的硬币之一，零售价格约为3000美元。还不止如此！更稀有的是1969年的林肯一美分硬币，除了铸币标记，整个头像都出现了重影。在收藏家的拍卖会上，这一稀有硬币的价格可以轻松超过10万美元。对于一枚一美分硬币来说，这样的回报可以说相当好了。这给了我们一个很好的提醒。有时我们都疑心过重，以至错过珍贵且独一无二的机会。

思维模式评估

- 你每年会筛选多少个新的创意？10个？100个？还是1000个？
- 你的组织是否习惯于对新的创意说"不"？
- 你是否会定期对成功与不成功的战略投资决策进行回顾性分析？

第 5 章

押注骑师，而不是马匹

一名出色的骑师不可能让一匹慢马获胜，但一个糟糕的骑师可以让一匹优秀的马输掉比赛。因此，拥有二流创意的一流团队胜过拥有一流创意的二流团队。

第二次机会

"伙计们,《超级创始人》实际上是我的第二本书。"阿里·塔马塞布在帕洛阿尔托中心的一家传统波斯餐馆吃饭时告诉我们。

"这就是它能卖得这么好的原因吗?"伊利亚半开玩笑地回复道。

"那么,我们该叫你超级作家吗?"亚历克斯补充道,引得阿里哈哈大笑起来。

撇开笑话不谈,《超级创始人》这本书的确发人深省。[1] 为了更好地理解什么因素能导致初创公司成功,阿里收集并分析了风投支持的初创公司的成千上万个数据点,并采访了100多名独角兽公司的创始人。阿里向我们解释说:"超级创始人指的是那些之前有过创业经历,并且取得了相当成功或者成绩还不错的创业者。"阿里一边向我们解释,一边提醒我们尝尝当地的鹰嘴豆泥。然后,他继续介绍他算法中所包含的一些因素。

超级创始人是那些系统地创建企业并取得成功的企业家。在阿里的计算中,每次成功达成的规模并不重要,重要的是成功本身。阿里的研究表明,总体而言,超级创始人成功的可能性至少是其他科技初创公司创始人的三倍。

阿里对超级创始人的兴趣并非学术性的。他是一位独角兽猎头。阿里的风投公司DCVC位于帕洛阿尔托,专注于投资各类先进科技初创公司,而且截至目前,他已经成功捕捉到多家独角兽企业。无论行业、市场状况或竞争情况如何,凡是超级创始人在做的事情,阿里都会考虑投资。他告诉我们："有时候除非投资人对市场有非常深入的了解，否则对市场的认知反而可能会分散他们的注意力，让他们无法做出正确的投资策略选择。"

阿里对创业者的技术和背景的极度信任是否也是风投式思维的一种表现？毕竟，投资人每天都要为这样的决策承担数百万美元的风险。为了解他们如何做出这些决定，让我们来看看游戏行业的情况。

2010年代初，视频游戏产业呈现出崛起之势。2009年，瑞典游戏爱好者马库斯·佩尔森开始了他的最畅销电子游戏征程。几年后，他以25亿美元的价格将游戏《我的世界》卖给了微软。[2] 另一家于2010年在赫尔辛基成立的公司超级细胞（Supercell）在2012年又推出了两款游戏《卡通农场》和《部落冲突》。[3] 2011年，该公司仅仅以5000万美元的估值筹集了1200万美元的风险投资，但当这两款游戏迅速冲上排行榜榜首后，超级细胞立马变得炙手可热。投资者纷纷主动提供融资，该公司的估值一度飙升至令游戏界瞠目结舌的30亿美元。[4] 网络和手机游戏的黄金时代真的到来了。

著名的阿克塞尔创投也投身到对这场游戏热潮的追逐之中。[5] 阿克塞尔是超级细胞早期融资轮的领投方。当类似的机会出现在一家名为微瑕（Tiny Speck）的小型游戏初创公司时，阿克塞尔再次毫不犹豫地加入了投资者的行列。但是，如果当时阿克塞尔的合伙人知道微瑕的游戏很快将变成一场灾难，他们肯定不会这么做。

斯图尔特·巴特菲尔德和卡尔·亨德森这两位从小就沉迷于游戏的创业者决定开发一款多人在线游戏。在向媒体介绍这款新游戏时，巴特菲尔德说："这是我小时候玩《模拟城市》时就想做的事情。"[6] 两位创始人将他们的新公司命名为"微瑕"，还将他们的第一款游戏命名为《故障》(*Glitch*)。这就应验了罗马人常说的那句话：名字是先兆。

在阿克塞尔的初始投资一年后，微瑕进行了另一轮融资，之后该公司开启了游戏的 beta 测试[①]。2011 年 9 月 27 日，这款游戏终于向公众发布。然而，即便经过 4 年的开发、几十名员工的努力、累计 100 万小时的 beta 测试、成千上万玩家的焦灼等待以及 1750 万美元的资金投入，这款游戏却在发布后不久再次转为 beta 测试状态。[7]虽然这款游戏吸引了不少用户，但评论却不温不火，比如有人说，"感觉就像一顿只有配菜的饭""有点杂乱无章"。[8]更糟糕的是，巴特菲尔德和亨德森是在奥多比开发的平台上使用"flash"技术制作的这款游戏，这意味着他们将玩家群体限制在了桌面电脑用户群体。[9]此时像 iPhone 这样的移动设备正迎来蓬勃发展期，但是将游戏转移到一个新的平台并非易事。该公司的一名员工后来指出，《故障》这款游戏的"制作和维护成本高昂，而我们并没有吸引到足够多的玩家来分摊这些成本"。[10]这个 42 人的团队意识到，"游戏结束"时刻即将到来。[11]

2012 年 11 月，也就是阿克塞尔进行初始投资两年后，一份"来自微瑕公司的悲伤声明"出现在网上，这篇声明以"这真是糟糕的一天"开头，结尾则写道："如果能找到继续下去的办法，我们肯定会全力以赴，但很遗憾……'故障'结束了。"[12]随后团队的大部分成员被解雇。初创企业的失败故事千千万，只是该公司的遭遇尤其让人惋惜。事实上，如果阿克塞尔没有体现出风投式思维，这个故

---

① beta 测试是游戏开发过程中至关重要的一部分，能够帮助开发者发现并解决潜在的问题，从而提高游戏的质量和用户满意度。——译者注

事可能到此就画上了句号。

尽管《故障》是一款彻头彻尾的失败之作，但当微瑕公司的创始人在网上发布那令人悲伤的告别声明时，他们公司的银行账户里仍留有一笔可观的资金，用这笔钱办个告别派对绰绰有余。[13]确切地说，该公司账上还有500万美元。这可不是一笔小数目。

面对如此惨烈的失败，大多数投资者会毫不犹豫地关闭这家公司，并会想尽办法从他们残留的尸骸中找出任何能够弥补投资损失的东西。换作是你，你会怎么做？你仍然可以从投入到该公司的每一美元中收回近30美分。[14]

但风投却不这么想。尽管巴特菲尔德提出要把剩下的钱汇回去，但阿克塞尔的投资人拒绝了，并让他去寻找新的创意，因为他们相信这个团队，所以决定加倍下注。[15]2009年2月，负责投资微瑕的阿克塞尔投资人安德鲁·布拉恰在最初的投资备忘录中写道："我们主要投资的是微瑕的团队。他们曾经一起失败过，也一起成功过，还经历过各种各样的结果。"[16]这些风投头脑非常清晰，在他们看来，"创业失败"和"创始人失败"完全是两回事。

于是两位创始人开始构思新的创意。用硅谷的话说，他们进行了转型。当微瑕团队开始重新构思产品时，他们意识到，在做上一款游戏产品的过程中，他们创建了许多内部工具，这些工具或许对其他组织的团队有帮助。其中一个工具是一款可以帮助开发人员和产品团队相互沟通的简单聊天工具。你可以通过这款产品来搜索信息，还能对信息按主题进行整理追溯，这样你就不需要通过数百封电子邮件、短信和随机聊天来寻找别人对你问题的回复。一切信息都被集中到一处。该工具还是完全异步的，即使对方退出，你也能够给他发送待阅读消息。

从冒险类电脑游戏转向 B2B 通信工具？a16z 的联合创始人本·霍洛维茨也是微瑕的投资人，他对这款新产品做出了强烈的反应："这听起来真是一个糟糕透顶的想法。"[17] 尽管如此，投资人还是批准了这个想法，创始人再次从头开始干起。

这就是如今大家都在使用的 Slack 的诞生过程，从零售巨头塔吉特到咨询巨头麦肯锡甚至美国国防部，数以千计的企业和组织都在使用该应用程序，如今，该应用程序已成为公司内部通信的行业标准。在不到 10 年的时间里，该公司从崩溃的边缘华丽转身，并最终被赛富时以 270 亿美元的价格收购。不用我们说你也能猜到，那些耐心的早期投资人从这次创业转型中赚得盆满钵满。

微瑕的浴火重生，可谓是风投式思维成功应用的一个典范。风险投资公司押注的到底是什么？是创始人，而不是产品。投资人放弃了他们最初支持的游戏项目，却又给了巴特菲尔德和他的团队一个新机会，允许他们去追求一个看似毫不相干的想法。在风投眼中，这两项截然不同的项目存在着一个共同点：人的因素。截至 Slack 上市，阿克塞尔创投一直是该公司最大的投资者。阿克塞尔的合伙人安德鲁·布拉恰后来就此做了一句话总结，他说：团队才是他投资这家公司的根本原因。

阿克塞尔之所以对创始人有信心，是因为他知道微瑕并不是巴特菲尔德的第一次创业。他已经在之前的游戏创业中有过转型经验。而且说起来也很讽刺，他之前那款从未跨过原型阶段的游戏名叫"永不结束的游戏"。巴特菲尔德后来改变方向，开发了一款名叫"花火"（Flickr）的在线相册，2005 年，他以约 2500 万美元的价格将其出售给雅虎。

布拉恰对创始人的押注，霍洛维茨即使认为新方向很糟糕但仍予以支持，阿里的超级创始人哲学……这些现象都体现了风投式思维的另一条原则：投资不仅要看项目，更要看人。

几乎所有最终成功的公司在早期阶段都会经历挫折和转型。微瑕的故事就是这一规则的体现。2005年情人节，在硅谷中心门洛帕克的一个小车库里，查德·赫尔利创立了一家约会网站，并为其注册了商标、标识以及域名。尽管该约会网站最终惨遭失败，但用户却开始上传各种五花八门的视频。YouTube（油管）视频网站就这样诞生了。[18]

波本（我们在第2章中提到过）App（应用程序）的最初构想是，用户可以用这款软件进行位置签到，可以在上面与朋友共同制订未来计划，甚至还可以用它来组织线下聚会并赚取积分。后来波本失败了，团队被迫转型。整个过程相当坎坷，在辛苦数月后，他们几乎放弃了整个应用。这就是Instagram的诞生过程。[19]

2005年创立的Odeo本打算发展成为一个播客平台。但正如它的领投方、查尔斯河创投（Charles River Ventures）的投资人乔治·扎卡里的趣言，没想到"狗屎打到了电风扇——惹祸上身"。这是因为在Odeo推出后不久，苹果的iTunes宣布进军播客领域，而这彻底摧毁了公司原有的乐观情绪。经过无数次头脑风暴和会议，联合创始人之一埃文·威廉姆斯提议从投资者手中回购公司股份，将剩余的资金返还给他们，然后从头再来。但其中一位名叫麦克·梅普尔斯的投资人拒绝了这一提议。当威廉姆斯执意如此时，梅普尔斯说："我可以收回资金，但有一个条件：你要允许我投资你的下一个项目。"为什么梅普尔斯如此坚持？"你应该愿意并且能够将企业的失败与创始人分开，"梅普尔斯告诉我们，"而且我觉得这次失败更多是外部环境所致，而不是威廉姆斯的问题。"推特就是这样诞生的。[20]

传统组织将流程置于人之上：它们通常投资的不是人，而是公司、项目和商业计划。在大型企业的总部，人的价值往往被各种财务数字和项目演示所掩盖。一旦出现明显的失败，他们就很难再对这些人给予充分信任。如果出现这种情况，你会怎么做？你会拿回你的钱（或者剩下的钱）然后一走了之吗？你会愿意花更多时间研究商业提案细节或与创始团队互动吗？

当然，风投并不是无条件地信任创始人。他们会全力找出公司失败或需要转型的原因。如果他们确定失败不是由创始人造成的，他们就会毫不犹豫地继续押注创始人。

赛马和捕捉独角兽有什么共同之处？

你见过金融学教授满怀激情地投注赛马，并试图找出哪匹马是赢家吗？伊利亚曾经去过新加坡的赛马场，在那里，激烈的氛围与极度的炎热潮湿让人汗流浃背，但他关心的是，为什么当比赛结果出炉时，大屏幕上首先显示的是马的名字，而不是骑师的名字。在肯塔基德比赛马会、香港跑马地赛马会以及英国阿斯科特赛马会上，马的名字同样也是排在骑士的前面。伊利亚感到很困惑。难道骑师的重要性不如赛马？虽然在新加坡输了大约 100 美元，而且从那以后再也没有尝试赌马，但伊利亚收获了更有价值的东西。

早在 1950 年代，传奇四分卫、新闻记者吉米·杰梅尔在《体育画报》杂志上开设了一个名为"吉米·杰梅尔热话"的专栏。[21] 该专栏会向读者提出一些具有争议性的问题，比如，"在你家里，什么运动最能引起争吵？"1956 年 10 月 8 日，该专栏提出了一个问题："骑师对赛马有多重要？"信件从全国各地纷至沓来。专业人士和赛马爱好者都分享了他们的观点。驯马师、评磅员、马厩主人、股票经纪人和制造商都表达了他们的观点。令人惊讶的是，众人的分歧很大。关于骑师的重要性，意见从 5% 到 75% 不等。有些人认为"骑师决定了比赛结果"，而另一些人则认为"骑师无关紧要"。

来自赛马爱好者的最新证据表明，平均而言，一匹马的表现中，大约有 10% 要归因于骑师。[22] 杰里·贝利是一位名人堂骑师，在 30 年的职业生涯中共赢得了近 3 亿美元的奖金，后来成为 ESPN（娱乐与体育节目电视网）的赛马分析师。关于骑师和赛马的关系，他这样总结道："一名出色的骑师不可能让一匹慢马获胜，但一个糟糕的骑师可以让一匹优秀的马输掉比赛。"[23] 莱恩·拉戈辛的赛马表是每个赛马爱好者的必读之物，这份数据表会对每匹马进行详尽细致的分析，包括马的速度、与内栏的距离和负重等因素。在拉戈辛的分析中，骑师只起到了辅助作用，且被列为不利因素之一。比尔·本特的算法帮助他在香港赛马中赢得了近 10 亿美元的奖金，该算法会依据 120 个因素去追踪马匹的表现，而且在本特眼中，这些因素的重要性远超骑师。[24] 总而言之，伊利亚得出结论，在赛马方面，马显然比骑师更重要。但在风投式思维中呢，情况也同样如此吗？

"马"和"骑师"是风险投资人在试图区分成功和失败时经常使用的术语。"骑师"涵盖了与创始人及其管理团队品质有关的所有因素，"马"则包含所有与业务相关的因素，如产品、业务模式和市场规模。2016 年，伊利亚和他的同事们深入研究了风险投资人的决策模式。[25] 我们首先询问了数百位风险投资人，在选择初创公司时，他们真正看重的是什么。95% 的投资人（即每 20 位投资人中的 19 位）认为，管理团队是一个非常重要的因素。许多与"马"相关的因素也被认为很重要。然后我们进一步询问投资人最重要或者说决定成败的最关键因素是什么。

在超过 1000 位接受调查的风投中，有 47%，也就是近乎一半的人表示，团队是他们最看重的因素（见图 8）。初创企业越是处于早期，其管理团队就越重要。但即使初创企业处于创业后期，投资人也会把团队置于其他所有因素之上。所有"马"的因素加在一起，也没有"骑师"重要。无论我们如何对风投进行划分，"骑师"因素都是最重要的。[26] 商业模式、产品，甚至是市场规模，都不如人的作用重要。

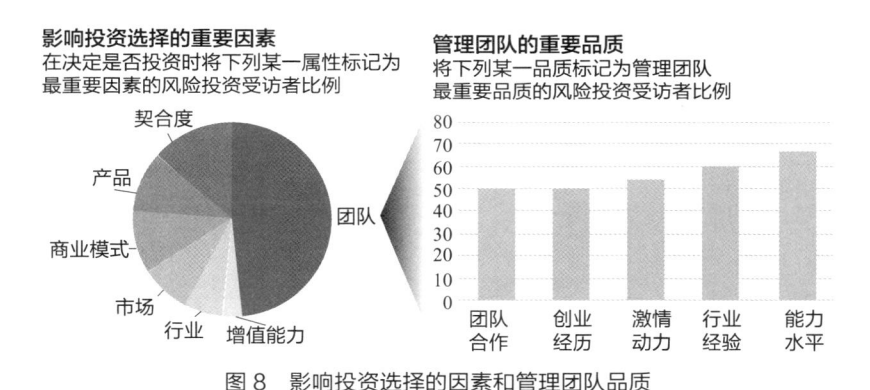

影响投资选择的重要因素
在决定是否投资时将下列某一属性标记为最重要因素的风险投资受访者比例

管理团队的重要品质
将下列某一品质标记为管理团队最重要品质的风险投资受访者比例

图 8　影响投资选择的因素和管理团队品质

注：Source of the data is "How Do Venture Capitalists Make Decisions？" by Paul Gompers, Will Gornall, Steven N. Kaplan and Iva A Strebulaev (2020)。

为什么风险投资与赌马如此不同？因为风投明白，点子满天飞，执行力才是决定成败的关键。想把美好理念变成现实的团队不计其数，但只有少数团队能够最终把事情做成。特别是对于刚起步的初创公司来说，如果没有一位优秀的骑师，这匹马根本就无法驾驭。乔治·多里奥特将军于 1946 年创办的美国研究与开发公司是全世界最早的风险投资机构之一，这位风投界的先驱曾经简明扼要地总结

第 5 章　押注骑师，而不是马匹　　129

道："要始终考虑投资有着二流创意的一流人才，但永远不要投资有着一流创意的二流人才。"[27]

格雷洛克合伙公司（Greylock Partners）的创始人之一亨利·麦坎斯也表达了类似的观点，他说："这是马拉松，不是冲刺跑；游戏规则可能会发生改变，你的公司也需要适时做出调整。如果你有一个一流的管理团队，他们将能够应对这些挑战，但如果你的管理团队很糟糕，那么无论最初的产品创意有多好，他们都无法成功将其完成。"[28]

我们更深入地研究了"马和骑师"的问题。从另一个角度出发，我们请风险投资人回顾了他们投资漏斗的另一端，并让他们对导致其投资成功和失败的因素进行排名。结果再次表明，团队是最重要的因素。选对骑师是成功的最关键因素，选错骑师则是导致失败的最关键因素。

现在我们可以明白为什么风投式思维会如此痴迷于创始人及其经验、激情和技能了。如果 Slack 的投资人没有风投式思维，那么故事的结局可能会完全不同。传统的思维方式会认为，除非是脑子有问题，否则你绝不应该继续把时间和金钱浪费在那些业已失败的项目团队上，更不应该支持他们去搞一个和初始项目完全不同的新东西。在传统的路径中，你首先要确定想法和战略，然后再去寻找合适的团队并分派任务。在大公司中，项目和业务计划首先需要得到批准，同时还要获得副总裁的大力支持。只有先把这些问题解决了，具体负责的高管才会开始组建开发团队，重新分配公司内部的角色，或者从外部招聘新人。然后他们还会"监督"项目的进行（实际上只投入了很少时间）。这种设计与风投式思维是相反的，风投式思维是从项目负责人或创始人开始，然后反过来制订商业计划。

组织应该设计出有效的流程，促进内部优秀初创项目的成长和发展。它们也能够做到这一点。

创建你自己的赛道

"驯鹿计划"的名字取自卡通漫画《呆伯特》。起初，整个产品看上去就像是在过家家。项目原型是由一个人在一天内完成的。随后团队规模"急剧扩大"至……两个人。直至正式发布前，团队才增加到十几个人。整个扩员过程中没有任何图表规划或任务分配。当潜在用户看到产品团队的承诺时，他们觉得这完全是在开玩笑。比市场上其他同类产品好一百倍，而且还完全免费？任何心智正常的人都不会把这事儿当真。你们什么时候公布这个名叫"驯鹿"的笑话？当然是在愚人节。对于这样的产品，还有比愚人节更好的日期吗？

于是在 2004 年 4 月 1 日，驯鹿项目如约而至。这个项目还有一个更广为人知的名字——Gmail。

对今天的许多人来说，Gmail 就等于电子邮件。Gmail 的故事特别具有启发性。[29] 和 YouTube 或 Nest（谷歌旗下专注于智能家居的品牌）不同，Gmail 不是谷歌收购的项目，它是谷歌在内部构思和搭建的。这个如今拥有近 20 亿用户的产品，最早出自一名工程师之手。此人名叫保罗·布赫海特，于 1999 年加入谷歌，是该公司的第 23 名员工。

Gmail 是一家企业内部的创业项目。在众人眼中，保罗·布赫海特是一位才华横溢的骑师，富有干劲、创意十足、满腔热忱且坚韧不拔。Gmail 在他自己办公桌旁的一台服务器上运行。他收集了第一批用户，也就是其他谷歌工程师的反馈和请求。他们和几位协助他的工程师共同构成了一个初具规模的创业团队。

Gmail 取得了令人瞩目的成功，人们也很自然地将它的发展故事与 Slack 等其他初创公司的成功故事相提并论。但如果这样做，你就会错过重点，因为 Gmail 是在一家大公司内部开发的项目。初创企业的创始人及其团队都缺乏资源和经验，他们需要和风险投资人合作，他们需要能够奔驰的赛道。公司内部那些具有创业精神的人也需要类似的赛道。只要深入观察你就会发现，虽然相对于核心搜索业务，Gmail 只是谷歌的一个边缘产品，但这个产品的成功充分展现了谷歌领导者在设计赛道方面的能力。

初创公司可以将所有的精力、努力和资源都集中在一个想法上，但是大公司不能这么做。大公司内部的任何创业项目都不可避免地会争夺资源和注意力，并且不在公司领导者的日常关注事项之列。因此，像 Gmail 这类项目到底是具有可行性还是会注定失败，在很大程度上都是由企业为此类项目设计的内部创新流程决定的。布赫海特在 Gmail 取得成功后的一些现身说法就很好地证明了这一点。他在 2007 年的一次采访中说，老板"问我是否想开发某种类型的电子邮件或个性化产品。这是一个相当模糊的项目章程。他们只是说，'我们认为这是一个有趣的领域'。……他们说得非常笼统——仿佛只是在说，'是的，我们认为这里有一些有趣的事情可以做'，但他们并没有跟我说这个产品应该具备哪些功能。大家真的不清楚这个产品到底应该是个什么样子"。几年后，离开了谷歌的布赫海特说得更加直截了当："这是一项官方指派的任务，就是让我做个电子邮件类的东西。"

随着我们深入研究一个又一个成功的内部创业故事，相似之处开始逐步显现。领导者会仔细聆听团队成员提出的想法，鼓励他们多多尝试，并选择那些最有潜力的想法进行开发。这些指示通常都非常含糊。尽管上层没有提供明确的方向，团队在最初阶段也可以在不受太多限制的情况下自由探索，但领导者会全力提供支持。他们还会监督项目的进展，观察其是否实现了预期目标或达到了某些里程碑，并决定何时中止那些失败的项目。布赫海特承认，他在谷歌提出的许多想法最终都没有成功，但这并不意外，因为很多内部创业项目的风险非常高。

领导人还需要决定应该全程支持哪些项目。Gmail 获得如此巨大成功的原因之一就是谷歌十分慷慨地提供了存储空间。每个电子邮件地址都可以免费获得 1GB（吉字节）的空间，这在当时远远超出所有人的预期。人们不再需要删除旧邮件，也不再需要担心超大的附件。有了 Gmail 免费提供的 1GB 容量，电子邮件空间受限的历史就此终结。当然，在 2004 年，这可是一个代价极其高昂的决定，而且做出这一决定的并不是布赫海特，而是押注于 Gmail 这匹赛马的谷歌管理层。

Gmail 并不是谷歌唯一的内部创业成果。谷歌新闻、谷歌聊天和谷歌学术都是始于谷歌内部的小型独立项目，并在后续发展成为规模化的业务。[30] 它们不是由管理链上的某个集权部门设计和启动的，也不是高层领导或董事会详细规划和考虑的结果。这一切的发生都要归功于谷歌内部盛行的风投式思维，正是这种思维让几大关键因素的融合成为可能。谷歌既拥有才华横溢、积极性很高的员工，又拥有一套鼓励内部创业项目发展并愿意承受失败的流程。像其他大公司一样，谷歌有能力让多匹赛马同时参赛。它的高管们意识到，在企业环境中，仅有优秀的骑师和良马是不够的，你还需要通过建立赛道来支持他们。谷歌所做的事情，就是设计了一条赛道，以方便骑师和马匹能够高效地进行比赛（尽管一开始时还比较随意）。骑师可以中途换马，许多马没有到达终点，但也有一些马因为得到助力而跑得飞快。谷歌其实是建立了一座内部创业工坊。

"内部创业"（intrapreneurship）的前缀"intra-"意为"内部"，"entrepreneurship"则表示"创业"。这个词是 1978 年才出现的。几年后，《经济学人》在一篇专题文章中使用了这个新创造的合成词。但直到 1985 年史蒂夫·乔布斯在接受《新闻周刊》采访时使用了该词之后，它才开始风靡大众媒体。乔布斯当时说，麦金塔电脑就是由一群内部创业者打造的。而所谓内部创业者，就是一群"身在大公司，心在小车库"的人。[31]

内部创业不仅仅适用于科技公司，而应成为所有企业的实践。内部创业也需要风投式思维。科技公司创始人深受风险投资人的耳濡目染，因此相比其他公司的高管，他们会更容易掌握这种思维方式。但其实任何一家公司都可以为内部创业设计出一条赛道，有些设计甚至可以成功地把马变成汽车，把一条赛马跑道变成一条 F1 赛道！

让我们看一个麦当劳开心乐园餐的例子。[32] 著名的开心乐园餐起源于一位麦当劳的内部创业者在距离总部数千英里之外搞的一场小实验。1974 年，约兰达·费尔南德斯成为麦当劳在危地马拉的第一个特许经营商。她发现巨无霸汉堡个头太大了，小孩子根本吃不完。眼看着食物白白浪费，父母们还要花冤枉钱，费尔南德斯突发奇想，设计出了一个包含着更小汉堡、更少薯条、一小杯汽水和一小杯冰激凌的儿童套餐。不仅如此，为了让吃饭变得更有乐趣，她还在当地市场上买了玩具，随餐赠送给儿童。开心乐园餐受到了危地马拉儿童及其父母的热烈欢迎。

整个实验都没有得到麦当劳芝加哥总部的批准。换作是其他公司，这个伟大的创意可能根本走不出危地马拉。但麦当劳却经常把遍布世界的特许经营商聚在一起，就各种创意和实验成果进行展示和分享。如果运作得当，这些经营商大会就会变成企业内部的赛马场。在麦当劳的高管们看到费尔南德斯的创新之后，他们把更多的资源押在了这匹马身上。两年后，开心乐园餐开始在全球范围内推广。

打造内部创业文化不是一件易事，但是我们可以从风投式思维中的一些原则开始入手。内部创业项目往往都是由一些颇具进取精神的精益团队主导，他们虽然不需要上层的监督，但需要得到上层的默认和宏观上的指导。内部创业要模仿初创公司的设置，增强对内部人才的吸引力，而不是用各种错误政策将潜在的创新者赶跑。

然而，超越流程并不意味着完全不需要流程。混乱不一定转化为创新，反而很容易破坏创新。内部创业文化的设计应该有助于减少内部官僚主义，同时有利于保持团队的精干、独立、灵活，并且避免受到办公室政治的影响。内部创业者活力四射，斗志满满。他们的成功取决于他们为特定客户解决特定痛点的能力（通常是在小规模环境下）。然而，仅仅做到这些并不能保证成功，因为好的项目一定要得到公司高层的大力推广。

要想让内部创业获得成功，你就不能光给他们一个名号。相反，你需要让整个组织像风投支持初创公司一样支持内部创业者。为了获得成功，你需要为你的骑师设计赛道。在企业环境中，赛道建设应该从清晰的融资机制、简单的规则、护栏和里程碑入手。

奈斯派索咖啡，开心乐园餐，Gmail，生活中处处可见由内部创业者打造的优秀产品。优秀的内部创业者总是充满了创新激情，很多人都会持续创业。约兰达并没有止步于开心乐园餐，她还想出了在麦当劳举办生日派对的主意。布赫海特并没有止步于Gmail，他还开发了谷歌广告联盟（AdSense）的原型，这是一个在其他网站上投放广告的程序。[33]

创新人才流失则可能导致未来出现问题。Bodexpress 是 2019 年美国普瑞克尼斯赛马锦标赛的一匹赛马，它在出发时把骑手甩了出去，然后自己跑进了赛道。这匹马被取消了比赛资格。[34] 商业世界更为残酷（没有了骑师的马根本跑不出应有的速度），但反馈循环也需要更长的时间。所以请记住，一定要培养你自己的骑师，要为他们设计和建造赛道，还要帮助他们跑出最快的速度。

做突破常规的创新多面手

你无法管理创新，只能引领创新。传统组织拥有大量管理人才，但它们往往缺乏那种能够从零开始并根据需要调整方向的构建者和创造者。然而，大型组织可以为创新者提供任何初创公司都无法提供的资源。它们可以解锁非凡的即时扩张能力，让想法变成现实。对比一下大型银行和小型金融科技公司，或者大型医疗保健公司和生物科技初创公司，你就能明白这个道理。

结合我们对风投式思维的理解，我们可以清楚地发现，风险投资人会根据如下三项原则来评估初创企业的管理团队。

魅力和性格至关重要

知名投资人梅普尔斯投资过许多独角兽公司，在谈到创始人的创业激情这个话题时，他的眼睛亮了起来："他们极度专注，他们疯狂地追求最终目标，他们迫切地想要解决人们的痛点。"为了更形象地展现自己的理念，梅普尔斯在他 Zoom 的会议室背景墙上挂了一块写着"践行无畏乐观主义"的牌匾，这块牌匾是他支持的一位创始人送给他的。推特、推趣、三叶草健康医疗公司（Clover Health）、Okta（一家专注于身份和访问管理的云安全公司）和Chegg（一家教育技术公司）等都是梅普尔斯非常成功的投资案例，也都充分体现了他对有人格魅力的创始人的偏爱。

a16z的亚历克斯·兰佩尔也极度重视创始人的人格魅力问题。在对创始人进行尽职调查时，他会首先关注创始人会邀请哪些人参加会议，以及有哪些人加入了团队。如果一家初创公司的创始人能够在没有客户、资金以及成熟产品的情况下，成功地让一些优秀的人放下一切追随他，兰佩尔就会立刻对这个公司产生兴趣。

伊利亚总能记住那些有魅力的学生。其中一位是最近刚毕业的勒内·卡西。勒内是一名来自蒙特利尔的颌面外科医生，他来到斯坦福大学学习了一年的商业课程，并沉浸在富有感染力的创业氛围中。在勒内描述他建立个性化实时健康监测平台的想法时，每个听他讲话的人都会感到兴奋，都会产生一种"想要和这个家伙一起工作"的冲动。为了能够帮助勒内搭建这个名叫Medeloop的医疗平台，一位顶尖的计算机专业学生甚至主动放弃了学业。在平台尚未完全建成时，很多顶尖医院就和勒内的公司确立了合作关系。和勒内交谈过的每一位专家都想成为他的顾问。你很难用语言去描述他身上的这种魅力，但却处处能够感受到它。当你评估创始人时，一个关键的成功因素就是看他们是否能激励他人并吸引到最优秀的人才。

你可以穿上巴塔哥尼亚马甲或连帽衫，让自己看起来像个技术领导者，但经验丰富的风险投资人会更加关注隐秘的细节。斯凯尔创投（Scale Venture Partners）的联合创始人凯特·米切尔会用如下技巧来评估创始人的性格和领导能力。当创业者前往风险投资公司推介自己时，他们会进入一种销售模式。他们会表现得乐观、友好、自信，但又始终对风投保持尊敬。会谈结束后，米切尔会询问前台，以了解创始人在大厅等候时对接待人员的态度：他们是礼貌的还是傲慢的、友好的还是轻蔑的？正如米切尔在斯坦福大学的课堂上所说："如果我发现他们很粗鲁，我就不会投资。创始人必须充分发掘身边每个人的最大潜力。如果他们不尊重接待员，他们就很难带领小团队取得伟大的成功。"

品格也很重要。你不太可能从他们的简历中了解到创新领导者的品格。这就是为什么黑客马拉松、竞赛和聚会不仅能带来创意，还能帮你发现人才。品格和魅力都是很难模仿和伪装的。因此，在创新方面，打破思维定式是很有必要的。与其先有想法然后找一帮管理者来监督这些想法的实施，不如先确定领导者，然后让他们全力创新，组建团队并创造组织的未来。

找到既敢于突破又能适应环境的人

伊利亚的学生徐迅在创立外卖平台 DoorDash 的时候，并没有物流、优化或食品配送方面的经验。[35] 布莱恩·切斯基和乔·杰比亚在大学学习工业设计（切斯基还学过美术），后来共同创立了爱彼迎，他们也没有酒店或旅游行业的从业经验。[36] Flatiron Health 是一家致力于改善癌症治疗的公司，其创始人来自谷歌和科技行业，但这并没有阻止他们建立一家成功的医药公司，后来该公司被制药巨头罗氏收购。[37] 许多创始人都缺乏行业经验，但风险投资人仍然会热情地支持他们。对于渐进式创新而言，对行业的深入了解乃是成功的关键；然而对于颠覆性创新来说，这些知识往往可能成为阻碍。

风投通常会寻找那些在其他方面脱颖而出的人。徐迅和他的联合创始人基于在斯坦福商学院的小团队开展了送餐服务的实验,他们的灵活性、对细节的关注以及创造优质简单可行产品的能力给投资人留下了深刻的印象。在看到乔·杰比亚拿出他们在民主党大会上以每盒 40 美元出售的奥巴马麦片后,投资人保罗·格雷厄姆同意投资爱彼迎。格雷厄姆认为,如果这两个人能说服人们以 40 美元一盒的价格购买麦片,他们也能说服人们睡在别人家里。[38] 伊利亚的另一个学生梅塞德斯·本特现在是顶级风险投资公司光速资本的一位投资合伙人。她用一个令人难忘的词语描述了她想要在创始人身上看到的特质:学习速度。"成功的初创公司会呈指数级增长,"她解释道,"只有具备快速学习能力的创始人才能跟上这种速度。"

风投们寻找的并不是叛逆者,而是那种全面发展、既敢于突破又能适应环境的人。梅普尔斯说得很清楚:"初创公司的创始人都是模式的破坏者,而风投式思维就是打破传统模式,而不是延续现有模式。"梅普尔斯甚至就这个话题写了一本书(书名暂定为《模式破坏者》)。

与此相反,在传统企业中,如果缺乏某些特定行业或职能的经验,你可能根本进不了这家公司的门,更别说领导新创业项目了。然而,要形成彩虹,雨水和阳光缺一不可。雇用那些不符合标准的新员工,比如来自不同行业的高管,可能是重振一家成熟公司的关键。

油气行业与乐高积木有什么共同之处?丹麦化石燃料公司丹能集团 85% 的收入来自煤炭,是一个成熟保守行业中的典型成熟企业。面对化石燃料价格下跌和标准普尔下调公司信用评级等严峻挑战,2012 年,该公司董事会聘请亨里克·保尔森担任首席执行官。保尔森曾在乐高的全球创新和营销等部门担任过重要职位,但并没有任何石油和天然气行业的工作经验。在他的领导下,丹能集团更名为沃旭能源，并逐步成长为世界上最大的海上风能生产商。截至2019年，该公司85%的收入都来自可再生能源。到2020年保尔森任期结束时，沃旭能源的市值已经翻了一番还要多，公司股东也因此获得了丰厚回报。[39]

保尔森的例子与阿布·贾拉尔和亚历山德罗斯·普雷扎斯的研究结果非常契合。[40]这两位学者研究了从外部招聘首席执行官对500多家公司长期业绩的影响。研究表明，在外部首席执行官任职五年后，公司会拥有更高的股票回报率、盈利能力以及增长潜力。

如果你的人力资源部门总是忽视没有相关经验的候选人，那就很可能会导致候选人缺乏多样性和公司内部缺乏创新等问题。耶鲁大学的特里斯坦·博特略和梅洛迪·张向一个真实招聘的软件工程岗位投递了2000多份虚构简历。[41]这些简历在教育、兴趣和技能方面完全一致。唯一的区别在于申请人是否有创业经验。耐人寻味的是，由于非创始人看起来拥有更标准化的背景，因此公司要求面试创始人的次数还不到非创始人的一半。如果这还不是对企业提出的警告信号，那我们不知道还有什么能起到警示作用。

如果候选人的外表、说话方式和工作组织方式成为组织发展壮大的障碍，那么是时候重新思考你们的企业文化了。为了让新事物出现，就必须有新的工作方式。

押注于团队，而非个人

创业是一项团队运动。为了取得成功，创始团队必须建立一流的员工队伍，然后迅速从个人表演扩展为组织化战斗。有一句谚语说得好：独行快，众行远。

美瑞泰科资本的联合创始人保罗·马德拉会仔细观察初创公司

联合创始人在进行项目推介时的状态,并留意是谁在说话以及其他人的反应。在马德拉看来,如果只有一个人在那里滔滔不绝,其他人却在旁边闷闷不乐,这就是一个不祥之兆。当发现创始人之间的关系存在问题时,他经常会拒绝投资。

马德拉绝不是个例。YC 是许多创始人梦寐以求加入的顶级孵化器,他们只倾向于接纳联合创业公司,因为多位创始人之间会进行相互制衡和技能互补。如果没有卡尔·亨德森,Slack 还会如此成功吗?Slack 联合创始人的相遇非常符合硅谷范式[42]:亨德森入侵了巴特菲尔德第一家游戏公司的电子邮件服务器,不久之后他就被该公司录用。随后,亨德森和巴特菲尔德一起推出了花火,再后来是 Slack。[43] 凭借共同的愿景和互补的技能,他们将 Slack 从一个只有 8 人的小项目发展成为一个拥有数千名成员的大公司。巴特菲尔德热爱设计,富有创意;亨德森则是一位编写代码的高手。

很多传统组织都会把改变的希望寄托在某个来自大型科技企业的孤胆英雄身上。然而单打独斗往往行不通,你需要的是一个团队。要想开启创新之路,你就要引入更多具有全新思维的人。没错,创新就是一项团队运动。

骑驴赢不了赛马

"把一切都押在创始人身上,忽略其他。"这听起来像是某位金融教授和企业创新顾问写出来骗流量的。是的,现实并非如此泾渭分明。因为除了创始人,大多数风投还会考虑市场规模、商业模式和产品等因素。在决定是否投资时,大多数风投公司都会至少考虑上述三大因素中的一项。

让我们从市场规模开始说起。基准资本和财富前线(一家专注于自动化理财投资的金融科技企业)的联合创始人安迪·雷切尔夫提出了一项深刻洞察:"当一个伟大的团队遇到一个没有前景的市场时,团队会输,市场会赢。当一个糟糕的团队遇到一个有前景的市场时,团队依然会输,市场依然会赢。然而,当一个伟大的团队遇到一个有前景的市场时,一些特别的事情就会发生。"[44]市场规模非常重要。如果市场即使在最乐观的情况下都不够大,风险投资人就不会投资。就在本书写作过程中,SpaceX 和其他太空初创公司正在寻求数十亿美元的融资,因为投资者相信,如果这些想法能获得成功,整个市场终将变得异常巨大。同样的道理也适用于那些基于规律成簇的间隔短回文重复(CRISPR)技术和长寿愿景开发产品的生物技术初创公司。潜在的市场规模是如此巨大,即使是一个小众的想法也可能成就数十亿美元的生意。

接下来谈一下第二个要考虑的因素:商业模式。"我一直在考虑价值创造和价值变现的问题。"文洛克创投的合伙人卡米·塞缪尔斯在她的办公室里一边吃着波奇饭(Poke Bowl)一边跟我们解释道。卡米描述了生物技术初创公司在推广一种新药时所面临的所有挑战。对于一些生命科学产品来说,最大的障碍之一是如何接触到初级保健医生,并说服他们为患者开出一种创新的治疗方案。创业团队可能会创造价值,但仍然可能没办法将价值变现。在评估初创公司时,塞缪尔斯和其他生物技术投资者会非常关注他们的价值变现能力。

a16z 的金融科技投资人亚历克斯·兰佩尔也赞同她的观点:"任何初创企业和现有企业之间的斗争,归根结底是初创企业能否在现有企业实现创新之前,给自己的产品找到销路。"在塞缪尔斯看来,压倒性的分销优势实际上使大型制药公司成为所在行业的垄断者。这不仅让它们在与小型初创企业谈判时占尽了优势,同时也让这些生物技术初创企业的发展壮大变得异常艰难。这就是为什么在实验室中的卓越表现(价值创造)无法轻易转化为高收入和高利润(价值变现)。即使是超级骑师也无法让驴子越过一条护城河。

简而言之,对一家初创公司来说,创始人是迈向成功的必要但非充分条件。此外,随着公司的日渐成熟,成功所需的因素也会逐渐改变。随着公司的发展壮大,最初的管理团队也需要依据公司需求的变化而做出调整。打造产品原型和将团队从 3 人扩大到 20 人所需的技能,与将销售规模扩大到数千名客户和管理数百名员工所需的技能是完全不同的。一些创始人会与公司共同进步,但也有很多人做不到这一点。这就是投资者经常会在某个阶段坚决要求更换领导团队的原因之一。

芝加哥大学的史蒂文·卡普兰和他的同事伯克·森索伊以及佩尔·斯特隆伯格对这一问题进行了深入研究。[45] 他们以 50 家成功获得风投支持的公司为样本,分析了这些公司从早期商业规划到最终上市这一过程中的特征演变。他们的研究之所以特别富有见地,是因为他们能够接触到这些公司在不同生命周期的商业计划。他们发现初创公司管理层的流动率很高,在最终上市时,仅有不到 3/4 的首席执行官在公司成立之初就担任这一职务。在上市时排名前四的公司高管中,只有约一半的人在早期阶段也是高管。随着公司的发展,马和骑师之间的平衡会被打破,并逐步向马的一边倾斜。随着业务规模的扩大,公司对管理团队的依赖逐渐降低,业务则成为企业能否成功的更具决定性的因素。

随着组织的成长和成熟,它们会通过制定流畅可预测的流程、完善的规范和清晰的官僚制度来强化自身。这就导致了一种传统思维模式的出现,即认为在重要性方面,马的地位要远远高于骑手。亨利·福特的曾孙、福特汽车公司前首席执行官兼董事长威廉·克莱·福特曾说:"没有人是不可替代的,甚至包括我。"现代商业领袖大多都认同福特的这一观点。在正常环境下,管理者和决策者的角色是维持现状,遵循既定的规则和框架,并偶尔做出一些微调。这些过程大都是常规操作,也就是所谓的 SOP(标准作业程序),而且会被详细地记录在案。之后,企业就会成为一部由训练有素的员工维系的高效运转机器。

请想一想你自己的日常决策,比如叫一辆优步车或是去附近的咖啡店。你并不会太在意提供服务者的名字和素质。你可能会因为他们的服务差异而改变小费金额,但这些几乎都是机械化的决策。同样,在组织中,当个人角色被常规和标准化的决策和任务所主导时,优化流程就要比依靠员工自行解决问题更有效率。麦当劳通过引入、遵循并不断调整标准,彻底改变了整个快餐行业。如今,麦当劳只需 112 秒就能烹制并准备好一个汉堡,其中在烤架上的时间甚至被精确到了 42 秒。[46] 再以丰田为例。"精益管理"是该公司生产体系中的一项基本原则,丰田的传奇品质正是精益管理所带来的一项直接结果。[47] 再想想亚马逊极其详尽的 SOP,正是这些程序使该公司能够在节假日雇用 15 万名临时工,无缝应对高峰期的密集订单。[48]

人在组织良好的流程中只是一颗小螺丝钉的观念,是随着 19 世纪大规模制造业的兴起而发展起来的。弗雷德里克·泰勒是科学管理的奠基人之一。[49] 他在伯利恒钢铁公司工作时,计算出每个工人平均每天能处理约 12.5 吨生铁。为了提高工人的产出,泰勒尝试了很多种组织生产的方法,其中的一个突破性发现是,当他为了激励员工而承诺提供更高的报酬之后，员工的工作量增加到了 47 吨。生产率几乎提高了 3 倍，而工资只增加了 60%，这让泰勒和他的老板们都深感惊讶。泰勒后来出版的那本关于如何在制造业中优化人力产出的书，被誉为 20 世纪最有影响力的管理学著作。尽管泰勒的原则与工人相关，但依据他的理论，个体工人的作用几乎可以忽略不计。在传统的企业环境中，工人很容易被替代、调换以及去个性化（他们自己也非常清楚这一点），起决定作用的是流程。但问题在于，泰勒那些关于生产效率的发现，已无法适用于如今更具创新性的经济部门以及更加不确定的环境。

泰勒的方法非常适用于渐进式创新，例如传统的企业研发流程。但是，制作一档新的娱乐节目，构建一个新的人工智能算法，或者提出一个全新的技术理念，与有效率地处理生铁或操作传送带完全不是一回事。尽管泰勒的观点在许多条件下仍有助于企业获利，但颠覆性创新需要的是一种截然不同的方法。在颠覆性创新环境中，人并不会被视为螺丝钉和齿轮，因为在不确定的环境中，他们的行为虽然难以被客观地验证和衡量，却能在很大程度上决定最终的结果。

挑战在于，在大多数组织中，常规项目总是占据多数，这就使得那些应对常规项目的思维模式也被扩展到了那些本应让骑师发挥主导作用的项目之中。一旦对此习以为常，你就很难识别出新机会。这就是为什么采用"骑师优先"模式的公司开始在全世界的"硅谷"如雨后春笋般涌现。传统公司应该保持警惕。传统公司中通常存在着许多优秀的想法、项目和发明，但相对而言，只有少数人能够很好地执行这些想法。提出想法相对容易，困难的是执行。我们来看一个现在感觉已经很遥远的例子——DVD（数字多功能光盘）播放机时代。在 2000 年代末期，许多人都正确预测到 DVD 格式即将消亡。[50] 但该领域的一些领先企业却未能及时做出反应，结果它们一个接一个地倒闭，比如 Movie Gallery 公司，这家公司在巅峰时期拥有超过 4700 家 DVD 租赁店。拥有 41500 个 DVD 自动租赁机的红盒子公司（Redbox）也曾试图进军流媒体行业，但由于行动迟缓，三心二意，终未取得成功。在所有这些老牌企业中，只有一家公司正面应对了这一生存威胁，而它能够做到这一点的原因之一，就是它没有遵守泰勒的原则。事实上，它不仅活了下来，而且还实现了跨越式发展。猜猜这是哪家企业？

网飞是一个成功实现自我重塑的罕见案例。[51] 它实现了从一家成功的 DVD 邮寄租赁公司到一家成功的在线流媒体公司的巨大飞跃。而且，它并未止步于此。网飞继续向好莱坞发起挑战，并成为节目创作领域的领导者。其实网飞的成功并非偶然，因为它也是一家由风投支持，并且始终保持着风投式思维的公司。"人重于流程"，这是网飞始终遵循的一条特别重要的原则。网飞对员工的信任程度非常高。休假时间？无限。公司的费用政策？只须考虑"为公司的最大利益行事"。长时间加班？不会给你加薪的。重要的是要有顶尖的表现，而不是投入多少时间。网飞创始人里德·哈斯廷斯在其所著的《不拘一格》中，对其核心思想做出了如下描述："如果你让流程变得傻瓜化，你就只能吸引傻瓜来工作。这就是为什么我们强烈反对那种做法，而提倡要专注于给人们极大的自由。他们当然会犯错误，但你也会得到很多好的想法。"[52] 这种对员工和制作人的信任带来了非凡的成果。《纸牌屋》甫一推出便成了网飞平台上观看次数最多的节目，而这部剧集能得以制作，完全是因为导演获得了好莱坞其他竞争对手都无法提供的巨大自由。首席执行官只用了 30 分钟就批准了该节目的制作。

如果网飞没有及时明智地押注在线流媒体这个新市场，它还会如此成功吗？我们对此表示怀疑。订阅业务模式对其成功是否起了关键作用？绝对。如果技术故障老是困扰用户，那人们还会愿意使用网飞吗？废话，显然不行。因此，市场、商业模式和产品都很重要。但是创意并不是神秘的存在。创意来自人的构想，并且需要那些充满激情的人将其变成现实。"人重于流程"是风投界的箴言。网飞下注的重点显然是人才以及他们的发明和创造能力。哈斯廷斯和他的团队在他们的创新行业中找到了马和骑师之间的平衡，正如他在墨西哥城的一次活动中所说："马本是好的，但后来我们有了汽车。"[53]

下一个发明家可能就在你身边

2010年的一天，来自美国西海岸的三位酿酒师托马斯·豪斯曼、安德鲁·布鲁克斯和莱斯利·米德·雷诺正在争论骑师与马的问题，只不过他们关注的不是企业，而是一种已经酿造了数千年的液体。[54]这是一个和酿酒工艺本身一样有争议的问题：成功的关键因素是什么？是土壤还是酿酒师？土地条件包括了阳光的照射、保护性岩层对热量的储存、土壤中的营养成分，以及传说中酿酒师声称的来自葡萄酒圣徒的抚摸。酿酒师则带来了技术和风格的选择：如何压榨葡萄？是否需要把葡萄完全捣碎？是否添加酸、水、酵母或营养物质？选择哪种酒桶？酒要在桶里面陈酿多长时间？酿酒师的决定千差万别，但无论是哪种选择，都会改变葡萄酒的品质和味道。或者，他们的作用其实没这么大？

真相存于酒中。为了找到真相，这三位酿酒师决定进行一项实验。他们将尝试用同一地块和同一采摘年份的同一种葡萄酿造葡萄酒。由于这个实验涉及三位酿酒师、三个葡萄园和三个不同的年份（2010年、2011年和2012年），因此被命名为"立方体计划"。

他们选择了黑皮诺，这是最难种植的葡萄品种之一，对生长的土壤极为敏感。想想法国勃艮第地区，那里有成千上万的小型葡萄种植园，每个种植者都在一块极小的土地上精耕细作。然而，只要你稍稍向左或向右移动20英尺，就可能导致葡萄酒出现惊人的差异：尽管都是由黑皮诺葡萄酿造而成，有的酒就是令人惊叹的惊世之作，有的酒则只能勉强算得上好酒。

在经过了无数次决定之后，最终有6吨葡萄被制成了瓶装红酒，并送给众多品酒师品尝。顶级葡萄酒杂志《葡萄酒鉴赏家》的评论家詹姆斯·劳布是其中的一位品酒师，他总结道，虽然风土条件并非无关紧要，但"酿酒师的决定才是主要因素"，即使是一个不起眼的决定"也会对最终的葡萄酒产生巨大影响"。即使是对于酿酒行业来说，驾驶员或骑师也很关键。

让我们从酒窖转向研究实验室。麻省理工学院化学工程系的兰格实验室是内部创业和风投式思维的一个杰出典范。在罗伯特·兰格的带领下，该实验室的研究人员已经申请了1000多项专利，授权给400多家制药和生物技术公司。[55] 兰格成为历史上被论文引用次数最多的工程师（近40万次引用，而且还在增加！）。该实验室孵化出了40多家公司，兰格也因此登上了《福布斯》亿万富豪榜。我们初见兰格教授时，还以为他不是负责人，而是实验室里的一个学生。身穿一件灰色T恤的他神情愉悦，并让我们叫他的昵称"鲍勃"。他对我们的每一个问题都做出了充满洞见的回答。

但在一开始时，兰格的故事可有点曲折。在职业生涯之初，他甚至找不到工作。有人建议他从化学工程和医学领域转到石油和能源领域。某些稍有点资历的同行则批评他，跟他说"我们不相信你说的任何话"。一位资深科学家还曾经一边对他喷着烟雾一边说："你最好开始找另一份工作。"

波士顿儿童医院的犹大·福克曼不拘一格，他给了兰格一个机会。[56] 在建立实验室方面，兰格秉承着一种和大多数其他学术和企业实验室截然不同的原则，这很可能与兰格在职业生涯早期遭遇的挫折有关。事实上，他的实验室充满了典型的风投式思维。所有的研究实验室里，人才都扮演着重要角色。但在他的实验室里，900名研究人员却被认为是实验室的最终"产品"。兰格经常引进具有不同寻常资质的人才。"我愿意给人机会。"他告诉我们，"除了对领域的总体描述，我没有预先制订的计划。我会鼓励大家自己去探索，而我只是一个引导者。"当一名研究人员找到他，问他希望自己研究什么时，兰格的回答既令人惊讶又令人沮丧："那什么能让你感到兴奋呢？"

你是不是发现，兰格的实验室文化与亚马逊、谷歌或网飞的企业文化有不少相似之处？兰格坚信，伟大的发明源自人的自由度和自主性。每年有成千上万的研究者申请加入兰格的实验室，但最终只有少数人能够入选。在谈及如何遴选人才时，兰格回答说："我寻找的是最优秀的'运动员'。"他接着补充道："能够在这里取得成绩的都是那种追求独立性的人。"

兰格总是专注于那些具有重大潜在影响力的项目。他的大部分专利和业务或许只被业内专家所熟知，但2020年这一切都改变了。[57] 兰格迄今一共参与创立了40多家公司，以新冠病毒疫苗而闻名的莫德纳就是其中之一。自2010年莫德纳成立之后，兰格就一直相信它的发展潜力，他甚至向妻子预言，莫德纳将成为历史上最成功的生物技术公司。[58]事实证明他是对的。他鼓励内部创业者去探索和实验的做法再一次帮助他获得了成功。和谷歌的高管们一样,兰格会给才华横溢的员工提供宏观指导,但不会给他们具体的指示。不过,他的方法并非含糊不清或毫无章法,他所在的赛道其实有着非常严密的设计。

从科技企业到快餐连锁店,从大公司到小型研究实验室,从酿酒师到工程师,我们总是能从一个个重视个人以及个人才华的流程设计中受益。给予人们结构性的自由会激发他们的内部创业精神。设计出一套赛道体系,并把赌注押在人才以及他们的良好性格和激情动力上,你就更有可能赢得比赛。那些对如何重塑日常任务有着独到想法的人,可能会对你的未来产生意想不到的影响。他们中的某个人甚至可能会发明一种救命的疫苗,或者会让你孩子的下一顿饭吃得更开心。

思维模式评估

- 你组织中的领导者在启动新计划或项目时,是否会对"什么"(商业理念)和"谁"(领导者)给予同等的考量?
- 你的组织是否为内部创业者建立了便于提出和实施新想法的"赛道"(融资机制、简单规则、护栏和里程碑)?
- 你的招聘团队是否重视吸引那些有志于构想和创建新业务的人才?

第 6 章

和而不同

要想避免陷入路径依赖和趋同性陷阱，让不同意见也能发挥作用，我们需要对决策流程做出一些设置，例如委派魔鬼代言人、准备投资备忘录等。

有样学样

"它们怎么不吃粉色的玉米？太不可思议了！"在我们的一次企业内部研讨会上，一位与会者如此说道。她是该公司的营销负责人。事实上，她不是唯一一个感到惊讶的人，因为房间里每个人都被一段正在播放的有趣视频深深吸引住了。这段视频讲述的是在南非进行的一项关于文化传播和群体决策的实验，当然，这个实验不是在人身上，而是在猴子身上进行的。

长尾黑颚猴是一种高度社会化的动物，其所聚居的猴群中经常有多达 50 多只猴子。"我们数百万年前的共同猿类祖先可能与我们有共同的特征。灵长类动物是我们了解人类过往的一条纽带。"埃里卡·范德瓦尔教授如此说道，这位激情洋溢的教授是一个横跨两大洲的大型研究团队的负责人。在南非的一个自然保护区，埃里卡的团队将野生长尾黑颚猴分成了几组。他们在每一组猴子面前都放置了两个紧挨着的玉米容器。第一个容器里装满了用当地杂货店的染料染成粉色的玉米，第二个容器里则装着蓝色的玉米。两种玉米不仅在颜色上易于辨认，而且在味道上也有差异。科学家们将其中一个容器中的玉米浸泡在芦荟叶中，使其变得又苦又难吃。在第一组中，蓝玉米是苦的，在第二组中，粉色玉米是苦的。不出所料，猴子们都很嫌弃苦味的玉米。长尾黑颚猴的栖息地被分成粉色区域（粉色玉米可食用的地方）和蓝色区域两个区域。很快，猴子们就知道了它们喜欢哪种食物，并习惯了只吃某种特定颜色的玉米。

几个月后，研究人员停止用芦荟叶处理任何玉米。虽然现在所有的玉米都挺好吃，但猴子们已经"吸取了"教训，坚持选择它们最初喜欢的那个颜色的玉米。小猴子没有接触过芦荟的苦味，也没有亲身体验过"糟糕"颜色，但它们会毫不犹豫地追随妈妈的选择。它们会只吃粉色区域的粉色玉米和蓝色区域的蓝色玉米。这条规则经过代际相传，最终变成了一种禁忌式的传统。

当研究人员观察到迁徙行为时，发现了一个令人瞠目结舌的结果。[1] 雄性长尾黑颚猴经常从一个群体迁移到另一个群体。当这些迁徙者到达新群体时，它们通常会遵循新群体的偏好，迅速改变自己的行为。是的，这些猴子会立刻"入乡随俗"，开始吃它们几天前会毫不犹豫拒绝的那种颜色的玉米。群体规则就这样战胜了它们的个体经验。

有样学样。人和猴子一样，也会从同伴那里寻找线索，模仿群体行为，并遵守群体行为规则。尽管大量研究证据都已经表明，群体和决策、行为及其结果之间存在重要的关联，但我们仍然会低估群体思维对我们个人判断的影响。早在1960年代，比布·拉塔纳教授和约翰·达利教授就通过一项经典实验，有力地说明了群体诱导性偏见的存在。[2] 那次的实验对象不是猴子，而是人类。

假设你被要求独自坐在一个封闭的房间里完成一份很长的调查问卷。突然间，房间里充满了烟雾。你会怎么做？你会拉响警报，对吧？事实上，这也是实验中大多数人在独处时所做出的反应。但如果你现在是和一群陌生人在一起，大家都坐在相隔1米远的塑料椅子上，各自埋头做着同样乏味的调查，你又会做何反应？如果你认为你仍然会立即提醒每个人，那你就低估了他人对你的影响。研究人员发现，人们的行为在很大程度上取决于周围人的行为。实验者在房间里安排了一些"同谋",这些人会一直在那里专心致志地填写调查问卷,并假装什么事情都没有注意到。此时房间开始烟雾弥漫,但没有任何人发出警报。被试者会忧心忡忡地左顾右盼一番,在没有看到任何人有反应之后,他们会再偷偷看一眼那越来越浓的烟雾,然后继续做他们的调查问卷去了。仅有1/10的被试者会拉响警报。

如果周围都是"正常"人而不是实验者的同谋,结果会有所不同吗?将演员替换为毫不知情的陌生人确实提高了烟雾报警的比例,但仍然只有1/3的被试者采取了行动。拉塔纳和达利将这种在无动于衷的他人面前忽视麻烦信号的倾向命名为"旁观者效应",并以各种形式对其进行了长达数十年的研究。旁观者效应是我们现在所说的"群体思维"或群体诱导性偏见所带来的诸多不良后果之一。

所有关于群体行为和决策的研究都有一个深刻的洞察,那就是群体成员会倾向于将冲突最小化并寻求共识。如果每个人都选择了一种特定的行为模式,那么我也应该效仿。如果每个人都赞成这个决定,或者没有明确反对,那么我觉得我也必须加入。群体趋同和群体一致性现象普遍存在。新成员或经验不足的成员会从他人那里寻找线索,以了解自己到底该吃什么颜色的玉米,以及房间里充满烟雾是否是一件稀松平常的事情。

如果我们把玉米和烟雾换成初创公司呢?

商学院喜欢让学生进行小组合作,伊利亚的风投课程也热衷于这一做法。这种活动不仅仅是针对学生的教育工具,它也是一个用来观察一群非常聪明的人会如何进行决策的独特法宝。在本书第3章介绍过的一个实际例子中,我们将学生分成了24个"风投合伙人团队",然后由他们决定是否应该投资那些正在进行真实融资的初创公司。

当时我们把每 6 名学生分为一组,因为一个较大规模的风投公司通常也会有这么多数量的合伙人。学生们需要为每家初创公司写一份初步投资备忘录,向创始人提出尖锐的问题,进行尽职调查,然后确定他们想要投资的公司(如果有的话),并提交最终的投资建议。另外很重要的一点是,最终提交的内容必须详细说明他们小组的讨论过程以及他们的决策逻辑。

这 24 个团队的最终决定差别很大。在一年的时间里,最受欢迎的初创公司只收到了 9 份投资意向书。其他团队都坚决反对投资这家初创公司,并详细说明了他们的拒绝理由。同样的情况也发生在了其他初创公司身上。每一家公司都会有一些团队认为它最有前途,而另一些团队则会觉得它毫无希望。这倒没什么大惊小怪的,因为对突破性创意的选择本身就充满了不确定性。另外也要提醒大家,这是一个实时的案例:尽管我们尽最大努力选择出了我们认为最有价值的初创公司,但没有人知道最终结果。只要发挥一点想象力,每一家初创企业都可以被视为未来的 DoorDash、莫德纳或推特。因此,不同小组的决策自然会存在相当大的差异。

但值得注意的是,每个团队内部几乎完全不存在分歧。各个小组之间经常意见相左,但每个小组中的 6 名学员却始终保持一致意见。我们是怎么知道这一点的?在不同时间进行的保密调查中,我们会反复询问学生,他们是否反对小组的决定,或者他们的小组是否修改了决策过程。多年下来,我们发现 90% 的学生表示完全同意小组决定。我们在针对学生的个别采访中发现,当他们听说其他团队对某个他们认为"显而易见的好机会"或"明显糟糕的主意"持相反意见时，他们会感到非常意外。团队之间的分歧与团队内部的一致形成鲜明对比。

事实上，这 24 个小组中的许多小组会很快做出决定。随后，他们会把大部分时间用于证明这一决定的合理性，同时就一些细节展开争论，比如应该给他们选择的初创公司提供什么样的投资条款。这些团队的结论确实下得挺快，但他们并没有充分讨论眼前的各种机会，也没有就何为好的决策展开全面的多角度的思考。显然，偏见影响了他们的决策过程。

群体内部的凝聚力与不同群体之间的差异何以能够共存？

让我们一起用自己的眼睛观察一下解开这个谜题的办法。在新冠疫情期间，我们为一家大型欧洲客户举办了一次在线高管研讨会。就像赫伯特·乔治·威尔斯的《看不见的人》中的格里芬一样，通过视频会议软件进行交流的我们突然间变得可以隐身。我们可以偷偷加入一个又一个的分组讨论室，在不被发现的情况下，观察和倾听正在展开的讨论。

让我们来看看各组成员的具体行为表现。几位年轻的与会者正在认真地做记录。一位女士紧盯着墙壁，嘴唇紧闭，做出凝神思考状。突然，一个 40 多岁、身穿昂贵棕色夹克，看上去资历最深的男士开始发言，他问另一位男士："你觉得这个主意怎么样？我觉得这像是一个功能，而不是一个产品。"那位被问到的穿海军蓝色连帽衫的男子停顿了一下，随即点头答道："是的，更像是一个非常小众的解决方案，你知道，单位经济效益并不明确。"一位穿 T 恤的女士加入了讨论："这个想法有点酷，"她说，"但是团队似乎不太行。"

我们暗中观察到，另外三个人，也就是那两个年轻的记录者和那位陷入沉思的女士，都被这番话吓了一跳。[3] 其中一个记录者似乎想说些什么，但最终没有插话。讨论虽还在继续，但决定实际上已经做出。很快，团队成员达成了一致，不再有任何异议。此时，挂图板上那些关于优缺点的密密麻麻论证都变成了一种纯粹走过场的东西，拒绝这项投资提案已成为既定事实。

在另一个房间里，零售副总裁开始了讨论。很快，第二组就得出了与第一组相反的结论。同样的情况在其他分组讨论室重复出现。我们发现，在每一个小组讨论中，最先开始讲话的人总是会为整个讨论奠定基调。这个人要么性格比较强势，要么职位比较高，要么比较受其他小组成员的尊敬。就像人们的第一印象会影响他们对某事的看法一样，这种最初的基调也会改变整个讨论的动态并预示出最终的决策走向。尽管有人可能有不同意见，但他们都会保持沉默，并适应团队的方向。我们确实也看到小组内部成员之间会存在一些分歧，有时候甚至还会出现激烈的辩论，但这些分歧和辩论都限于一些细枝末节类的问题，例如该如何向观众展示结论等。在涉及主要决定时，仍然是服从占据上风。我们的结论是：参与者会立即停止食用粉色玉米，转而食用蓝色玉米。这是我们的天性。

我们可以把这种群体行为称为"路径依赖"。无论谁先开启讨论，都会使整个小组的观点朝着某个特定的方向倾斜。如果这个人一开始就在群体中占据着特殊地位，那么无论这种特殊地位是源自天性还是等级制度，它都会加剧整个小组的倾斜度。此人的负面意见会引来其他负面意见的涌入。那些最初持积极态度的人要么被说服，要么自行放弃异议，然后只关注那些不重要的问题。保持异议是一场艰苦的战斗，在学生学习小组中如此，在可能危及个人职业生涯的同事之间就更是如此。这些由学生或高管组成的学习小组是临时性结构，在现实世界中，由于决策群体的构成更具长期性和稳定性，群体动态和路径依赖会更加明显，人们会更加投他人之所好。

但是如果玉米的味道变了呢？人们会像猴子一样坚持自己的习惯还是会改变自己的口味？

在我们与斯坦福学生进行的一次线下活动中，各学生团队在提交了最后的投资备忘录后都收到了一封电子邮件。这封邮件通知他们，一家知名的风险投资机构已经向其中一家初创公司提出了投资意向。不过，由于提出投资意向的这家机构位于东海岸，所以这家初创公司仍在寻找硅谷的投资者。在周一之前，如果这些学生团队愿意，他们可以更新他们的投资意向。

这不仅仅是斯坦福大学那位聪明教授的小把戏，而且是一种常见的现象。风投喜欢在周五下午提出投资意向书，以给竞争对手一个措手不及；他们知道在周末做出决定或修改之前的决定都是很困难的。这封邮件提供的新信息颇有价值，而且非常积极：它包括了一个知名种子投资者的名字、提议的投资金额，以及创始人对提议估值的看法。就各学生团队的最初决定而言，那些已经向该初创企业提出投资意向的学生团队应该考虑改善其投资条件，而那些拒绝了该初创公司的团队则应该重新考虑自己的投资意向。但只有一个学生团队修改了他们的最终投资备忘录，其他团队则没有做出任何改变，他们坚持认为自己最初的决定是最优的。这又是路径依赖的一个体现。一个团队一旦做出了决定，他们就会坚持这个决定，并且固执地拒绝接受所有新的信息。

在我们完成分组讨论练习后，我们总是要求参与者分享他们对决策过程的看法，以及他们是否做出任何改变。大多数人都持否定态度，并补充说没有必要进行正式投票，因为"所有小组成员基本上都同意这一决定"。团队成员认为他们的决定直截了当，并自信走在正确的道路上。他们确实走在一条道路上,只不过这条路叫作"依赖之路"。

一个又一个的实验,一次又一次的观察,都让我们得出了同样的结论:群体往往会达成一种有偏见且容易被操纵的决定。人们妥协、趋同并寻求共识。在一个高度不确定的世界里,大多数人往往是错的,因为共识的形成具有偶然性。这就是为什么风险投资人必须想出不同的方法来做出投资决策。我们可以从风投公司身上学习如何鼓励团队中的分歧意见,消除群体决策过程中的偏差,打破路径依赖的诅咒,以及避免仅仅为了达成共识而达成共识。我们要学习如何和而不同、求同存异。

警惕共识

"回顾过去 40 年,我们做的每一笔重大投资都伴随着许多辩论、分歧和争议。"一位硅谷老兵告诉我们,"那些从一开始就明显取得共识的交易,都不可避免地以失败告终。"格雷洛克的合伙人里德·霍夫曼也说,他的公司更喜欢这样的投资:一半合伙人说,"噢,这是个好主意",而另一半合伙人说,"噢,这是个坏主意"。例如,该公司另一位合伙人戴维·施对霍夫曼提议投资爱彼迎的反应是:"每个风险投资人都需要有一笔可能会失败的交易。爱彼迎说不定会成为你的投资败笔呢。"[4] 其他合伙人则回应说,这个项目是个错误,它会拖累投资组合,纯粹是浪费时间。捷蓝科技风险投资的创始人邦妮·西米回忆说,他们的交易中只有一笔获得了一致支持,其他项目都有持异议者,许多投资是经过长时间的辩论才获得批准的。一致性何以会对风险投资的结果产生负面影响?我们对此进行了研究并得出了一些结论。

伊利亚和他的同事收集了数百家风险投资公司的决策规则和绩效数据。衡量业绩的一个指标是 IPO 率，即风投公司投资组合中上市公司的比例。那些受风投支持的最为成功的企业最终都会上市，所以 IPO 率越高，风投公司就越成功。

然后我们比较了两组样本。第一组样本由 IPO 率高于行业中位数的风投机构组成，我们将其称为"高 IPO 率样本"或更成功样本。其余风投公司则构成了我们的"低 IPO 率样本"。在我们对决策和绩效的分析中，我们特别关注的是那些坚持要达成共识，即需要所有合伙人同意才能进行投资的风投公司。我们发现，拥有高 IPO 率的风险投资公司更不太可能遵循一致性规则。[5] 从统计上看，这种差别会导致投资回报出现巨大差异。这一发现强化了如下观点：一致性并不是最有效的群体决策方式，尤其是当不确定性很高且存在许多未知因素时。无论是主动达成一致还是被迫达成一致，这对风投公司而言都不是一件好事。

企业为了发布新产品或批准研发预算的会议也存在这个情况。宣讲人参加会议是为了项目能获得通过，而不是为了辩论。会议的大部分时间会用在说服具有最高决定权的老板身上。即使有人提出问题，那也只是走过场，为的是确保所有必要的步骤和要求都已经被满足。只有在存在办公室政治斗争或事先没有与位高权重者进行私下沟通的情况下才会发生辩论。一致同意是黄金标准。这种会议的目的是扼杀辩论。然而，在不确定的环境中，这种在传统环境下行之有效的共识建立机制可能会给企业带来致命的风险。我们经常听到"要在团队中做到无我"的说法，但事实上，"有我"代表着创新。

在光谱的另一端，则是一种极力寻求共识的文化，这种文化会使内部陷入无休止的讨论和分歧,并导致最终无法做出任何决定。以英国广播公司为例,该公司的许多决策需要召开6次甚至更多次会议。[6] 美泰玩具公司的上一任管理团队也是如此,几乎每一项决策都会遭到严重拖延。[7] 员工们会花费数周的时间制作长达100多页的幻灯片,事无巨细地对产品进行讲解。单是为了一个网站的改版,他们就讨论了近一年的时间。而当他们最终做出决定时,相关预算已经被重新分配给了另一个项目。

如果风投也采取这样的决策机制,恐怕早就死掉了大半。任何一家处于动荡时期的公司也无法这么做。如果是为了求稳,你可以去追求共识;但如果是为了寻求突破,你就必须依赖风投式思维。

风险投资人不寻求共识。他们喜欢争论,喜欢为自己对未来的看法而战,喜欢坐在桌子对面仔细倾听别人的意见,喜欢讨论各种想法。少数要服从多数,但这并不意味着多数一定是正确的。

举一个体育运动的例子。1990年10月,著名拳击手泰森准备与巴斯特·道格拉斯展开对战,后者的实力明显较弱。[8] 对许多赌徒来说,这场比赛预期很一致,是一个可以让"共识者"轻松无风险赚取零花钱的好机会。许多人认为泰森稳赢,因此都下了重注,以期能稳妥地获取些微利。一个人甚至下注了93000美元,这样他就能以31∶1的赔率赢得3000美元的收益。最终赔率达到了令人难以置信的42∶1。收益不大,但感觉万无一失。但如果你是一个"逆行者",喜欢以小搏大,你就有获得超额回报的可能。道格拉斯的赔率是37∶1,也就是说,如果你在道格拉斯身上押注1万美元,那么如果他最终取胜,你就能拿到37万美元。当然,如果道格拉斯输了,你就会成为众人的笑柄。耐人寻味的是,当晚押在道格拉斯身上最大的赌注只有1000美元。尽管机会很小,但那天晚上道格拉斯还是击败了此前保持不败的泰森。我们的这位逆行者因此从博彩公司那里赢走了 37000 美元。比赛结果揭晓之前，你永远不知道谁是最后的赢家。

同样的道理也适用于投资。图 9 的 2×2 矩阵图展示了这种紧张关系。你的押注可能是对的，也可能是错的，它可能是逆势而动，也可能是顺势而为。错误的押注将导致亏损，而逆势策略和共识策略之间的唯一区别就是针对输家的嘲笑程度。但对正确的下注来说，逆势和共识之间的区别可就大了。体育界是这样，在投资界也是如此：顺应共识的押注只能带来微薄利润。群体越大，竞争越激烈，其回报就越低。逆向押注如果恰好是正确的，就会让投资者名利双收。"共识已经反映在价格之中，"传奇投资人、桥水公司创始人瑞·达利欧解释道，"因此，要想成功，你就得与共识对赌，而且你必须是正确的。这就是游戏规则。"[9]

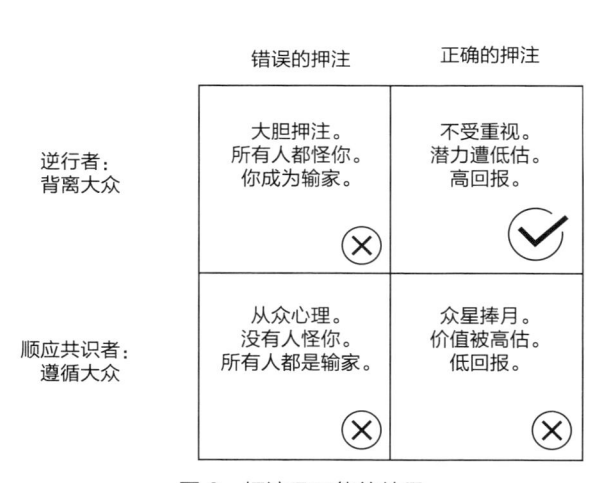

	错误的押注	正确的押注
逆行者：背离大众	大胆押注。所有人都怪你。你成为输家。 ✗	不受重视。潜力遭低估。高回报。 ✓
顺应共识者：遵循大众	从众心理。没有人怪你。所有人都是输家。 ✗	众星捧月。价值被高估。低回报。 ✗

图 9 押注及可能的结果

你或许知道约翰·梅纳德·凯恩斯是20世纪最著名的经济学家之一，但在剑桥大学国王学院，人们还记得他是一位逆向投资者。当凯恩斯在1921年开始管理国王的捐赠基金时，他拒绝顺应共识。他卖掉了国王的大量房地产，然后将资金投资于股票，到1946年他去世时，股票已经占到了整个投资组合的1/3。这是一个非常反传统的举动，因为在当时，大学捐赠基金主要通过持有大量的土地和固定收益证券来实现资产保值。在20多年间，凯恩斯的投资表现超出了市场平均水平4倍，把最初的每个100英镑都增值到了1675英镑。[10]

你无须成为凯恩斯或拳击赌徒也可以应用这种策略。想想旧金山市中心的一栋好房子。如果这是一栋人人皆知的精品房源，那你捡到便宜货的机会微乎其微。但如果你是唯一一个认为某块土地很适合建造大型写字楼的人，而其他人都觉得你疯了呢？这就可能会成为年度最佳交易，甚至是你一生中最好的交易，当然，前提是事实最终证明你是对的。风投总是在寻找有趣且反常规的创意。

这种关于共识与逆势的分析方法，最初是由橡树资本的霍华德·马克斯提出的，如今已在风投界得到了广泛应用。风险投资人无法承担加入共识阵营的代价，因为这样他们就无法获得期望中的高回报。为了获得成功，他们必须更像是一个逆者。这也是风险投资人愿意在内部进行争论和争议的根本原因之一，因为这样做能够带来更好的结果。

因此，这个矩阵中的一个变体在风投界深受欢迎。基准资本联合创始人安迪·雷切尔夫表示："在风险投资领域获得巨额回报的唯一途径就是保持正确并防止共识。"[11] 水闸基金创始人麦克·梅普尔斯则对我们说："你不可能靠遵循别人的行事方法来获得成功。"文洛克创投的布莱恩·罗伯茨则简明扼要地总结道："可能最糟糕的事情就是有人会说，'虽然我错了，但错的不光是我'。"

风投并不寻求共识，他们寻求的是分歧。"信念胜过共识。"亚历克斯·兰佩尔激动地跟我们说。在面对未来的不确定性时，我们理应有各种不同的甚至是相互矛盾的意见，我们也必须清楚地表达这些意见。

但做到这一点并非易事。除了各种群体思维的偏见，我们要避免的另一个陷阱叫"互相挠背"模式。安然公司绩效评估委员会的所作所为，就是这方面的一个发人深省的案例。[12] 臭名昭著的安然公司在2001年因爆发财务丑闻而倒闭，而这与该公司绩效评估委员会的运作方式有着非常直接的关系。安然的每名员工每六个月要接受一次正式的绩效评估，员工可以选择五名同事、上级或下属向绩效评估委员会提供意见反馈。这个过程存在着大量幕后交易。研究人员克林顿·弗里和诺曼·麦金托什发现，"一位经理在谈到即将到来的绩效评估时，这样描述了他与另一位经理的谈话：'我想知道你是否有几分钟时间，我们来谈谈关于绩效评估问题。'对方回答说：'为什么？你想做笔交易吗？''成交。'就这样，我们达成了协议。业务部门经理之间也会进行交易，共同为他们想要清除的员工和他们想要抹黑的竞争对手打低分。"[13]

对于风投合伙企业或任何其他组织来说，最糟糕的事情就是，一个合伙人尽管私下认为某个同事的项目很糟糕，但仍旧会予以公开支持，而这么做的唯一原因，就是希望这位同事以后能够投桃报李。这种出于利益算计的虚假共识代价高昂，而且还有可能演变为一种危险的趋势。最终，你会发现自己深陷充满复杂阴谋和权力斗争的沼泽，再也无法自拔。

正如一位风险投资人告诉我们的那样，一旦你觉得自己无法安全地批评合伙人的立场，那你就该另谋高就了。这一原则绝不仅仅适用于风投领域。瑞·达利欧认为，任何组织只要变得"思想完全开放"，并能够"更重视获知真相，而不是非要证明自己是对的"，那它一定会获得成功。[14] 他说，这是他能分享的最有价值的想法。许多风险投资人会毫无保留地同意他这个观点。

因此，风险投资的基本方法论中包含了一条简单明了的原则，那就是**必须提出异议**。

"当你们认为我英明神武的时候，你们的忠诚对我来说一文不值。"一战时期著名军事指挥官约翰·莫纳什将军对他的士兵说，"当你们认为我犯错时，你们的忠诚才是我最需要的。"[15] 换句话说，如果你不同意上级的意见，你有责任说出来。为了避免错过价值数十亿美元的机会，你的组织必须加入莫纳什等人的行列，并将提出异议作为组织的核心价值观之一。

这个原理说起来容易，但实施起来很难。光有好的意愿是不够的。

魔鬼也需要代言人

"我找遍了所有城市的所有公园，却没有发现一座团队雕像。"据说这是英国著名作家吉尔伯特·基思·切斯特顿的名言。风险投资人非常清楚团队中存在的低效和偏见，他们也知道在充满不确定性的世界中，这些偏见尤其危险。他们知道，如果团队成员具备了"有准备的头脑"，并设计出一套流程来避免这些盲点，他们就能做出正确的决策。在我们对风险投资人进行研究以及展开合作的过程中，我们观察到了他们很多身体力行的具体实践。下次当你与团队成员挤在一个房间里时,你将更有可能利用我们从风投那里学到的这四种机制来做出更好的决策。

保持小团队作战

如果你参加过风险投资团队的会议,你会注意到一个很有意思的现象:他们的会议室通常都很小。

投资者以小组形式评估交易,很多风投公司只有3~5个合伙人。[16] 即使把所有初级团队成员加上,整个会议的规模也不会太大,会议的流程也不会太过烦琐。在这种会议上,凡是能献计献策的人都会被尽量邀请到场,凡是到场的人都需要积极献计献策。

创新型公司认识到,小团队会比大团队表现得更好,因为前者在沟通质量、反应速度以及个人动机方面都要比后者好得多。亚马逊公司提出了著名的"两张比萨团队"规模理论,也就是说,在亚马逊,一个新产品或服务的开发团队的人数,应该精干到可以由两张比萨喂饱。这就暗示着一个团队的理想规模不应超过8个人。小团队的成员也表现出了更高的责任感,事后的相互指责也更少。许多公司都采取了两个比萨原则,比如财务软件的主要供应商财捷公司。[17] 美泰的领导层发生更迭之后,也确立了任何决策会议的参会人数不得超过10人这样一条新原则。[18]

这些原则与许多组织决策者的直觉相一致,并得到了广泛的科学支持。早在1970年代,研究人员理查德·哈克曼和尼尔·维德玛就发现,对许多任务来说,最佳团队规模是4~5人。[19] 共同执行任务的人越多,其效率就越低。下次你打算召开决策会议时,记得只邀请那些真正需要参加的人,而且一定要确保不超过12个人。

第6章 和而不同

让初级员工先发言

你是否在开会时遇到过这样的情况：老板先阐明了他的立场，然后问在座的人："你们怎么看？"一旦老板发表了意见，别人就很难提出不同的观点。这是一个谁薪资最高谁说了算的世界。然而，其他人的信息和意见可能同样有价值，甚至更有价值。支持上级的观点可能是一种生存策略，但在一个不确定的世界里，这么做有害无益。

风险投资人认识到，只要流程设计得当，经验较少的人也能创造巨大的价值。任人唯贤是其中的关键。初级投资团队成员通常是干活的主力，他们承担了与客户交谈、做背景调研、分析市场，以及准备投资备忘录等多项任务。特别是在不确定的环境中，他们拥有大量难以成文的"软性信息"。"初级员工优先"规则旨在鼓励他们在高级合伙人发言之前就提出自己的分析意见。严格执行这一规则可以创造出一种初级人员理应先发言的文化。

在许多情况下，初级和高级人员之间的互动关系都至关重要。一项鲜为人知的研究表明，90%的护士即使观察到病人的安全处于危险之中，也会觉得很难向医生提出质疑。[20]你应该支持不同意见的表达，而不是制造恐惧，让别人不敢说话。

在古巴导弹危机期间的一系列决定性时刻，约翰·肯尼迪总统将这一原则进一步发扬光大。[21]他坚持团队中的每个人都要忽略职级，平等发言。为了让大家能够畅所欲言，他甚至主动缺席了一些会议。在读到白宫椭圆形办公室里的那些关于苏联威胁的激烈辩论记录时，你不禁会怀疑，也许正是肯尼迪政府旨在促进公开辩论而采取的这些看似微小却又刻意的举措，才使得人类避免了一场核战争的浩劫。[22]限制自己的权力可能会让你做出更好的决定，这对任何领导者来说都是一个重要的经验。

指派魔鬼代言人

为了确保能听到反对意见,许多风投合伙企业的标准做法是指定一个人或一个小团队担任"持异议者"的角色,即所谓的"魔鬼代言人"。这个词充满了宗教色彩,实际上起源于罗马天主教会指派一个人来反对将某人封为圣徒的传统。魔鬼代言人是梵蒂冈政府的一个官方角色,其任务是寻找证据来反对那些最配得上封圣的候选人。通过与候选人支持者的针锋相对,魔鬼代言人在封圣的过程中发挥了重要的平衡作用。[23] 风投式思维也借用了这一术语及做法。

例如,风投公司a16z经常会指定一个"红队"来负责反对一项交易。[24] 当沃伦·巴菲特考虑大型收购时,他也会和a16z一样聘请两名顾问:一位支持投资,另一位则持反对意见。[25] 一些风投公司对这一规则的热衷程度远超天主教会,他们让交易负责人以外的每一位投资团队成员都充当魔鬼代言人的角色。满屋子都是魔鬼! 这可是一个非常难以应对的挑战。

我们也要注意"魔鬼代言人"和所谓的"真实异议"这两个术语在概念及实践中的区别。亚当·格兰特在他的著作《离经叛道》中推广了"真实异议"的理念,他说我们身边总是存在魔鬼,我们应该让他们畅所欲言。[26] 领导有责任引出这种真实异议。这个想法听起来确实很有吸引力,毕竟指派的魔鬼代言人看上去都不太真实,他们表现出来的立场很可能与其真实立场相悖。然而,虽然真实异议的意图听起来非常美妙,但意图本身并不重要,机制才是关键。如果组织有一种鼓励人们自由表达的文化,领导者自然无须刻意培养所谓的异议。但是,如果你现在身处的是一个追求一致性和共识的组织，那么鼓励真实异议的做法就很可能会遭遇失败。指派一个魔鬼代言人的做法则有助于消除人们对反对意见的污名化，防止各种对持异议者扣帽子的情况。

此外，在紧密合作且高效的小组中，人们在很多问题的看法上可能更具有趋同性，特别是在他们自主选择加入该团队的情况下。在这种环境中，你就更不能指望存在真实异议。既然无法鼓励真实异议，那我们不妨让每个人都成为魔鬼代言人。公开辩论的例子充分表明，迫使人们站出来阐述观点会促使他们思考原本不会问的问题。让小组中的每个人都提出一个不投资的理由。确保魔鬼代言人角色能够得到轮换。如果一个人总是扮演负面角色，效果可能会适得其反，因为同事们可能会习惯于此，并且忽视来自这个人的任何批评。

提前反馈

在许多风险投资公司中，投资团队成员在阅读投资备忘录后就会分享他们对投资机会的看法，他们不会非要等到开会时再发表意见。还有很重要的一点就是，这些想法是独立收集的：当你提出自己的意见时，你并不知道别人会怎么想。这种机制安排使得大家可以更加自由地表达负面或者少数派意见。当反馈最终揭晓时，我们往往会发现团队中其实存在着很多不同的观点和看法。承认不同意见的存在有助于更好地进行自由讨论。

公司正在越来越多地在招聘中使用这种机制。例如，谷歌会要求面试委员会成员在面试之前就记录下他们对每位候选人的个人意见。但要想为公司的其他决策，特别是大型投资项目和战略决策建立起类似流程并不是一件容易的事情。然而，将这种机制嵌入决策过程是非常必要的。在颠覆性变革的时代，我们必须营造一种富有成效的异见文化。为了进一步消除群体思维偏见，一些风投公司会让事先的反馈变成盲审。如此一来，在正式讨论前，你就不会知道薪资最高者的想法。

下次开会时你可以多留意一下。如果没有人反对某个决定或提出关键问题，这可能意味着你组织中的成员并没有提出尖锐问题的动力。如果大家都不关心项目提案内容，也不想对其进行批判性评审，而是把更多时间用来揣摩会议室内的氛围，那么就不要指望会出现新的创造性解决方案。有这种作风的风投公司基本不可能募到第二只基金。会议室里的沉默并不意味着同意；相反，这是一种强烈的灾难信号。

莱克尔：叛逆的力量

在风投们花了这么多精力来促进异见之后，他们还是需要得出一个最终的结论。一些风投公司（尤其是规模较小的风投公司）的确会实行一致同意原则，但更多其他风投公司则坚持少数服从多数的原则。看起来，风投公司最终还是会忽略那些没有得到多数人支持的反对意见。

但我们还没提到莱克尔呢！莱克尔是范德瓦尔教授在本章开头所述研究中的一只长尾黑颚猴。它迁移到了一个喜欢相反颜色玉米的群体。周围的猴子都在吃着自己喜欢的玉米，但莱克尔却没有受到它们的任何影响。它径直走到自己选择的容器前，津津有味地吃起它常吃的那种颜色的玉米。玉米都没有被苦芦荟浸泡过，所以味道并不是它做出这一选择的原因。那它是害怕新颜色的食物吗?"一点也不,"范德瓦尔向我们解释道,"莱克尔尝了一小块粉红色的玉米,但马上又换回了他喜欢的蓝色。莱克尔根本就无视群体中占主导地位的雌性猴的偏好。"莱克尔是一个叛逆者,一只猴子"创新者"。

拉塔纳和达利的烟雾实验中也有这种"莱克尔"。尽管周围的人墨守成规,但他们正是那 10% 会站起来寻求帮助的人。在斯坦福的风险投资课程中,每 10 名学生中也总会有一个和自己小组的意见完全相左。

处处都有"莱克尔"。

无论是在猴群中还是在人类群体中,总有一部分猴子或者人会随时提出反对意见,拒绝服从,坚持己见,甚至直接进行反抗。你或许认识不少这样的人,或许你自己也是其中之一。我们在本书中介绍的许多内外部创业者都属于这种莱克尔。在传统的环境中,像莱克尔这种人可能会是个麻烦。在现代组织中,莱克尔们既可能成为推动创新的主力军,但也有可能遭到压制,甚至被赶走除名。

风投式思维的一个重要原则就是,要鼓励莱克尔们,并给予他们表达自我的机会。我们将这一原则称为"莱克尔主义"。我们之所以称之为"主义",是因为我们希望能将莱克尔主义引入更多的组织环境。尽管风投会努力达成一致,但他们也开发了三种特定的机制来践行莱克尔主义。

赋予领导人反否决权

你可能熟悉否决权。有些人(通常是那些薪资最高的"河马"!)可以推翻其他人的决定并阻止任何行动。美国宪法赋予了总统否决国会法案的权利。联合国安理会的五个常任理事国中的任何一个都可以单独否决任何决议。规模较小的风险投资公司经常赋予其合伙人类似的一票否决权。否决规则增强了决策者之间的信任，特别是在他们都在同一领域拥有深厚专业知识的情况下。通常，这些合伙人需要建立"热情的共识"，也就是说，只有当所有人都表示强烈支持时，他们才会进行投资。

但如果你与纳格拉吉·卡什亚普交流过，你就会发现一些不同的做法。在高通工作期间，卡什亚普领导了对 Zoom 的投资，随后他创办了微软的风险投资部门 M12。他主张拥有一项叫作"反否决权"的权利。他的团队可以反对他的意见并投资他不喜欢的项目。他也可以与整个团队背道而驰，投资其他人都不看好的项目。他之所以这么做，是为了能够捕捉非常规的投资机会，这种灵感来自他投资 Zoom 等公司的经验。对 Kahoot 的投资就是一个反常规投资的例子。Kahoot 是一个基于游戏的学习平台，许多专家对这个项目持怀疑态度，内部团队也投票否决了这项投资。尽管如此，卡什亚普还是进行了投资。当 Kahoot 于 2021 年上市时，它取得了巨大的成功——这笔交易的回报超过了他们在其他初创公司中的全部投资回报。

有意思的是，卡什亚普还设计了一套阻止自己否决投资决定的流程。但与此同时，他仍可以在整个团队都持悲观态度的情况下，继续进行自己的投资。他放弃了一个常规老板所拥有的最终决定权，让自己和团队成员都变成了敢于逆势而行的"莱克尔"。

让"莱克尔"自主做决定

"我不相信共识。"布莱恩·罗伯茨在斯坦福大学伊利亚的办公室里一边喝着陈年茶，一边温和地说道。布莱恩是著名风投公司文洛克创投的合伙人,该公司成立于 1969 年。他又喝了一口,向我们讲述了一个风投错失良机的故事。在这个故事里,高级合伙人只因为不喜欢这家初创公司的名字就否决了交易,而主导该项目的投资人竟然也没有据理力争。"这就像根据吉祥物来选择你最喜欢的运动队一样!"他笑着说。这家初创公司就是雅虎。

罗伯茨在文洛克引入了一套流程,以防止错过那些有吸引力但没有达成共识的交易。文洛克的八位合伙人会对每笔交易进行激烈辩论,之后由最初提议投资的那个合伙人单方面做出最终决策。"我们的投资者总是问我,'你们的投资委员会是如何运作的?'其实我们没有投资委员会。我们不搞投票那一套。真的。"相反,文洛克允许每位合伙人可以无视反对意见,自主决定是否投资。其他合伙人可以提出自己的观点,质疑主导合伙人的判断,并扮演唱反调的角色,但最终决定权掌握在单个合伙人手中。TDK 创投(TDK Ventures)的总裁尼古拉斯·索维奇在参加了伊利亚的企业风险投资课程后,也设计了一个非常相似的流程。"你不能指望所有人总是意见一致。"他告诉我们,"此外,我们从事的是一项追求极端值而非平均值的业务。真正创新的想法和公司很少是千篇一律的。为了不错过这些机会,包括我在内的任何人,都不可以否决投资总监想要继续投资的项目。"

假设其他的投资合伙人都在跟你说"没有什么比剃胡须更无聊的了"以及"订阅式电子商务是一条死胡同"这种话,你还会关注相关领域吗?这些话确实挺让人泄气,但文洛克的一位合伙人仍然投资了一家名为"一美元剃须刀俱乐部"的小型初创公司。[27]许多其他风投公司都拒绝支持这家公司。罗伯茨如今也确信,如果不是因为他们非正统的决策过程,他们当年也绝对不会支持一美元剃须刀俱乐部。结果证明他们赌对了：2016 年，该公司被联合利华以 10 亿美元的价格收购。

风投界充满了这样的故事：一个人拥有独特的能力，能看到别人看不到的东西。如果没有迪克·克拉姆利奇的远见卓识，现在人人使用的演示文稿（PowerPoint）可能根本就不会存在。[28] 克拉姆利奇当时是 NEA 创投的合伙人，他不顾其他合伙人的强烈反对，用自有资金投资了演示文稿的初创公司。该公司随后被微软收购，我们今天仍在使用的演示文稿正是从当年的这个产品一步步发展来的。

吴安迪教授研究了类似克拉姆利奇的案例，在这些案例中，持不同意见的风险投资人都会不顾合伙人的反对，单独对项目寻求投资。吴安迪发现，超过 500 家风投公司的合伙人进行过这类天使投资。[29] 尽管他们投资的都是一些更为年轻的初创公司，其创始团队的受教育程度、经验和年龄都普遍较低，但这些个人投资所产生的平均财务回报率并不逊于他们的风投公司。

为了从这种莱克尔主义中获益，许多风险投资公司赋予其合伙人即使在他人反对的情况下也可以投资的权利。这样他们就不会错过像 Zoom、一美元剃须刀俱乐部和 PowerPoint 这样革命性的想法。如果你在你的组织和团队中也这样做呢？像这些风险投资公司一样，你也可以试着赋予你组织中的人即使在遭到反对时也能够自主决策的权利，即使是那些看似微小的决策。我们敢打赌你的组织中也有"莱克尔"。或许你缺少的只是让他们展示其反直觉本能的方法。请试着给予他们行动的自由和资源吧！

少数派规则

在创始人基金（Founders Fund），合伙人只要能说服七名合伙人中的一位，就可以为规模较小的投资开出支票，这些项目通常处于早期阶段，因此不确定性也最高。[30] 随着投资规模的增加，需要表示同意的合伙人数量也随之增加。但即使是最大的投资项目，也从不要求全体合伙人一致同意；即便七个合伙人中有两人反对，投资决议仍然可以通过。在a16z，每个合伙人都有专门的个人预算。投资委员会对交易进行激烈辩论，但决定是否投资是合伙人的职责。如果拟议的投资规模超出了预算，他们就需要说服其他合伙人分享部分预算来资助该项目。

如何将这一机制引入你的组织？当下次有一小部分领导人坚持某个不寻常的想法时，不要打压他们。相反，你应该给他们少量的预算来构建原型或进行测试。在未知领域，少数人可能成为新大陆的发现者。

莱克尔主义确实存在一个固有风险。想象一下，一位合伙人在坚决反对的情况下坚持投资了某个项目，但这家初创公司却最终失败了，那么之后可能会有人指责说："我就知道这种事会发生。"为了避免这种事后诸葛亮的风气，一些合伙人会要求今后所有项目必须经过充分讨论并达成最终共识。[31] 正如一位投资人指出的那样，"要么现在把话说清楚，要么就永远保持沉默"。风投公司应当在评估新想法或初创公司时鼓励发表不同意见，但一旦决定投资之后，这些合伙人就需要像"三剑客"一样，遵循"一人为众，众人为一"的原则。合伙人要一荣俱荣，一损俱损。一个合伙人的项目失败了，整个合伙团队要共同承担损失。如果一个合伙人拿下了像谷歌或脸书这样的交易，整个合伙团队都会从中获得巨大利益。想要寻求颠覆性想法？那就颠覆组织中的传统决策流程，让"莱克尔"成为其中的搅局者。

避免一致犯错的风险

如何改进决策技巧？我们可以看看亚马逊的做法。在电话面试和线下面试之后，招聘经理会和其他几个人（人数要尽量少）聚在一起，共同就是否录用做出决定。像许多硅谷公司一样，亚马逊意识到面试官不能过多，因为人越多效率就会越低。然后面试官要在互不通气的情况下各自提交他们对候选人的看法和推荐意见（即预先提供独立反馈）。之后招聘团队才会碰头进行最后的商讨。在招聘团队之外，他们还会设置一个"把关人"。这一角色通常需要由具有足够资历和多次面试经验的人担任，其唯一的工作任务就是确保候选人至少要比亚马逊一半的同行更优秀。招聘经理通常希望尽快招聘到人，因为总是有更多的工作需要完成，但这些把关人不同，他们拥有独立性，没有期限压力，且经常表现出一种建设性的怀疑态度（即扮演魔鬼代言人角色）。在最后的讨论会上，与会者会先阅读其他人的意见，之后开始讨论。在场的每个人都需要牢记亚马逊的16条领导原则之一，即领导者"决不能为了表面的一团和气而丧失原则"。与会者需要表达出他们的疑虑和关切。与风险投资人一样，参与者会直面分歧，决不回避。

在团队成员阅读并听取了所有评论后，招聘经理和把关人将负责做出最终决定。只有获得这两人一致支持的候选人才会获得录用。一旦做出录用决定，每个人都必须拥护这个决定，任何人不得抱怨。这一被称为"不同意但坚决执行"的领导原则，与风险投资合伙人奉行的"三剑客"原则颇为类似。这种精心构思且详细设计的机制是亚马逊招聘体系得以高效运转的关键因素之一。

将这种原则运用到公司的日常决策中也会带来很大的影响。以本书命名的决策过程为例。书名甚至副标题都能极大地影响一本书的吸引力。我们互相争辩，并向我们的编辑、出版商、代理商、朋友和营销专家寻求建议。我们有意设置了这一流程，以避免掉入群体思维的陷阱。例如，两位作者打心底认为编辑莉迪亚·亚迪是这方面的专家，所以听她的准没错。但我们知道这就是一个思维陷阱。于是我们退后一步，要求所有人先提出自己的想法（也可以向ChatGPT求助）。然后我们把所有的想法加以汇总，创建出一个标题和副标题的备选清单。接下来按说应该是大家一起进行讨论，并最终做出选择的时候。但风投式思维告诉我们这么做是错误的。因此我们的做法是，每个人各自从这一堆标题组合中选出自己最喜欢的，然后再进行讨论。我们一致同意讨论要直言不讳，并且避免使用"我的想法"之类的词语，以免让任何特定想法显得个人化。我们还请朋友担当了魔鬼代言人的角色。我们对他们的要求是："不要告诉我们你们喜欢哪个选项，而是说出你们特别不喜欢哪个选项以及原因，或者提出你自己的想法。"

经过一场激烈而理性的辩论，我们最终得出了五个选项。每个人都有自己最喜欢的选项。这时，我们大幅度修改了策略，不再自己投票，而是请了一批最近上过伊利亚风险投资课的斯坦福学生来帮忙。你可以把这一步视为一种额外的尽职调查，就像对求职者进行背景调查一样。三天后，我们收到了100份匿名回复，结果显示，有两个选项极受欢迎，而其他三个选项则总共赢得了不到10%的支持率。这的确出人预料！然后我们又请参加斯坦福大学一个高管项目的企业高管们帮我们从这两个选项中选出最终的赢家。最后，本书出版社的创始人又对获选的副标题做了一些小调整。这个精心设计的多阶段过程最终产生了你在封面上看到的英文标题和副标题。

然后我们一致同意并承诺选择这个标题和副标题。

  风投们的工作就是讨论，争论，辩论，发生分歧，寻找更多证据，并最终做出批准或拒绝的决策。每一项决策的结果都充满了不确定性。当我们写到这里时，我们并不知道我们是否能够力压群雄，登顶亚马逊的畅销书排行榜，但至少我们知道，我们在整个创作过程中有意识地解决了一些偏见问题。"有时候我真希望我们能多研究研究猴子，以更好地了解我们自身以及我们的认知偏差。"范德瓦尔教授曾发出如此感叹。

  我们完全同意她的观点。

思维方式评估

- 你的组织文化是不惜一切代价达成共识，还是会赋予个人自主权，允许他们做出冒险的决策？
- 你的会议是为了促进辩论和讲述不同意见吗？
- 你的组织会支持那些具有创新精神的"莱克尔"，还是会压制他们？

第 7 章

要么加倍下注，要么果断退出

风险投资人和德州扑克玩家有一个共同的特质。他们都会把一个漫长的、风险重重的路径分成多个阶段，他们会在前进的过程中不断调整方向，时刻准备着在遇到风险时全身而退。

风投赌场：弃牌、跟注还是加注？

会面地点夹在犹太人、日本人、意大利人和希腊人的墓地之间。这听起来可不怎么吉利。"这真是个鬼地方！"亚历克斯对伊利亚说，此时一辆后窗破掉的红色旧雪佛兰突然变道，几乎擦到了我们的车。"我真不知道在加州竟然允许赌扑克牌。"

口袋里只有 50 美元的我俩正开车前往好运赌场。我们预计会输得精光，因为和我们玩牌的理查德·哈罗克是一个经验丰富的扑克玩家。哈罗克邀请我们共进晚餐，顺便教我们一些扑克牌技巧，当然我们还会聊聊风险投资。输钱对我们来说并不意外，毕竟风险投资人在赌场里的手气通常都特别好。

传奇的红杉资本合伙人迈克尔·莫里茨曾经断言："风险投资就像高风险的扑克游戏。"[1] 宴请我们的理查德·霍奇肯定也同意这个观点。他是旧金山风投公司优势资本（VantagePoint Capital Partners）的董事总经理。他与人合著了畅销书《傻瓜扑克玩法教程》，并参加了超过 100 场的世界扑克大赛。"在风险投资决策中，尤其是在投资决策和并购退出谈判方面，扑克知识很有帮助，"他一边从包里拿出扑克筹码，一边对我们说，"在这两个领域，你都必须在信息不充分的情况下做出重大决策。"

匈牙利裔的美国天才约翰·冯·诺依曼也是一位扑克爱好者。作为现代计算机发展和曼哈顿计划的幕后推手之一，诺依曼一直在尝试运用博弈模型来描述经济决策。他对轮盘赌和国际象棋都不感兴趣。轮盘赌是纯粹赌博，不涉及任何技巧，完全是靠运气。国际象棋和围棋则处于运气与技巧的另一端。[2] 这些都是纯技巧类游戏，对弈双方在游戏开始后的任何时候都拥有相同且完整的信息。这就是为什么在拉斯维加斯赌场看不到国际象棋锦标赛，也没有任何地方举办轮盘赌锦标赛的原因。

"现实生活不是那样的。"诺依曼曾经感叹道。[3] 在深入研究了扑克的规则和策略后，他发现它更有研究价值，并得出结论："这个游戏是人类决策的完美模型。"他的扑克技能并没有给他带来什么经济利益，但对扑克的研究帮助他在 1944 年与人合著了《博弈论与经济行为》，为博弈论这一显学的研究奠定了基础。[4] 如今我们已将博弈论应用到了佳士得拍卖古代大师画作和核战争战略制定等多个领域。

扑克是一种看上去很简单的游戏。在最流行的扑克游戏"德州扑克"中，每个玩家必须从 7 张可用牌中收集最有价值的 5 张牌组合：其中两张在自己手中，只有他们自己知道，另外 5 张是公共牌，摆放在扑克桌上，所有人都可以看到。每种组合都有不同的价值，这取决于卡牌的强度和它们之间的关系。谁拥有更好的组合，谁就能获胜并赢得底池，也就是所有玩家的累积赌注。整个游戏看似简单，但下注过程和信息揭示方式使其变得极其刺激而微妙。

在德州扑克的每一轮游戏开始时，每位玩家会收到两张牌。[5] 当每个人偷偷看自己的牌时，一旦有人下注，你必须做出第一个决定：弃牌（退出这一轮）、跟注（匹配前一个玩家的下注）或加注（增加下注金额）。这个阶段，你的选择部分取决于你手中的这两张牌。有些牌更好，因为它们让你在后续阶段更有可能组合出强牌。你的选择也可能取决于其他玩家的行为。你看不到他们的牌，但你可以观察他们的弃牌、跟注或加注的决定。

在第一轮下注结束后,会翻开三张公共牌。此时,玩家对他们能够组合的牌型拥有了更多的信息。[6]玩家必须再次决定是弃牌、跟注还是加注。然后再翻开一张牌。根据这个信息,玩家们再次必须选择弃牌、跟注或加注。最后一张公共牌被翻开后,玩家必须再次做出决定。直到最后一刻,玩家们仍然无法确定他们赢得底池的概率。最后,大家摊牌,最强的牌型获胜。

扑克是一种运气和技巧兼具的游戏。玩家需要凭借不完整的信息决定何时跟注、弃牌或加注。他们应该了解概率,能够解读其他玩家的暗示并预测他们的行为,并对不断发展的局势做出即时反应。

最近有许多引人入胜的书探讨了扑克与心理学、商业和政治的惊人联系,但风险投资人早就在使用扑克策略。[7]当然,我们更愿意这么想:扑克玩家是最早培养出敏锐的风投式思维的人之一。

按轮下注

那么扑克与风投式思维有何关系呢?

到目前为止,我们已经讨论了风投如何寻找和评估项目、如何识别风险以及如何做出投资决策。接下来是正式的游戏时间。风投初期的押注规模通常相对较小,就像你只能从前两张扑克牌中得到有限的信息,此时,风投对初创企业的前景非常没有把握。在风险投资中,这个阶段对应的是"种子轮"和"A轮"。在这些融资轮次中,风投提供给初创企业的资金数额相当小(至少相对于风投基金的规模而言),而且风投也知道,如果初创企业发展势头良好,它们将需要更多的资金,而风投们也需要进行更大规模的押注。就像冠军扑克玩家至少会放弃75%的起始手牌,如果初始投资的信息反馈不利,风投也会频繁弃牌。[8]

游戏继续，现在三张扑克牌被揭开。在风投界，这是第一批用户开始使用产品、第一批财务数据出炉的时候，另外你也要观察企业的技术是否实现了迭代，以及初创团队是否成功吸引到了合适的人才。然后你需要决定是弃牌、跟注，还是加注。

如果你还没有出局，那么无论是扑克玩家还是风投，都需要进入下一轮。再揭开一张牌。此时，初创企业的跨国业务扩张或许遇到了一些麻烦；公司有了第一位职业的首席执行官；推出了新的服务，但增长似乎不如预期；监管机构正在审查企业所提供产品或服务的合法性；竞争对手也在推出类似的产品。现在是该弃牌、跟注，还是加注？

传统组织很少像扑克玩家那样行事。他们倾向于等到所有的牌都翻开来再做决策。确实，他们对市场和客户反馈的信息掌握得越多，行事风险就会越低。但他们也面临失去先机的风险。当涉及创新时，他们甚至可能因为墨守成规而被拒之门外，因为别人知道他们不会冒险下注。

在风投界的一次"德州扑克"游戏中，红杉资本技高一筹，成为爱彼迎上市的最大赢家。老牌的连锁酒店感受到压力，但为时已晚。它们开始手忙脚乱地推出替代方案，但爱彼迎早已率先发展成为短租民宿的领导者。[9]及早决策才是问题的关键。在十多年的时间里，红杉资本积累的爱彼迎股份价值超过了100亿美元。就像一个经验丰富的扑克玩家，红杉资本也是随着不断地翻牌而循序做出决策。这一押注使红杉资本稳稳地在"史上最佳风投交易"中占据了一席之地。[10]这完全是实至名归，绝非虚张声势。那么，红杉资本如此成功背后的秘诀是什么呢？

树由种生,始自微芽。2009 年,当爱彼迎创始人布莱恩·切斯基和乔·杰比亚第一次与红杉资本会面时,他们早期的网站 airbedandbreakfast.com 上线还不到一年。[11] 你可能还记得,在多次被投资者拒绝后,两位创始人在民主党和共和党总统大会上成功地以 40 美元一盒的价格向巴拉克·奥巴马和约翰·麦凯恩的粉丝出售麦片,并借此赚到了 3 万美元的救命钱。你可以想象一下,当切斯基和杰比亚获得了由红杉资本领投的 60 万美元种子投资后,他们的那种如释重负之感。当时该公司的估值约为 250 万美元。[12]

2010 年,从出租公寓房间开始的爱彼迎,已发展成为一个可以出租整个度假屋、船只、城堡甚至私人岛屿的平台。[13] "我们有业务布局的城市数量已经超过了星巴克!"切斯基自豪地宣称。创始人准备推出他们的 iPhone 应用程序,现在是时候募集更多的资金了。风险投资公司通常用字母顺序来命名每一轮融资。爱彼迎现在需要进行第一轮融资,也就是 A 轮融资。

A 轮融资。此时一些信息已经明朗:截至 2010 年 11 月,爱彼迎的房源已遍布 8000 个城市,累计预订天数达到 70 万。格雷洛克的合伙人里德·霍夫曼会见了创始人并提出了报价。霍夫曼对该公司的估值达到了惊人的 6700 万美元。红杉资本现在需要做出决断,是弃牌、跟注还是加注?最终,红杉资本决定加注,追加投资 190 万美元。

B 轮融资。2011 年 7 月,爱彼迎宣布其房屋预订量达到 1000 万次。然而,针对客人的投诉不断增加;有一位房主的住处遭到了完全破坏。该公司开始面临监管审查。并非所有新揭开的牌都是好牌。尽管如此,公司的估值仍达到 10 亿美元。另一家风险投资公司 a16z 为了不错过这个可能是"一生一次"的机会,牵头进行了此轮融资。

C 轮融资。2013 年 2 月，创始人基金以 25 亿美元的估值向爱彼迎投资 1.5 亿美元，消息传出后震惊硅谷。[14] 由于这一轮融资金额巨大，以至于该基金在进行押注之前甚至需要先向其自身投资者征得许可。红杉继续跟投。

D 轮融资。爱彼迎仍未盈利，但投资者手上的牌已经足以表明他们遇到了一个千载难逢的绝佳机会。红杉资本和其他投资者再次加注！2014 年 4 月，爱彼迎的估值达到了惊人的 100 亿美元。

风投游戏可以比扑克有更多的轮次。爱彼迎的融资一直持续到 E 轮、F 轮和 G 轮。2020 年 12 月 10 日，爱彼迎以近 400 亿美元的估值在纳斯达克上市，没过多久，该公司的市值就突破了 1000 亿美元大关。谁能想到红杉资本当初那 50 万美元的初始投资会带来如此丰厚的回报？但现实就是这么不可思议。

创始人及其风投支持者经历了八轮融资，筹集了数十亿资金，并等待了 11 年才迎来了爱彼迎的公开上市。新投资项目可能是一部贪婪的烧钱机器。即使是最成功的企业也常常需要一次又一次地向投资者寻求更多融资。如果公司发展势头良好，它们不仅会筹集到新一轮的资金，而且新一轮的融资规模也会远超上一轮。正常而言，一家独角兽公司往往会进行超过 5 轮的融资。[15] 优步从 2009 年到 2019 年上市的这 10 年间至少进行了 15 轮融资；脸书从 2004 年成立到 2012 年上市，中间至少进行了 20 轮融资。

如果风险投资公司在第一天就将所有轮次的资金都投入到此类押注中，我们保证它们很快就会破产。遗憾的是，许多缺乏风投式思维的传统企业却经常犯这种错误，它们常常在信息尚不完全明确的情况下就对一些投资项目进行大规模押注。当然还有更糟糕的事情，那就是它们坚持等到所有信息都完全明朗之后才开始采取行动，结果彻底贻误了时机。

图 10 形象地展示了初创企业的各种命运可能性。只有一条路可以通向成功，其余的，则无论对创始人还是投资者来说，都是失败或平庸的结果。这样的图被称为"决策树"，其中的每个箭头都代表一个可能的走向。你从左边开始，并希望在旅程结束时到达右边（公开上市或并购）。有些决策树很小，有些则像古老的红杉树一样蔓延开来。

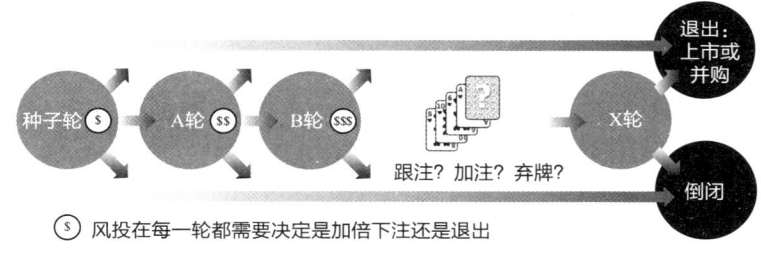

⑤ 风投在每一轮都需要决定是加倍下注还是退出

图 10　融资轮次旨在为创业者提供足够的资金以达到下一个里程碑，并给予风投加倍下注或退出的选择

在后期阶段，初创公司的生存风险会降低，这就像打德州扑克，由于你已经知道了大部分牌，不确定性自然大幅降低。然而，由于你还是会遇到新情况或者仍需要面对其他对手的竞争，因此你仍有可能会输掉整个比赛，而且有时你可能会在瞬间失去所有。

卓棒（Jawbone）曾是一家炙手可热的初创公司，其产品可以测量用户的心率和步数。和爱彼迎类似，它也得到了红杉资本和 a16z 等大牌风投的支持，但这家经过 15 轮融资并筹集了将近 10 亿美元的公司，最终还是在 2017 年倒闭了。

有时候，最后一张牌会让玩家感到不安。2006 年，一群早期风险投资人支持了一家位于加州的太阳能公司 Solyndrain，并预计这将是一笔长期投资。Solyndrain 在估值不断上升的情况下进行了多轮融资，并于 2010 年夏季试图以远高于 10 亿美元的估值进行 IPO。然而，由于上市努力惨遭滑铁卢，该公司在一年后申请破产。局势发生了逆转，投资者输掉了全部赌注。

通过扑克牌的类比，我们可以理解为什么风险投资人会以轮次思考。捕鼠器里可能没有免费的奶酪，但你可以慢慢靠近它，先谨慎地闻闻味儿，然后再把鼻子伸进去。第一笔投资只是长期游戏的开始。我们可以将其视为一种"买票入场"机制。红杉资本对爱彼迎的第一笔投资只有 50 万美元，与它最终 2.4 亿美元的投资相比，这简直可以忽略不计。聪明的投资者会播下种子（种子轮融资由此而得名），并不断追加资金培育这家初创公司。随着更多的扑克牌被翻开，它们也会根据信息来决定是跟注、加注还是放弃。在每一轮，它们都可以选择加倍下注或退出。它们会为自己留有选择余地。你也应该如此。

你的选择权很重要

并不是只有你觉得按轮次逐步思考的方式有点不符合习惯。在一个又一个研讨会上，就连那些最聪明、最有经验的高管，一开始时也会对这个概念感到些许的困惑。我们默认的思维方式不是分阶段思考，也不是把未来想象成一系列连续的步骤，而是会在进行通盘考虑的同时，把当前的决定限定为一个单一的步骤。

我们本能地做出一个不可逆转的决定，然后把问题抛在脑后。这么做是为了结束认知失调的过程，并找到那个轻松的舒适区。即使新的信息提示你，你应该采取不同的行动，你也会下意识地认为应该坚持之前的行事方法。例如，即使一个初创团队表现不佳，你也可能会觉得，毕竟之前都已经做出投资的决定了，所以你还是应该坚定支持他们。但在扑克游戏以及风险投资中，明智的策略恰恰是要采取相反的做法。要想赢得长期的胜利，你必须保持灵活，并且要根据你所收集到的最新信息随时改变主意。你必须准备随时加倍下注，也必须准备好随时放弃。这就是风投式思维。

要先从一个实验开始。初始版本的产品往往功能非常有限，数量较少，而且通常成本出奇地高。正如领英创始人、格雷洛克创投合伙人里德·霍夫曼所说："如果你对自己产品的第一个版本不感到尴尬，那只能说明你发布得不够早。"[16]这种功能不完善的产品通常被称为"最简可行产品"（MVP）。[17]或者你也可以采用亚马逊首创的"最简可爱产品"（MLP）法则。遵循最简可爱产品法则的大公司会意识到，它们不能让顾客失望，也不能简单地关闭业务。它们的赌注更大，因为它们这是在冒着失去现有客户信任的风险做产品，也正是因此，为了维系信任，它们从一开始就必须让产品得到"喜爱"。推迟发布总比让用户失望要好。如果最简可行产品或最简可爱产品能够行得通并与用户产生共鸣，你便可以为其添加更多功能。测试。扩展到更多的用户。再次测试。扩展到新的地区或国家。继续测试。在每个阶段，一个项目要么足够好到能吸引更多的支持资金和资源，要么就要马上将其砍掉。这种方法能够让你像风投公司那样降低风险。你再也不需要为一个冒险的商业想法孤注一掷了。

聪明的风险投资人更看重灵活性而非承诺。大多数商学院的学生都不可能在课堂上学习到这一点。传统的金融概念是建立在非此即彼的投资决策之上的，强调的是对既定行动路线的承诺。你只需考虑今后数年的现金流状况，以及净现值、内部收益率和投资回报率等指标。这些常见的方法假设公司会持续致力于项目的推进，且完全不受这一过程中出现的新信息的影响。现代商学院课程中，很少有关于研究灵活性的内容。管理人员参加的课程只会强化这种传统的承诺式思维模式。

然而，灵活性的概念实际上在金融和经济学中广为人知，并得到了广泛的研究。学术上把这种灵活性称为"实物期权"。"期权"指的是决策者有权利但没有义务在未来采取的某项行动。"实物"则意味着期权的概念不仅适用于花哨的金融证券，也适用于实际的项目和企业。[18] 对具有风投式思维的人来说，实物期权可谓生死攸关。叫停失败的投资和继续支持成功的投资，这两者对于成功都至关重要。

以 a16z 早期对 Instagram 的 25 万美元投资为例。[19] 当时 Instagram 还叫波本，是一个主打位置分享概念的应用。当该公司进行下一轮融资时，a16z 决定不参与，部分原因是他们已经投资了该产品的竞争对手 Picplz。他们初始投资的回报率超过了 300 倍。这是一个让其他人羡慕不已的成绩，但 a16z 却因此失去了赚更多钱的机会。如果你不加倍下注，那么你虽然可能仍然会赢，但只能是小赢，甚至是微不足道的胜利。在游戏中你不能太过保守。正如理查德·哈罗克在谈及扑克和风险投资时告诉我们的："如果你总是弃牌，你就不会活得长久。"

实物期权已经在一些行业得到了成功运用。当我们在课堂上指出，在制药行业，每一项药品投资在早期的净现值都为负时，现场的高管们常常会感到震惊。大多数候选药物会在开发的不同阶段失败。[20] 它们可能无法通过安全评估或功效测试，或者可能存在明显的副作用，或者可能不如现有药物有效。

如果一家制药公司对其候选药物采用要么接受要么放弃的策略，那这家公司肯定也不会长久。相反，在每个阶段，公司都应该保持灵活性，既可以继续投资特定的药物，也可以随时叫停项目。对一家制药公司来说，最佳策略是无论如何都不要只坚持开发某一种药物。通过终止项目，公司可以将其宝贵的资源，包括科学家、设备以及资金等，重新分配到其他更有前景或仍然不确定的项目中。

采矿业是另一个必须拥有实物期权才能生存的行业。以铁矿石开采为例，其盈利能力取决于铁矿石的市场价格。[21]如果价格暴跌，矿山就会无利可图，2014年该行业就曾经发生过这种情况。当时许多铁矿都出现了生产闲置的情况。然而，矿主们会持续密切地关注铁矿石的全球价格。位于澳大利亚北领地的罗珀巴铁矿于2014年被迫关闭，但随着金属价格的回升，该矿于2017年恢复开采。如果不把这种实物的期权性考虑在内，大多数矿山一开始就不会得到建造，因为在完全承诺的策略下，它们的预期价值会是负的。

再以好莱坞为例。[22]任何电影在上映首周周末票房大卖都包含着很大的运气成分。因此，成功的电影制作方几乎在它们做出的任何决定中都考虑到了实物的期权性。例如，它们会保留很大一部分营销预算，以便在上映首周周末之后决定是否使用。如果周末票房低于预期，营销预算可能会被削减甚至完全取消。另一种实物期权策略是有限发行上映。例如，电影《我盛大的希腊婚礼》在2002年上映时仅有100场排片。随着影片的走红，高管们慢慢扩大了发行范围并提高了广告预算。最终，这部成本仅500万美元的电影加映了数千场，仅在美国就获得了2.4亿美元的票房收入。[23]

从扑克职业玩家到风投再到好莱坞影业，所有这些决策者都遵循了一个共同的认知：如何对新信息做出反应是一件生死攸关的大事。除非你能够在你的组织中实施同样的灵活机制，否则你不太可能在内部建立一个价值数十亿美元的业务。不要把赌注押在你的行动上，而是要通过进行少量的投资来获得今后的下注权。这样，你就可以在以后加倍下注。传统思维很难将一个大决策分成多个小决策，但这正是风投式思维的特点。想写一本书？先从一个样章或一篇博客文章开始。读者的反馈会告诉你什么才是下一步的最佳选择。考虑全球扩张？将其分成多个阶段进行，同时在这个过程中保持好你的选择权。当然，这种灵活性的实现说起来容易做起来难。太多的力量，从我们无意识的偏见到组织设计，都在干扰我们。弃牌、跟注和加注的规则看起来很容易做到，但实际操作起来可绝对没有你想的那么简单。

决策者的滑坡效应

顶峰近在眼前。你已经离它如此之近。

罗布·霍尔曾四次登顶珠穆朗玛峰，并与人共同创立了一家叫作探险顾问的登山公司。[24]1996年5月，他带领一大群付费登山客户对珠峰发起了第五次冲锋。就在距离顶峰仅250英尺的地方，探险队遇到了意想不到的挑战。在被称为"希拉里台阶"的40英尺长的垂直岩壁处，登山者们没有及时固定绳索。当时是上午11点40分，他们不得不重新开始固定绳索的工作。

在那一刻，霍尔本应该让所有人折返。峰顶的天气很可能在下午恶化，届时他们将没有机会在规定的安全时间内开始下撤。更糟糕的是，他们的氧气罐里已没有足够的氧气。但峰顶已经如此之近，他们"下定决心要登上顶峰"。他们开始固定绳索，第一位队员在下午 1 点 25 分左右到达了顶峰，但这已远迟于原先的计划时间。他们一个接一个地继续向上攀登，有些人直至下午 3 点才到达峰顶，而这已经远远超过了他们必须下撤的时间。正如预料的那样，天气变得恶劣，氧气也耗尽了。大规模的救援行动没能挽救 8 名未能下撤的登山者，其他人则在夏尔巴人和救援队的英勇救援下保住了性命。[25]

罗布·霍尔和他的团队并不是特例。已有数百名登山者在攀登珠穆朗玛峰的过程中丧生。谨慎的登山者在接近峰顶时往往会冒险行事。当一个如此巨大的回报近在咫尺时，人们会觉得稍微冒一点额外的风险是值得的。

登山者和商业决策者有什么共同之处？即使是在生死攸关的情况下，我们的人性也会抗拒逆转方向和止损，尤其是当我们认为自己已经如此接近世界之巅的时候。经济学家和行为科学家将这种现象命名为"承诺升级"[26]，并在军事冲突和群体决策等许多不同的情境中对其进行了深入研究。

承诺升级的例子比比皆是。这种偏见扭曲了我们的推理，有时会带来致命的后果。在扑克游戏中，如果拥有两张有利底牌的玩家失望地发现前三张公共牌毫无用处，那么在直觉的驱使下，他们并不会选择弃牌，相反，他们会延续既定的策略，并希望下张牌会出现奇迹。[27] 业余玩家常犯的一个错误就是觉得弃牌是一个糟糕的策略。新手玩家和职业玩家最大的区别就是新手玩家弃牌的频率不够高。承认错误或接受预期中的好运不会到来，这对任何人来说都不容易。我们都害怕改变方向。我们总是固执己见。即使我们已经怀疑自己错了，但我们还是想证明自己是对的。

1989 年，22 岁的尼克·李森在加入巴林银行时，可能还没听说过"承诺升级"这个词。[28] 拥有 233 年历史的巴林银行曾帮助美国购买路易斯安那州，就连英国女王伊丽莎白二世也都是该银行的客户。1992 年，李森移居新加坡，负责巴林银行在当地的衍生品业务。他的伦敦上司对他的工作相当满意，因为他负责的交易很快就获得了惊人的利润。有时，仅李森一人赚到的钱就占到了整个银行利润的 10%。

账面之外的现实情况却截然不同。由于市场出现了与其交易方向相反的走势，李森出现了 170 万美元的亏损。现在他面临着一个艰难的选择：要么向伦敦的上级报告损失并承担后果，要么通过加大赌注来挽回损失。他选择了后者。由于这样做违反了银行的风险规则，他开始使用秘密账户进行操作。可惜他运气不佳，损失不仅没有减少，反而进一步扩大了，这使他更难以向伦敦方面交代。从那时起，每当他在交易中赔钱时，他就会重新下一个更大的赌注。损失越大，赌注越大。秘密账户上积累的损失额很快超过了 2000 万英镑。不到一年时间，这一数字就攀升至 2 亿多英镑。1995 年 1 月，神户发生强烈地震，震动了日本金融市场。李森试图通过押注日经指数的反弹来弥补所有的损失。开弓没有回头箭。就像一个登山运动员看到珠穆朗玛峰峰顶近在眼前而无法停下，李森也已经深陷其中而欲罢不能。

李森的巨额亏损事件成为这家百年银行一道无法逾越的鸿沟。至秘密交易曝光时，李森的亏损额已经高达 8.27 亿英镑，导致巴林银行直接破产。

你会觉得这肯定是一个特例。李森的教训固然惨痛，但这并不适用于我们大多数人，对吧？

我们经常要求参加研讨会的高管完成一项调查，请他们做出一系列投资决策。我们绝不是第一个这样做的人，但每次看到结果，我们都会感到惊讶。以下是其中一项投资决策。

两年前，你代表公司做了一个投资决定，向一个项目投资了 5 亿美元。到目前为止，该项目尚未盈利。你现在正在考虑如何处理你的投资。你可以放弃这个项目，也可以继续投入更多资金。今天的投资成本是 1 亿美元。如果投资成功，贵公司一年内的毛利将达到 10 亿美元。如果你的投资失败了，公司就赚不到钱，也就是说，公司的毛利将为零。你成功的概率是 5%。

在往下读之前，请你也花点时间思考一下这个问题，并做出你的决定。你会怎么做？

理性的反应很简单。毕竟，如果你把 10 亿美元乘以 5% 的成功概率，你的预期毛利只有 5000 万美元。在减去 1 亿美元的投资成本后，你的预期净利润是 5000 万美元的亏损。简而言之，这是一个糟糕的投资决定，还不如把这笔现金存进银行。即使银行不付给你利息，你至少还能保住你的 1 亿美元。但是，5 亿美元的初始投资怎么办？正如每个经济学家都会告诉你的，这 5 亿美元已经消失了。这就是一笔沉没资本，不应该再考虑了。唯一正确的决定就是不要继续投资并核销你的损失。

但许多高管却做出了相反的决定。平均而言，将近一半的参与者无视如此低的成功概率和可能的亏损数值，决定继续进行投资。高管们下意识地希望这 10 亿美元现金能够化腐朽为神奇，帮他们挽回 5 亿美元损失。由于调查问卷中多次使用 "你 / 你的" 这样的表述，使得关于这项任务的描述变得过于个人化了，而这也放大了高管们的一厢情愿情绪。现在，如果你错过了弥补损失的机会，那就是你的错了。当然，凡是清晰算过这笔账的人，都会知道这是一项糟糕的决定。

个人化是导致这种承诺升级的关键。[29] 相反，如果参与者被告知不是"你"，而是他们的同事或前任做出了最初的投资决定，那么他们几乎都不会再往这些失败的项目里砸钱。人们会升级自己的承诺，而不是别人的承诺。

我们还注意到，不同的组织也会对这个问题有不同的反应。在一些团队中，只有不到25%的人会进行这种不明智的投资，而在其他团队中，这个比例要高得多。领导力和企业文化在加剧承诺升级方面发挥着重要作用。一个极端的例子是，在某次研讨会上，表示会进行额外投资的参与者占比竟然达到了惊人的80%。当被告知他们是异常值时，这些高管只是礼貌地笑了一下。当天晚些时候，一位高管在其他人去参加鸡尾酒会时留了下来。"我并不感到惊讶，"他说，"我们的老板不允许失败。老板的规则是，你可以做任何你喜欢的事情，但是一旦你开始了，你的投资项目必须完成。否则，他会说这是浪费钱。"老板对决不放弃项目的执着，加剧了公司做出糟糕的升级决策的倾向。真希望这位老板能知道他这种"决不放弃"的心态已经给公司造成了多大的浪费。

承诺升级对风投来说尤其危险。正如理查德·哈罗克所说："一手烂牌就好比是一个表现不佳的公司。你需要小心那种希望通过砸钱来创造奇迹的冲动。及时止损对扑克玩家、风险投资人和企业家都至关重要。"想要挽回损失的欲望不仅会让资金沉入一个失败的项目中，还会占用风投本可以投入其他更好项目的宝贵资本。

从情感上说，切断对心爱的想法或业务的资金支持确实是一项困难的决定。"停止资助算不算是一种背叛？"你可能会如此问自己。

你很容易就能让自己相信，再给你半年的时间和 1000 万美元，你就能让你投资的这家公司扭亏为盈。由于创新世界充满不确定性，人们总是会抱着奇迹会出现的希望，为自己的一厢情愿找到合理的解释。然而，这种压力可能会令人窒息，这些勇敢的投资者也常常因此耗尽"氧气"。

在企业环境中，停止一个项目更是难上加难，因为这可能会被视为一种软弱、管理不善甚至是失败。幸运的是，风投已经发展出一些特定的机制来应对承诺升级的危险。想要了解他们的诀窍吗？那就请加入我们玩另一个流行的游戏吧。不过，这次的游戏不是在赌场，而是在电视上。

谁想成为百万富翁？

在《百万富翁》这个风靡全球的英国电视节目中，参与者只需要回答 15 道题就有机会赢取 100 万英镑的奖金。当玩家通过四选一的方式来回答一道道问题时，观众简直要紧张到屏住呼吸。参与者如果能答对一道题，就可以解锁下一个关卡，奖金额也会相应上升。第二道题的奖金额度将从 100 英镑增至 200 英镑，答对第十题奖金额更是高达 32000 英镑。每当参与者看到下一个问题时，他们可以决定是尝试回答，还是退出比赛并带着他们已经赢得的奖金回家。如果他们能答对所有 15 道问题，就可以拿到 100 万英镑的奖金。但如果他们答错任何一道题，他们就会失去已经获得的全部奖金。这个游戏的规则与风投的决策方式非常相似，风险投资人需要决定是继续跟投并承担更多风险，还是退出。更值得注意的是，由于参与者拥有额外的选择，这个电视游戏与风投困境的相似程度已远远超出了节目创作者能够想象的程度。

这个游戏跟风投的决策过程非常相似。风投公司需要决定是追加投资继续冒险，还是选择放弃。有趣的是，由于参赛选手拥有额外的选择权，使得这个电视节目比节目创作人最初想象的更加接近风投的困境。

2000年，朱迪丝·凯佩尔成为《百万富翁》节目的第一个百万英镑得主，随后在2001年，戴维·爱德华兹和罗伯特·布里奇斯也赢得了这一大奖。[30] 这三位赢家有一个共同点：在通往百万英镑的过程中，他们都使用了求助工具。《百万富翁》节目中有三种求助工具，分别是给朋友打电话、询问观众和去掉两个错误答案（在该节目中被称为50/50原则），这三位赢家都使用了这三种工具。如果你没看过这个节目也不要紧，接下来我们会详细解释这个游戏及其与风投式思维的关联。

给朋友打电话：切勿孤军奋战

这是一道价值12.5万英镑的问题。

请补全莎士比亚在戏剧《冬天的故事》中的如下舞台指示："被（　）追赶，退场。"括号里应该填什么？是老虎，小丑，熊，还是狗？

朱迪丝·凯佩尔不知道这道题的答案。你知道吗？幸运的是，她还有一件没有使用过的求助工具：给朋友打电话。她可以就任何问题给自己的朋友打电话征求意见，时长为30秒。朱迪丝打电话给她的朋友吉尔，后者非常肯定地告诉她答案是"熊"。吉尔答对了。

风险投资人也经常会在后续决策方面举棋不定。如果他们感到纠结，他们就知道自己可能受到了承诺升级偏见的影响。像朱迪丝一样，他们也会给朋友，也就是他们的合伙人打电话求助。

之前我们就介绍过，风险投资公司实行的是合伙制。所有合伙人都会积极参与关于后续投资的决策。他们不只是负责批准交易，我们发现，为了平衡投资主导者的承诺升级倾向，一些合伙人还会经常刻意扮演魔鬼代言人的角色。通过这样做，他们创造出一种"无脑赞同绝非风投常态"的文化。其他合伙人会尽力找出不追加投资的理由。在一些风投合伙企业中，没有参与初始投资的合伙人也要在后续投资中签字。这一要求可以弱化"你"在决策中的角色，使得必要时更容易尽早止损。

光速资本以资助 OYO（印度的一个连锁酒店品牌）、Snapchat 和 Grubhub（美国的一家外卖平台）等初创公司而闻名。它管理着超过 180 亿美元的资产，其中大多数投资都投向了现有的投资组合公司。和其他风投公司一样，它也经常加码下注。然而，该公司也规定，若没有"再投资团队"的签字批准，任何支票都不能开出。

"每家的宝贝都可爱至极，"光速资本的迈克尔·罗马诺说，"尤其当你从种子轮或 A 轮融资就开始参与这些被投公司的时候。"[31] 再投资团队的负责人詹姆斯·埃弗拉蒂则被赋予"独立挑战后续投资决策"和"质疑光速的每一个投资假设"之职。[32] 再投资团队会自行收集数据，单独做出预测，给客户打电话，并提出独立建议，这些建议通常会挑战估值，甚至建议公司完全放弃后续投资。

除非你像朱迪丝·凯佩尔和聪明的风投那样，让组织中与项目无关的人士参与到高风险的后续决策中，否则你很可能会面临承诺升级的风险。请引入其他高管来决定是否为一个关键项目的下一阶段提供资金。与内部专家取得联系，不时邀请他们加入团队，以帮助你做出更好的决策。问问你自己，你投资的订阅服务项目是仍在按计划进行，还是已经看不到未来？找一个之前做过订阅服务的人参与到你的决策讨论之中。如果你参与的是一个高科技含量的人工智能项目，那么在缺少外部技术专家参与的情况下，你根本无法就是否该继续投资做出明智决定。

向朋友求助甚至可以成为你的秘密武器。皮克斯提出了"智囊团"的概念，这是一个由不同背景和经验丰富的创意人士组成的多样化和流动性小组。[33] 他们没有正式的权力，但拥有丰富的经验，可以提供多种视角。智囊团可以被视为同行评审或是从一个医生小组那里获得第二医疗意见。如果没有智囊团的参与，像《玩具总动员2》这样的热门电影就不会取得如此巨大的成功。

请向你的朋友寻求建议，并组建你自己的智囊团。就像在电视节目中一样，是否采纳他们的建议取决于你，但无论如何，你都要让自己获得一个客观的视角。

询问观众：寻求局外人的观点

同样是为了回答一道价值12.5万英镑的问题，第二位《百万富翁》的胜者戴维·爱德华兹采用了另一种方法：寻求局外人的观点。他向观众寻求帮助。当他提出使用这项求助工具后，摄影棚里的每个人都拿起一个小设备来选出他们认为正确的答案。节目制作方会把全部观众的选择进行一番统计处理，然后通过屏幕展示出来，比赛选手则可以从中看到每个答案的支持分布情况，从而做出最终选择。大众的智慧帮了爱德华兹的大忙，因为他选择了那个获得了62%观众支持的选项，而这就是正确答案。[34] 事实上，观众支持率最高的答案通常有超过九成的正确率。

聪明的风投公司也会寻求大众意见。只不过，他们的大众指的是其他知名的投资机构，而且这些机构通常都是受邀与现有投资者一起进行投资的新投资者。现有投资者和新投资者有着重要的区别。新投资者尚未参与到项目中，因此不太容易受到承诺升级的影响。找到愿意和你共同投资的新投资者，是弱化"你"在决策中所扮演角色的另一种有效方法。

风投公司常常要求初创企业的创始人寻找新的领投机构，否则，现有投资者将不会追加投资。亚历克斯和伊利亚都接到过创始人的电话，亚历克斯的电话是斯坦福同学打来的，伊利亚的电话是学生打来的。在电话中，这些初创企业的创始人都对他们 A 轮融资的领投方表达了失望之情，因为这些风投机构宣称，除非找到新的领投方，否则它们将不会参与 B 轮的融资。

值得注意的是，提出这一要求并不是因为缺乏资金，而是为了保持自我约束。许多成功的风投公司在这方面都奉行了一条重要的经验法则。现有投资者期待新投资者不仅是为了确认其他投资者对该公司的兴趣，也是为了独立评估该公司的价值。例如，著名的软件风投公司哈默 & 温布拉德（Hummer Winblad）很少在没有新投资者参与的情况下进行后续投资。另一家风投 Versatile 则在其网站上明确表示，在完成了对某一项目不超过 100 万美元的首轮投资之后，他们将需要一个新投资者来引领后续轮次，否则将不再参与其投资。[35] 事实上，伊利亚的研究表明，由新投资者领投的融资轮次往往能够产生更好的结果和更高的投资回报。[36]

我们可以从德国大型电力公司莱茵集团的案例中体会到风投式思维的威力。[37] 此前，基于电力价格会不断上涨这一虚幻假设，该公司曾做出过一笔超过 100 亿欧元的孤注一掷的资本支出决策。然而，首席执行官罗尔夫·马丁·施密茨上任后，通过实施我们在本书中讨论的诸多机制，对该公司的决策过程进行了一番彻底改革。其中的一个例子就是该公司对"发电业务的战略僵局"的破解。正如公司首席财务官伯恩哈德·冈瑟所说，"多年来，发电业务一直是公司的摇钱树，但现在这一业务模式已经崩溃"。

  为了减少承诺升级，莱茵集团成立了一个红队和一个蓝队，然后由他们分别提出不同的解决方案。值得注意的是，这两个团队一个由内部人员组成，一个由外部人员组成。果不其然，内部团队提出的是一套渐进式的解决方案，与之相反，外部人员则提出了一套更为激进的方案。最终公司董事会采纳了外部人员的方案。

  根据我们的经验，许多公司都未能成功地利用外部观点并将其融入决策过程。引入外部人员经常遭到公司内部人员的抵制。外部人员怎么会比那些在项目上花费了几个月甚至几年的内部团队更了解情况呢？在传统的业务环境下这或许没错，但一旦进入未知领域，你就需要引入外部专家进行评估。你需要使用"询问观众"这一求助工具。你需要局外人的集体智慧。试点结果是否令人满意？新产品是否获得了用户的一致好评？太棒了！现在再引入独立顾问来进行一番评估。如果能够通过引入外部投资者来分担风险，那更是再好不过。沃尔玛引入了著名的风险投资公司 Ribbit 进行金融科技项目方面的合作。[38]谷歌的母公司字母表也为自己的自动驾驶部门微末引入了外部投资者。[39]请像聪明的风险投资人一样行事。

50/50 原则：频繁地退出

  对一个初次看到的想法说"不"很容易，然而一旦你"入了戏"，要做到这一点就困难得多了，这时，"50/50原则"就派上用场了。罗伯特·布里奇斯是第三位拿走《百万富翁》百万英镑奖金的参赛者，他用另一项求助工具回答了最后一道价值100万英镑的问题："哪个科学单位是以一位意大利贵族的名字命名的：帕斯卡、欧姆、伏特还是赫兹？"你知道答案吗？布里奇斯不确定。他利用50/50这一求助工具消除了四个选项中的两个。一旦选项被缩小到欧姆和伏特，布里奇斯就知道正确答案了。据说发明了电池和氢灯的亚历山德罗·伏特曾说过："当实验表明一个想法是错误的时候，也是你必须准备好放弃它的时候，即便这是最诱人的想法。"风险投资人们对此表示完全赞同！

50/50原则提醒我们，风险投资世界的筛选过程是非常残酷的。在每个阶段，只有大约一半的初创公司能够艰难地进入下一轮。[40] 能通过所有严苛筛选并取得成功的初创公司少之又少，大约每60个得到风投支持的初创公司中才会出现一家独角兽企业。[41]

典型的风险投资策略是给初创公司提供仅足以维持未来12~18个月运作的资金。之所以如此，是因为投资者希望这家初创公司能够在未来的12个月内达到预计的里程碑，至于另外的那6个月，则是投资者额外提供的缓冲时间。50/50方法的本质是你在任何阶段都要愿意接受失败。坚持诚可贵，但退出价也高。

风险投资人预先知道，他们在每个阶段都将有一半的押注会失败，所以他们会分散投资并且及时止损。正如马克·安德森所言，"风险投资家的做法就是购买一系列长期的、深度虚值的看涨期权。"[42] 安德森的意思是，如果非要他和其他风险投资人持续地支持他们所投资的每一家初创公司，那他们很快就会用完全部资金。所以他们会使用组合投资的方法。他们希望通过专注于最有前途的想法，最终能培育出一两个具有超高回报率的项目。就像打扑克一样，风投的做法就是加注赢家，放弃输家。

有一次，一家大公司的首席执行官向伊利亚展示了一系列内部创新项目。表面上看这些项目都很成功。那伊利亚反馈给这位首席执行官的建议是什么呢？如果你的大部分项目能够进入下一阶段，那就说明你根本没有承担足够的风险，因此这些项目完全不够创新，或者就是你没有及早淘汰不合格的项目，并且有承诺升级的倾向。建议多使用 50/50 的方法，尽可能只让你一半的投资项目进入下一轮。

2021 年年底时，麦当劳与 Beyond Meat 合作推出了植物肉汉堡，并首先在 8 家餐厅进行了测试。[43] 在该测试推出几个月后，它们又将试验扩大到 600 个餐点。但随着新数据的出炉，麦当劳于 2022 年叫停了这一产品。他们一开始很看好这个项目，之后也挺看好，但最终还是放弃了。推出新产品不是做一个简单的开关按钮，它更像是一条有很多红绿灯的路，其中的每组红绿灯都会帮你解锁下一个路段。

《百万富翁》这档节目本身也是一次赌注。当小型娱乐制作公司 Celador 的创始人保罗·史密斯将这档名为《现金山》的节目推荐给主要电视频道时，他并没有得到好运的垂青。电视台的高管一个又一个地拒绝了他。1998 年 4 月，史密斯前去英国和 ITV 新任节目总监戴维·利迪门特见了面。[44] 史密斯带来了四个信封，里面分别装有 250 英镑、500 英镑、1000 英镑和 2000 英镑。这些现金能帮他带来好运吗？

史密斯想到的绝妙主意，就是与利迪门特一起玩这个答题游戏。他按照这档节目的规则，向这位总监提出了一个个带有四个答案选项的问题。如果这位 ITV 高管能够答对，他的奖金就会翻倍，并且被引向下一道更难的问题。利迪门特利用与员工讨论等求助方式，最终赢得了 500 英镑的奖金。这款游戏引起了他的兴趣，但 ITV 马上就全力投入这档节目的制作了吗？并没有。电视台也是风投式思维的遵循者。这个节目最初只制作了试播集，后续又制作了 10 期。等到《百万富翁》成为英国最受欢迎的非体育类电视节目之后，它才获得了一个常规的播出档期。没用多久，史密斯自己也成了一名百万富翁。

杀手本能

风险投资人、扑克玩家、百万奖金竞争者和电视节目制作人有一个共同的特质。他们都会把一个漫长的、风险重重的路径分成多个阶段，他们会在前进的过程中不断调整方向，他们会时刻准备着在遇到风险时全身而退。成功的公司也是如此，尤其是在它们最具风险的业务上。

假设你被要求创建一项新业务，目标是在不到一个小时的时间内将订单送达客户手中。你没有焦点小组开展市场调查，而只能靠一支小团队，且必须在 90 天内完成这项任务。这听起来非常艰巨，是吧？亚马逊副总裁斯蒂芬妮·兰德里和她的团队接受了挑战，宣布在纽约市推出会员即时达（Prime Now）服务。[45] 最终该项业务历时 111 天创建完成，并于 2014 年 12 月 18 日投入运营，尽管这超过了原定的 90 天期限，但好在赶上了圣诞节。[46] 平安夜的最后一个订单在晚上 11:06 送达，只用了 42 分钟。

会员即时达服务取得了成功，如今亚马逊在全球数千个地点提供超快速送货服务。很少有人意识到，这只是亚马逊同时开展的众多雄心勃勃的项目之一。亚马逊押注了很多项目。尽管这项业务获得了成功，但在很多其他项目上，亚马逊最终都选择了退出。亚马逊钱包与会员即时达服务是在同一年推出的，但几个月后就被取消了。作为会员即时达服务一部分的亚马逊餐厅一键送餐服务也被取消。像这样的失败项目还有很多，比如亚马逊团购、亚马逊甜品订购，以及亚马逊版的小红书（Amazon Spark）等。失败项目的名单要比成功项目的名单长得多。但正如之前所说的，重要的不是三振，而是本垒打。

尽管最终目标总是无比远大，但每一步都走得像是新一轮风险投资：详细检验，以确保方向正确。在纽约市推出业务只是测试会员即时达服务的第一个里程碑，之后亚马逊又继续在各地开展了更为广泛的业务推广。如果没有达到新的里程碑，亚马逊会随时关闭这项业务。

许多决策可能会让那些不习惯风投式思维的人感到惊讶。会员即时达服务最初只是在同一个邮政编码区域内推出。该项目的货仓位于帝国大厦的街对面，这里似乎更适合穿着昂贵西装的投资银行家，而不是包装香蕉的物流员工。只花了16天的时间，一个空荡荡的空间就变成了一个功能齐全的拣选和包装站。每次送货的成本都很高。亚马逊没有使用主应用程序来推广这项业务，而是推出了一款独立简洁的应用。这些决定本身对任何物流专家来说都没有多大意义。但是，一旦你将这个项目视为测试场，那测试的速度和简便性就变得至关重要。对于任何这样的测试，你都要首先确定你要解决的具体问题，然后再问自己测试是否足够简洁和清晰，是否能让你快速解决问题。请记住，你进行测试的目的不是争取更多的资金投入，而是解决关键风险，按需对项目做出调整，以便后续进行更大规模和能够获取更多信息的测试。

当一家生物技术初创公司进行药物实验时，他们不会太关心成本或如何扩大规模。他们的首要目标是确保药物有效。同样，在构建一个新的想法或一种新的产品时，你的首要目标是设计一个实验，来测试和验证你的主要假设。对于会员即时达服务，亚马逊的首要目标是验证客户是否喜欢超快配送这个想法。结果证明用户很吃这一套。但如果用户对此并不感兴趣呢？那你应该怎么做？

当你收到一封主题为"目标击杀率是多少？"的电子邮件时，你可能会觉得很紧张。但别害怕，这其实是我们在与一家大型美国公司的领导层进行研讨后提出的一个后续问题。该公司在无数的实验和测试中投入了巨资，但却收益甚微。在研讨会上，高层领导们很自豪地说，过去几年他们启动了很多新项目，创办了不少新企业，但亚历克斯却提出了一个让他们颇感困惑的问题："那你们关闭了其中的多少项目？"令人不安的沉默揭示了真相。一个项目也没有关闭。新产品和新服务像僵尸一样遍布各处，它们不断地出现在公司的各类报告中，变成了对公司宝贵资源和高层领导注意力的一种严重消耗。

像风险投资人一样，你需要制定一套严谨的投资组合方法，以决定该在何时以及如何退出你的项目。尽管"目标击杀率"的概念可能会让你感到震惊，但不要被它吓倒。要学会修剪花枝，绝不要让千花绽放。要时刻准备好修剪工具。长时间持有太多赌注可能会让你平均用力，从而无暇关注重点。在企业环境中，一个创新想法所能获得的资金，顶多就是让其维持运转，但绝不足以产生任何影响。你可以在创新实验室里找到这样一个创意大杂院，那里面到处都是穿着连帽衫和牛仔裤、在透明的玻璃墙上写着稀奇古怪东西的人。一些大公司会经常带访客（包括本书的两位作者）参观这样的实验室，以彰显他们对创新的承诺、他们的创业精神，当然在这里你也少不了会看到各种各样时髦的流行语。不可否认，这些实验室看起来的确令人兴奋。但是，除非创意能够得到足够的关注和资金支持，否则它们只会成为创新的文物，而不是增长的驱动因素。聪明的风投不会允许花园里长满杂草。这些创意必须变成通过测试并发布的产品，然后要么扩大规模，要么停产关闭。风投通常会允许大量初创公司走向失败并尽早止损，这样他们就能将更多资源集中到那些有潜力成为独角兽的公司。大公司的创新实验室则很少这么做。一个组织根本没有能力去顾及它所产生的所有想法。果不其然，根据凯捷咨询公司发布的最新报告，此类实验室的项目淘汰率高达90%。[47]

但并不是所有企业实验室都会这样运作。例如，为了能够彻底清理无效创意，谷歌X实验室的登月工厂建立了一种被称为"连环杀手"的商业模式。[48]"嘿，今天我们打算如何杀死我们的项目？"谷歌X的负责人（其官方头衔叫作登月队长）阿斯特罗·泰勒在他的TED演讲中如此问道。在谷歌X，我们经常会看到成百上千的创意同时涌现，但其中的绝大多数都会被淘汰掉。

首先，快速评估小组会对这些创意进行调查。[49]该小组的座右铭是：迅速的否定也是一种肯定。团队一开始就会为这些想法写下墓志铭！在一项名为"事先验尸"的练习中，团队会首先假设一切都会失败，然后对可能导致失败的因素展开头脑风暴。很快，花不了几千美元，团队就能判断出某个项目是否值得继续。在这一阶段，超过90%的想法会被判处死刑，这比之前提到的50/50原则还要凶狠！

幸存下来的想法可以进入下一个阶段，可以自由地花费更多的金钱和时间来构建原型，并解决问题中风险最大的部分。这也是对其商业成功可能性进行评估的阶段。轻于空气的浮力货船这个主意怎么样？它们可以降低全球货物运输的基础设施成本。听起来是不是很有前景？是的，但你很快就发现，光是为了获得初步的验证数据，你就得花费2亿美元。所以呢？只能把这个项目毙掉。

只有3%的创意能够进入谷歌X的"铸造"阶段，这个阶段的目标是将创意作为一个商业项目进行测试。在这一时期，公司会安排一个少于12人的灵活团队来负责寻找产品和市场之间的契合点。"我们需要在一年内将项目的风险降至可以实现增长的程度，否则我们必须放弃。"铸造阶段的负责人奥比·费尔滕如是说。[50] 大约有一半的业务不会存活下来。那些成功存活下来的项目，其"成年生活"将从得到领导层认可的那一刻正式开启。

你无须成为谷歌也可以运用同样的风投式思维来推进你的业务。你要做的就是构建业务，分阶段推进，适时退出。

把握退出时机

"一劳永逸"的思维模式往往根深蒂固，以至于让人觉得很难有其他选择。想想我们为自己或孩子做出的职业选择。我们确实应该在职业选择上花费精力，因为这是人生中的一个关键决定。但事实真的如此吗？其实，你倒不如试着把自己的职业生涯视为你创造的一系列实物期权。不如把发展新技能、获取新知识和结识新人脉视为向你开放的新机会。在做出终身承诺之前，一定要珍视你所拥有的灵活性。

很多家长经常问我们，他们的孩子应该学习什么才能在生活中取得成功。这是一个传统的、深受承诺思维影响的问题。当他们的孩子毕业时，无论他们学了什么，新工作岗位的需求都会以一种无法预测的方式发生改变。在 20 年前，谁能预测到我们今天会需要大数据专家这样的岗位？对于这些焦虑的父母，我们给出的一个建议是，他们的孩子可以培养的最重要的技能是学会如何学习，因为无论他们现在学了什么，他们都需要在十年后的充满变数和颠覆性的环境中重新学习。

美国大学教育闻名于世的一个主要原因在于，不同于大多数欧洲和亚洲的大学教育体系，美国学生在申请大学时不必选定专业，他们可以等到大三后再根据自己探索过的不同科目来选择主修方向。伊利亚认识许多斯坦福大学的本科生，他们会在前两年选修高级历史、生物和计算机科学等课程，还会去自动驾驶汽车实验室这类地方担任研究助理，之后他们才确定自己的专业方向。在欧洲的同龄人就缺乏这种灵活性。欧洲的学生并不是被某某大学录取的（比如法兰克福大学），相反，他们需要申请一个具体的系，比如化学系、伊斯兰学研究系或者气象系。这个体系要求你在 17 岁或 18 岁的时候就要做出最终的选择。这是一个典型的缺乏灵活性的承诺案例。

我们一位美国朋友的儿子凯尔本想去英国上大学。但在结束了英国大学之旅后，他决定自己不从一开始就被锁定在一个专业上。这是一个明智的决定，因为他在加州大学洛杉矶分校读大一的时候从机械工程专业转到了经济学。许多欧洲的年轻人没有凯尔这样的选择自由。

灵活性有代价吗？当然有。你只有花费更多的时间才能进行更多的尝试，而保持专注则可能会让你更快地取得预想的结果。但请想想我们在生活中都是怎么做的。我们常常愿意为可以在最后一刻取消或更改机票而支付额外的费用。我们会选择有取消选项的酒店。在不确定性非常高的情况下，灵活性是能够带来回报的。在其他不确定的情况下，我们也应该这样做。

当然，运气和技巧的结合可以让你的旅程更加顺利。约翰·卡彭特是美国版《百万富翁》的首位100万美元奖金得主，他在没有寻求任何帮助的情况下轻松地答对了所有15道题。他很幸运地遇到了一道关于哪个月份没有联邦假日的问题，要知道，作为一名美国税务局工作人员，他可是对联邦假日如数家珍。在回答那道价值100万美元的问题时，他使用了电话求助工具，但他这么做只是为了告诉他父亲自己即将赢得最高奖金。然而，在创新的世界里，即使是像约翰·卡彭特这样的人也需要用到求助工具。就像扑克玩家一样，我们需要反复地问自己，是弃牌、加注还是跟注？

思维模式评估

- 你的组织是会以分阶段方式开展实验和资助项目，还是更倾向于即刻的全力投入？
- 你是否建立了定期撤资和停止无效项目的机制？
- 你是否会在项目达到关键里程碑节点时定期咨询外部利益相关者和专家？

第8章 把蛋糕做大

捕鲸者要保证分给船员们足够的利润，否则你根本不可能捕捉到鲸鱼。同样，如果你既希望团队能够努力工作，又希望能借此赢得丰厚的回报，那么你就需要设计出能够让每个人都能分享收益的激励机制。

同舟共济

扎卡里亚·斯塔格纳里奥的祖父多布拉米罗是一名来自克罗地亚的奴隶，直到其威尼斯的主人去世后才获得自由，父亲潘克拉齐奥是一名舵手，他的出身如此贫寒，以至于没有人预料到他能够在13世纪初成为威尼斯最富有的商人之一。斯塔格纳里奥攀升至最高社会和政治圈层的旅程，始于他在1199年与乔瓦尼·阿加迪签订的一份合同。[1]

"奉主之名，"这份合同的开头写道，"我，扎卡里亚·斯塔格纳里奥，声明我已从你，乔瓦尼·阿加迪处，收到了300磅威尼斯便士，我将带着这些钱坐船从这里到君士坦丁堡，在那里以及其他任何我认为合适的地方做生意。"威尼斯是中世纪东西方贸易的重要枢纽。合同规定，在没有任何其他商业指示或附加条件的情况下，斯塔格纳里奥将带着这笔巨资前往君士坦丁堡展开贸易。阿加迪是如何确信斯塔格纳里奥会努力帮他实现资本增值的呢？秘诀在于利润分享的激励机制。

这份合同接着写道："（回来后），我将依据公平真实之账目，在里亚托把你的全部资本300磅威尼斯便士以及上帝赐予我们之全部利润的3/4，都归还和交付于你，绝不敢有任何欺瞒。我自己将保留剩下的1/4。"

即使今天的风险投资人不会在合同中提到上帝，他们也能立即认清这种合同的本质。一旦斯塔格纳里奥归还了初始资金，他将保留 1/4 的利润。阿加迪承担了所有风险。虽然他失去资本的可能性很高，但潜在收益却没有上限。在这趟商业冒险活动中，斯塔格纳里奥和阿加迪构成了一个紧密的利益共同体。这种契约有一个特殊的名称：科莱冈萨（colleganza）制度。

经济历史学家认为，科莱冈萨制度是中世纪的一项关键商业创新，它释放了长途海外贸易的潜力。它使得雄心勃勃的创业商人即使没有任何资本也能够参与到商业游戏并大发其财。商船航行如果获得成功，将可以赚得非常可观的利润，但这也同时伴随着极高的风险。疾病或船难导致的死亡屡见不鲜。大洋中的海盗行为也很猖獗。如果天气不配合，商人很可能会晚一个月才能到达目的地，"发现这一年的交易活动已经结束，因此只得以极低的价格抛售货物"。迭戈·普加和丹尼尔·特雷弗勒在他们对科莱冈萨制度的研究中强调："最终是会获得巨额利润还是承受巨额亏损，往往有赖于运气以及贸易者在商业技巧及努力程度上的差异。"

利益的一致性确保了商人会尽最大努力带回巨额利润。科莱冈萨制度的创新不仅让扎卡里亚·斯塔格纳里奥这样的商人赚得盆满钵满，同时也壮大了威尼斯的海上力量，扩大了整个社会的流动性，并让新富阶层获得了向传统精英发起挑战的机会。一些研究人员甚至认为它对威尼斯的政治制度及其议会的形成也产生了重大影响。

几个世纪后的海上事业仍旧是风险重重。新英格兰的捕鲸业务与威尼斯的航行有着惊人的相似性。1850 年代，这一业务所需的启动资本约为 2 万～3 万美元。这相当于当时一个典型美国家庭农场价值的 10 倍，而那时候一名有人身自由的非技术工人每天的工资还不到 1 美元。[2]

类似于由科莱冈萨制度支持的航行，捕鲸的成果也需要数年的时间才能知晓，船毁人亡的风险始终存在。据估计，从马萨诸塞州新贝德福德港出发的所有捕鲸船中，有 1/3 再也没能回来。[3] 恶劣的天气、海盗的袭击、鲸鱼攻击或者是一场火灾，都可能导致一艘船的彻底毁灭。这种玩命般的努力究竟能带来多大回报？回报极高。经过长时间捕鲸探险后归港的船只，可以赚得超过 10 万美元的利润。

"在捕鲸行业，他们不支付工资，"赫尔曼·麦尔维尔的《白鲸》中的伊什梅尔说，"但包括船长在内的所有船员都能获得一定比例的利润，即所谓的分成。"所有船员都承担风险，所有船员都付出努力，所有船员都分享利润。

但是，在资本所有者和"所有人"之间，也有一个新角色的位置。[4] 资本所有者通常与捕鲸业务相距甚远。他们拥有资本，但没有技能。船长有进行长途航行的意愿和技能，但却没有资本。所以我们需要的是一个位居其间的人，即一个经纪人。

经纪人的职责是建立捕鲸伙伴关系，寻求资金，然后与每个船长合作，为航行做准备，获得最好的设备，并确保合适的船员到位。经纪人会经常向船长提供有关航行范围和捕猎场所的建议，日常的捕猎决策则交由船员负责。作为回报，经纪人会参与合伙事业的利润分享，占有其中 1/3~1/2 的股份。

船员们也是以同样的利润分享方式获得激励。船长的净收益份额，或"分成"，一般在 5%~10% 之间。船长并不是唯一一个从航行成功中获益的船员。大副、二副、三副和捕鲸手也会各自分到应得的份额，这个数字往往从百分之零点几到 2% 不等。在 30 个左右的船员职位中，每个人，包括船上的那些最年轻的初级船员，都有机会分享利润。早在鲸鱼真正被捕获之前数年，各项利益就已经通过详细的合同划分完毕,这与如今独角兽公司的投资回报分配方式极为相似。[5]

水涨船高

当今的风险投资人和初创公司员工很容易体会到捕鲸经纪人、捕鲸手和昔日的威尼斯商人所处的激励环境。他们都承担着极高风险,付出了巨大努力,并都能够在成功后获得巨额回报。风险投资人承担着中介的角色,将有好创意但缺乏资金的创新者和拥有资金但缺乏创意的投资者联系了起来。现代版的科莱冈萨制度叫作有限合伙协议,根据该协议,风投有权享受一种叫作"2/20"的两级报酬结构。

"2/20"中的"2"指的是管理费,是风投公司用来支付团队工资和奖金的费用。通常,风投公司的年度管理费是投资者所提供资本的 2%。这笔管理费与基金业绩无关。[6]无论基金投资盈亏,风投公司都会支出同等的管理费。大多数风险投资公司将管理费视为高级餐厅的开胃菜,主菜则是"2/20"中的第二个组成部分,即"20"。

"20"是指风险投资公司从基金总利润中赚取的份额。与扎卡里亚·斯塔格纳里奥在 1199 年签订的合同一样,风险投资基金首先必须将所有承诺资本返还给投资者。然后风险投资公司才能从每 1 美元利润中赚取 20 美分。这笔得利被称为"附带权益"[7]。20% 的比例是一种常见的安排,但许多风险投资公司也会像斯塔格纳里奥一样要求拿走 25% 的利润,有的甚至会像昔日的捕鲸经纪人一样要求分走利润的 30%。"附带权益"这一术语也是来自航海时代,指的是船长在冒险航行中出售载运货物所获得的佣金。无论具体比例是 20%、

25%还是30%，附带权益都使得风险投资公司与其投资者成为一个利益共同体。

如同捕鲸经纪人会确保全体船员参与利润分享计划，风险投资人也希望他们所投资初创企业的每个人都能从成功中获益。他们运用风投式思维找到了一种可行的激励解决方案。作为投资的前提条件，他们不仅会要求所有对项目成功至关重要的人都持有公司股权，而且还会确保他们都能得到有意义的股权份额。用电影《华尔街》中戈登·盖柯的话来说，在风险投资行业中，贪婪可不是好事情。但风险投资人如此慷慨大方，并不是他们慈悲为怀。通过巧妙的合同设计，风投既能够激励创始人上行参与，同时也能够阻止他们的下行风险。如果创业失败，创始人顶多不会变得富有，但也不会因此受到额外的惩罚。为了确保整个团队都能从成功中受益，风投还会预留出一大部分股权。正所谓水涨船高，公司若能取得成功，所有人都会从中获益。

风险投资公司通过两种强大的机制实现其目标。风投通过提供激励措施来鼓励人们勤奋工作。与此同时，这些激励措施也吸引了很多具有创新精神、才华横溢、富有成效、敢于冒险以及能够承受失败的人。各种研究一再表明，这两种机能够相互强化，相互促进。

澳大利亚的研究人员进行了一场有趣的实验。他们邀请参与者玩"拼字比赛"游戏，这是一种利用7个字母组成单词的填字游戏。[8] 一些参与者被随机分配到了计时薪酬组，按游戏时长而非比赛成绩来计算薪酬。其他参与者的报酬则由他们所获得的积分决定（在游戏中，如果参与者能用所有7个字母组成一个全字母短语，则将获得最高分数）。那些根据积分获得报酬的人更有效地利用了他们的才智，想出了更多的单词。然后参与者可以决定他们是否想要改变获取报酬的方式。实验发现，在这里发挥作用的有效机制是自我选择，也就是由人们自己决定选择哪种计薪方式。正如所预测的那样，效率较高的参与者选择了绩效薪酬，而效率较低的参与者则选择了计时薪酬。结果显示，选择绩效薪酬的人拼出的单词数量会进一步增多。

我们在第 5 章中指出，骑师是一个高技术含量、高风险的职业。无论是初创公司的创始人还是赛马场上的骑师，为了增加获胜概率，他们都必须付出辛勤努力。但在初创公司和赛马比赛中，投资者和马主都很难轻易验证骑师的努力和投入程度。伦敦经济学院的苏·费尼和戴维·梅特卡夫曾合写过一篇关于骑师会如何应对激励的论文，这篇论文的题目颇引人注目：《重要的不是薪酬的数额，而是支付薪酬的方式，这才是影响结果的关键》。[9] 他们发现，与领取固定薪酬的骑师相比，那些薪酬和绩效挂钩的骑师在赛马中往往会有更好的表现。

回到风投的话题上来，让我们回想一下某初创公司历史上的一个重要时刻。2013 年 11 月 8 日，随着纽约证券交易所开盘钟声响起，推特宣布正式上市交易。首次公开募股使得该公司的联合创始人杰克·多西和埃文·威廉姆斯在骤然间增加了数十亿美元的财富，但更引人注目的是，推特上市也让 1600 名普通人变成了百万富翁。[10] 这些人中有许多都是普通的工程师和产品经理，他们在推特还是个不起眼的小公司时就冒险加入了团队。他们登上了一艘捕鲸船，并最终取得了胜利。推特的首日交易取得了巨大成功，投资者的追捧使得该公司的股价在第一天就几乎翻番。

推特的这一成就令人瞩目，但绝非独一无二。仅在 2021 年的美国，所有由风投支持的独角兽公司通过首次公开募股等流动性事件[1]创造的总价值就超过了7000亿美元。当年超过75次的首次公开募股，以及过去几十年不计其数的类似事件，造就了成千上万的财富大赢家。这些人与联合广场创投（Union Square Ventures）以及基准资本等推特的早期支持者一起成为获利者。

这些投资人都知道，无论是创始人还是员工，凡是希望通过冒险来获取超额回报的人，都必须努力工作，而且往往需要在薪资很低的条件下努力工作。因此，当你开启了一段漫长的冒险旅程时，如果你既希望团队能够努力工作，又希望能借此赢得丰厚的回报，那么你就需要设计出能够让每个人都能分享收益的激励机制。既然有难同当，那也必须有福同享，否则你根本不可能捕捉到鲸鱼。

薪酬革命

1957年，苏联人造卫星的发射拉开了太空竞赛的序幕，亚洲流感引发了一场全球疫情大流行，第一款飞盘开始上市销售。同样是在这一年，加利福尼亚的"心悦谷"迎来了一场薪酬革命。心悦谷这个名字源于其盛产水果的果园。除非你是历史爱好者，否则你可能从未听说过这个名字，但你肯定听说过它现在的名字——硅谷。硅谷这个新名字的出现，在很大程度上是因为这场薪酬革命。

这一切始于八名工程师决定离开由威廉·肖克利创建的实验室。肖克利是晶体管的发明者之一，也是一名新晋诺贝尔物理学奖得主。当时距离个人计算机的问世还有20年，半导体的概念也还相当新奇，

---

[1] 流动性事件是指那些能够将非流动性资产（如公司股权）转变为流动性资产（如现金）的事件，主要包括公开上市、合并以及收购等。——译者注

但这八位"叛将"却想在半导体领域开创一番事业。他们有很好的想法，但缺乏资金。这时，一位名叫亚瑟·洛克的人向他们伸出了援手，此人是一位俄罗斯移民的儿子，后来成为美国最早和最著名的风险投资人之一。[11] 在经历了几十次失败的募资尝试后，洛克吸引了商人谢尔曼·费尔柴尔德的注意。费尔柴尔德是个大人物，行事乖张，热爱科学，善于投资，他是当时 IBM 最大的个人投资者，也是仙童航空公司、仙童工业公司、仙童照相机与仪器公司等众多公司的创始人和所有者。[12] 在二战期间，盟军进行航拍时所使用的照相机就来自仙童照相机与仪器公司。仙童的设备还帮助美国制作了从曼哈顿到月球表面在内的各种航空地图。①

费尔柴尔德觉察到，这八名工程师的头脑中正在酝酿着一些伟大的想法，于是同意为他们的企业提供资金，并让他们每人持有公司约 7.5% 的股份。[13] 这家新的企业被命名为仙童半导体公司。他和洛克的直觉很快得到了证实，仅用了不到 5 年时间，这家从车库起家的小型初创企业就发展成为一家拥有近 1 亿美元收入和 7000 多名员工的大公司。[14] 不过，在成立仙童半导体时，狡猾的费尔柴尔德在合同中加入了一项允许他以 300 万美元的固定金额收购公司的条款。公司刚刚成立两年，费尔柴尔德就行使了这项权利。这八位创始人因此分得了一笔小财富，但他们的身份也从股东变成了领取固定薪水的雇员。如果你对自我选择有所了解，你大概就能猜到接下来会发生什么。在接下来的几年里，所有创始人都离开了仙童半导体，创办了自己的公司。

---

① 费尔柴尔德作为姓氏，是 Fairchild 的音译，但在用作公司名称时，我们通常把 Fairchild 意译为仙童。——译者注

走进加州山景城的计算机历史博物馆,你可以看到一棵"万亿美元初创公司"树。这八位被戏称为"仙童之子"的创始人直接或间接促成了数百家企业的创立,其中包括英特尔、超威半导体、美国应用材料公司、甲骨文、苹果、凯鹏华盈、思科和英伟达。[15] 这六代企业的根源都可以追溯到仙童半导体。时至今日,由仙童半导体衍生出的公司的总价值已高达数万亿美元。

为什么这八位创始人会离开仙童?因为公司没有为留住他们而提供足够的激励措施。这八个人中,有些人自己成为风险投资人,另一些人则走上了创业之路,他们没有重复谢尔曼·费尔柴尔德当初犯下的导致他们出走的错误。他们开始给大多数员工分配公司股权,消除了员工潜在收益的上限。

这种激励模式很快成为所有风投支持的公司的一项行业标准。投资者还坚持为未来(即尚未聘用的)员工预留出一定的激励性股权。在 1960 年代,这些日益普及的员工股票期权计划促使许多工程师从波士顿、纽约和新泽西这些历史悠久的技术中心搬迁到硅谷。八位叛将中的两位,戈登·摩尔和罗伯特·诺伊斯,后来共同创办了英特尔。[16] 该公司向所有人发放股票期权的做法一度震惊了整个硅谷,但摩尔和诺伊斯坚信,所有权是确保忠诚和促进创新的最好方式。时至今日,英特尔仍然在向大多数员工发放股票。[17] 苹果等其他公司也迅速跟进。薪酬革命开始了其胜利的征程。它为何如此强大?为什么说它是一场革命?

激励驱动行为

经济学家喜欢用彩票做实验。现在假设你作为实验对象需要做一系列的决定。你会选择确定能够获得 40 美元的彩票，还是选择有 10% 的机会赢得 400 美元的彩票？如果彩票奖金降至 200 美元或增加到 1000 美元，你的决定会否改变？你的选择反映了你在风险偏好光谱中的位置。如果对你来说 40 美元的确定收益和有 10% 的概率赢得 400 美元这两个选项没有区别，你就是风险中性者。如果你宁愿选择有 10% 的机会获得 200 美元的奖金，也不愿意要已确定到手的 40 美元，你就是风险寻求者。如果彩票奖金必须增加到 1000 美元才能让你放弃已稳稳落袋的 40 美元，那么你就是风险厌恶者。

你是不是觉得初创公司的创始人应该会比大公司的管理者更具冒险倾向？为了了解企业管理者的风险偏好，麦肯锡的一组研究人员开展了一项全球调查。[18] 他们向 1500 名管理者提出了这样一个问题：

"你正在考虑一项价值 1 亿美元的投资，以现值计算，这项投资有可能在 3 年内获得 4 亿美元的回报。但你也有可能在第一年就损失全部投资。你能容忍多大程度的损失并还能持续进行该项投资？"

一个风险中性的决策者应该不会接受超过 75% 的失败可能性。这是因为如果你用今天 4 亿美元的价值乘以 25% 的成功率，结果就是 1 亿美元，也就是初始投资的价值。然而，作为一个群体，企业管理者却表现出高度的风险厌恶倾向。90% 的人表示，他们需要至少 60% 的成功率才会进行投资。企业管理者难道是一个特殊的物种？

让我们先看最终结论。关于企业管理人员极度厌恶风险的研究结果并非偶然发现。大量证据证实他们存在风险厌恶倾向。在我们与大公司的合作中，我们每天都能观察到这种情况。我们直觉上可能会认为创业者应该更能承受风险。但经过对企业管理者和创业者的多年比较，研究人员并没有得出一个确定性的结论。在我们所看到的 28 项相关学术研究中，有一半显示创业者更喜欢冒险，另一半则显示企业管理者更喜欢冒险。[19] 为什么会有这样的结果？

不同人之间的风险偏好有着天壤之别。我们相信你们一定会有一些非常谨慎、保守和小心翼翼的朋友，也会有一堆爱冒险、爱嬉闹、整天一股子劲的朋友。伊利亚就有一个特别爱冒险爱滑雪的朋友，此人曾经在滑雪下坡时撞到了一棵树上，然后不得不叫医疗直升机进行救援。但在出院仅一周后，他就又回到了滑雪场。我们都认识这样的人。他们可能是企业管理者或初创公司的创始人，也可能是你的理发师。

要解释企业管理者看似令人费解的风险厌恶行为，我们需要用到一个工具，那就是"收益图"。收益图能够直观地展示出投资项目或者公司的未来结果以及你个人的收益。图 11 用简化的方式展示了一个假设的初创企业在不同情况下的财务结果，以及创始人在不同情况下的收益。图中的横轴表示初创公司可能实现的未来价值，比如说它最终被出售的价格。投资者已经向该公司投入了 2500 万美元。位于 2500 万美元的左侧表示这家初创公司没有获得成功，因为此时其出售价格低于其融资额。随着向右移动，这家初创公司变得越来越成功。纵轴表示的是创始人在不同创业成果下所得到的回报。

考虑一下当该初创企业价值为 500 万美元时的结果。[20] 在初创公司的世界中，风险投资人的地位高于创始人：只有在投资人得到回报后，创始人才会开始受益。因此，当企业价值为 500 万美元时，投资人会极不情愿地将全部 500 万美元收入囊中（因为他们损失了前期投入的 2000 万美元），而创始人则一无所获。事实上，只要初创公司的价值低于 2500 万美元，其创始人都将一无所获。你可能会猜测，这

第 8 章 把蛋糕做大

种可能性肯定会激励创始人去尽量避免出现这样的结果,接下来我们就看一下当初创企业价值超过2500万美元时,会发生什么情况。

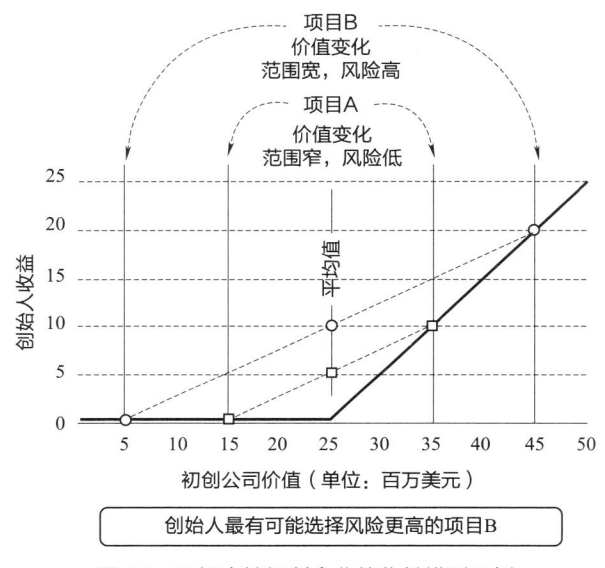

图 11 风投支持初创企业的收益模型示例

当初创企业的价值超过投入的资金时,创始人将开始获得收益。例如,如果初创公司以3500万美元的价格出售,创始人在向投资者偿还2500万美元后还剩下1000万美元。如果初创公司的价值变得非常大(超过图中所示的5000万美元),此时投资者也能够分得部分利润,但只要创始人仍占有较大比例的公司股份,他们就会分得利润的绝大部分。

创始人当然希望获得更好的结果,而不是更糟糕的结果。谁会不这么想呢?但请思考一下,创始人是会更愿意采取冒险的行动,还是风险较小的行动呢?图11显示出创始人在获得了2500万美元融资后可能采取的两种投资决策。无论选择哪个决策，都可能出现两种不同的结果。你会选择项目 A 还是项目 B？

项目 A：公司有 50% 的概率价值为 1500 万美元，有 50% 的概率价值为 3500 万美元；项目 B：公司有 50% 的概率价值为 500 万美元，有 50% 的概率价值为 4500 万美元。项目 A 更安全，更少创新，波动性也更小，即使是在最坏的情况下不会出现过大的损失。当然，在最好的情况下也不会有特别高的回报。项目 B 风险更大，更具创新性，但也更不稳定，在最坏的情况下，公司价值将几乎化为乌有，在最好的情况下，它将带来非常丰厚的回报。创始人会选择哪个项目？如果你是创始人，你又会怎么选？

如果你是创始人，我们打赌你会选择项目 B。毕竟，如果创业失败，损失的是投资者的钱，又不是你的钱。但如果最终获得了成功，那你的收益可就大了。我们还预计，如果公司的管理者同时也是创始人，他们也会选择更具冒险性的行动。

收益的不对称强化了激励的力量。在初创企业中，构建激励机制是为了鼓励决策者，使其敢于为了获得超额回报而承担风险，推特的案例就生动说明了这一点。这种激励机制在颠覆性创新的世界中尤其奏效，因为最终的赢家可以获得巨大收益。风险投资人和创始人之间的契约已成了对颠覆性创业者的一种激励机制。[21] 这种激励机制增加了失败的可能性，但也可能带来巨大回报。

那么，传统大公司的管理者又会怎样抉择？如图 12 的模型所示，传统的思维方式会导向一个完全相反的结果。现在假设你是一家公司的决策者，正准备在项目 A 和项目 B 之间做出选择。这些项目与图 11 中初创企业的项目 A 和项目 B 完全相同，但是，企业管理者的收益却截然不同。

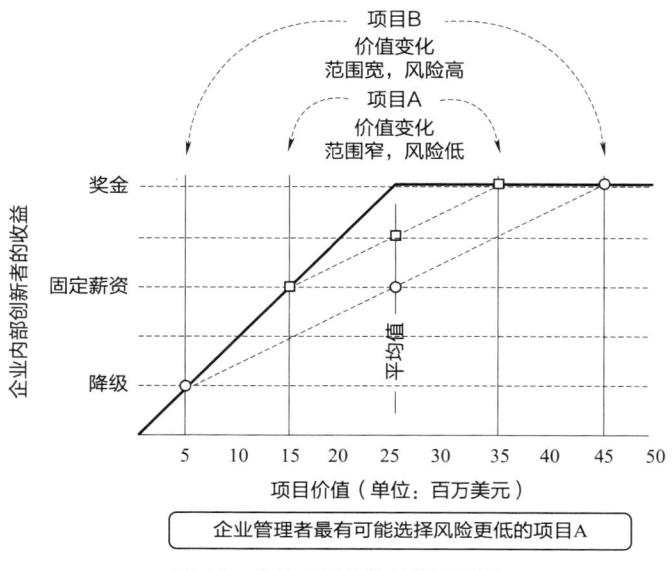

图 12　企业项目的收益模型示例

作为管理人员，你的薪资是固定的。你可能拥有公司的股票，但在大多数情况下，单个项目的规模都太小了，根本无法对公司的市场价值产生显著影响。即使选择了更具创新性的项目 B 并且取得了巨大成功，该管理者所获得的物质利益也不会比选择项目 A 更多。但如果项目 B 失败，管理者就可能会受到严厉的惩罚。你的奖金会被取消，你的晋升机会将减少，你被解雇的可能性反倒会令人不安地增加。如果你和大多数公司的管理者一样，你肯定会选择更安全的项目 A。

我们重申一下上述讨论的要点。图 11 和图 12 显示了相同的项目选项，然而在不同的场景中，同一个人可能会做出截然不同的决策选择。财务激励是一项非常强大的武器。

我们的例子确实比较简化，而现实总是更加复杂。一个人的公司奖金可能取决于项目的结果，创始人的利润份额可能会被稀释。但是，让所有人同舟共济这一原则是非常强大的，而且也是普遍适用的。企业管理者之所以厌恶风险，并不是因为他们属于不同的物种，而是因为他们所面临的财务激励机制会促使他们选择渐进式创新而非颠覆性创新。财务部门的管理者喜欢渐进式项目，是因为此类项目的期限较短，能够在短期内产生现金流，而且指标透明清晰。工程师喜欢渐进式项目，是因为此类项目有着明确的问题和良好的流程设计。销售和市场团队喜欢渐进式项目，是因为此类项目能够吸引现有客户，并能与现有的业务线形成互补。但这些偏好都是受激励机制驱动的。

"激励驱动行为，"我们不断地跟我们的学生和高管们强调这一点。同样的人，在面对不同的激励机制时，会做出完全不同的选择。随着时间的推移，另一种强大的机制会如滚雪球般放大这种效应。为了更好地理解这一点，让我们来看一项针对意大利贸易和服务公司 1800 多名管理者的调查研究。[22] 这些公司中，有些公司会为其管理者支付固定薪资，而另一些公司则会仔细评估经理的绩效，并为表现优异者提供丰厚的奖励。那些天性厌恶风险的管理者会选择提供固定薪资的公司，而更具风险容忍度的管理者则会选择那些通过强大激励措施来鼓励创新的公司。

一个鼓励保守行为的组织会吸引那些天生厌恶风险的人，因为他们会更适应这样的环境，而那些喜欢冒险的人则会去往其他地方。相反，激励更多创新性行为的组织会吸引到更多有冒险倾向的人。在这里，自我选择再次起到了决定性作用：人们会根据组织激励机制来决定是否加入该组织。

你怎么出钱，人家就怎么出力

在设定激励措施之前一定要三思。1902 年的越南河内市就曾发生过关于激励计划的严重失误事件。[23] 为了将河内改造成一个现代的欧洲风格城市，法国殖民政府建造了一个复杂的地下污水排放系统。糟糕的是，这些下水道也吸引了周围的老鼠。随着老鼠沿着管道爬进厕所，情况变得异常危急。

殖民政府展开了一场轰轰烈烈的灭鼠运动。他们雇用了一批专业捕鼠人员，每天最多时能杀死 2 万只老鼠。为了使这场大规模的灭鼠行动取得成功，当局想出了一个看似绝妙的激励方案：他们会为每只被杀的老鼠支付一分钱。为了证明自己杀死了老鼠，捕鼠者必须提着老鼠的尾巴来领奖。然而，如果你为尾巴付钱，你就会得到尾巴。

当法国人发现河内街头到处都是没有尾巴的老鼠时，他们产生了怀疑。当地人早已发现，只要剪掉老鼠的尾巴然后将其放生，他们就可以做到一石二鸟：每条尾巴可以赚得一分钱，那些被放生的老鼠则可以继续繁殖。老鼠越多，意味着他们的收入越多。一项新的业务也随之出现：从其他省份进口老鼠到河内！养鼠就这样变成了一种繁荣的商业模式。灭鼠运动竟然导致鼠灾更加泛滥，这的确是闻所未闻之事。随着致命的黑死病开始袭击这座城市，法国殖民政府不得不停止了这场大张旗鼓的灭鼠运动。你为尾巴付钱，你就会得到尾巴。

哪座大城市堪称世界最洁净之都？新加坡。[24] 原因还是在于激励机制。新加坡对乱扔垃圾实行了严厉的罚款制度。在这里，第一次乱扔烟头的违法者可能会被罚款 300 美元，如果再犯，罚款金额会迅速增加到数千美元。

再以美国电话电报公司为例，该公司曾根据程序代码行数来决定软件工程师的薪酬。[25] 这样做可能是希望工程师们能够写出更优秀、更高效的代码，但实际情况是，软件工程师大量编写冗长代码，并导致应用程序运行更加缓慢、效率更加低下。

只注重销售额的激励措施也会带来负面影响。2007 年，美国住房抵押贷款机构全美金融公司（Countrywide）发起了一项名为"高速泳道"（High-Speed Swim Lane）的贷款扩张计划，[26] 该项目的官方英文名缩写为"HSSL"，但没过多久，员工就开始将其戏称为"Hustle"，中文意思是"非法勾当"。为了能够获得更多的销售奖励，信贷员们开始大肆发放住房贷款，结果导致不良贷款迅速堆积，并最终促成了一场严重的金融危机。

如果以服务的客户数量来决定对销售人员的奖励，又会出现什么结果？正如西尔斯发现的那样，其汽车服务中心的维修人员会通过推销不必要的维修来欺诈顾客。[27] 如果工资和团队规模挂钩呢？可以预见的是，团队的规模会大幅膨胀。如果对用户留存率设置惩罚措施呢？不用想，退订过程肯定会变得烦琐，呼叫中心的等待时间也会变长。如果奖励取决于用户数量的增长呢？这可能会导致出现当代版的"老鼠尾巴"——大量虚假账户。富国银行在这方面就有过惨痛的教训。[28]

找到合适的激励机制并不容易，要想在创新领域里做到这一点更是难上加难，因为你必须先确定你想要的到底是哪种创新，是渐进式的还是颠覆性的。全球实验室设备供应商赛默飞世尔科技公司为我们提供了一种鼓励颠覆性创新的有效方法。为了帮助人们更容易地使用先进医疗设备，这家严重依赖创新的公司决定通过众包的方式来征集有关软件解决方案的创意。产生更多好创意的最佳方法是什么？你会选择直接将 1.5 万美元的奖金颁发给最具创新性的想法，还是会把这笔奖金分成 10 个不同额度的小份，以使前 10 名的创意都能得到奖励（比如将第一名的奖金设为 6000 美元，第 10 名的奖金设为 600 美元）？在这两种情况下，总奖金的数额是相同的。该公司决定同时采取这两种方式。他们将参与者分成了两组，其中的一组会竞争单一的大奖，另一组则竞争多个小奖。参与者可以自行决定是否组建团队，之后他们需要将自己的创意提交给一个专家小组，后者会根据多个标准对他们的提议进行评分。

"单一大奖"组和"许多小奖"组在创意提交数量和总体得分上大体相当，但在相对于市场现有解决方案的新颖性方面，两个组有着非常大的差异。[29]"单一大奖"组的获奖方案明显更具创新性。单一大奖的竞争者会更愿意冒险，更能跳出常规思维；而争取多个小奖的参与者则倾向于更为稳妥的解决方案。这正是竞赛设计者想要达到的效果，也是风投期望初创公司管理团队能够专注于更高回报的原因。如果你想要寻找新颖的创意，就一定要牢记这一点。

在大多数情况下，传统薪酬结构的激励作用往往有限。你不会希望你的会计师尝试冒险的项目。在有着明确里程碑的渐进式创新领域，你总是会希望风险能够始终处于可控范围。但在面对新兴业务、颠覆性创新和未知的世界时，传统的激励机制往往对公司发展不利。它只能给你带来尾巴，却无法帮你捕捉老鼠。在这种时候，风投式思维就变成了成功的必要条件。风投式思维要求你要同时在两个方向上做出改变：一方面，你要积极鼓励上行参与，为创新提供足够激励；另一方面，你也要为决策者提供一定的下行保护，降低因冒险而可能导致失败的成本。

贪婪不是好事

本杰明·富兰克林曾打趣说："如果你想把事情做成，你就亲自去做；如果你想让事情办砸，你就派别人去做。"如果听从他的建议，那我们所有人都可以省下一些钱，尤其是在面临指数增长的时候。我们的许多决策都没有考虑到这种增长。我们不必每天都在"成功与否"的紧迫状态下思考，也不需要每天担心现金会被耗尽。整个风投业的商业模式是基于价值创造而不是价值提取。它关注的是如何做大蛋糕，而不是如何分食到更大的一块。

选择做大蛋糕还是选择分食更大的份额，这应该是更多企业需要思考的一个首要和核心问题。像咨询公司或律师事务所这样的合伙企业，始终需要在这些方面做出抉择。合伙人是企业的共同所有者，每年年底时，他们都会将这一年辛苦赚来的利润进行分配。合伙企业产生的收益越多，每个合伙人分得的利润就越多。但合伙人越多，分配的基数也就越大，每个人得到的份额就会变小。一些合作企业会因此限制合伙人的数量，而另一些企业则会选择大胆一试，把希望寄托在新晋升的合伙人身上，只要他们能够把整个蛋糕变得更大，每个人最终分到的也会更多。那些像精英俱乐部一样组织起来的合伙企业，如果把合伙门槛设得太高，就会像仙童半导体那样失去最优秀的人才。它们最具雄心的员工要么会选择自己创业，要么会加入竞争对手。那些向新合伙人敞开怀抱的企业则会不断扩大规模，成为竞争中的持续领先者。把蛋糕做大，正是大型咨询公司在全球拥有数千名合伙人的原因之一。

做大蛋糕的概念并不局限于对利润的分享。正如亚历克斯·爱德蒙斯在《蛋糕经济学》一书中的有力论证,将关注点更多地放在社会价值而不是利润上,可能会出乎意料地带来更多的利润和更好的长期决策。[30]

当面临颠覆性创新中的指数级增长时,你可以通过运用风投式思维的如下原则来调整激励举措。

让每个人成为所有者

本杰明·富兰克林深谙激励之道。除了众所周知的各种成就,他还是一位具有创新精神的企业家。在1730年代早期,他建立了出版和印刷业务,他的《宾夕法尼亚公报》是殖民地最成功的报纸。在那之后,富兰克林开始考虑业务扩张。鉴于他不可能亲自到各个城市设立分支机构,于是他萌生了一个想法:何不派遣最具创业精神的员工去其他城市启动业务呢?他为这些有冒险精神的员工提供了必要的启动资金并承担了一些运营费用。这些员工则需要承担劳动力、纸张、油墨、羊毛、油以及机器维修等方面的支出。为了保证这些新创业者拥有追求事业成功的强烈动机,富兰克林像现代的风险投资人一样,并没有在利润分成方面提出苛刻的要求。在六年内,他将获得他们企业1/3的利润,之后这些企业可以选择完全独立。富兰克林创立了美国第一个特许经营体系,他让员工成为企业的所有者。[31]

在一项关于房地产行业的有趣研究中,三位研究人员探讨了激励的力量。[32]他们的问题是,同一个人在代表客户出售房产和出售自己房产时是否会有不同的表现。他们对房产特征做出了详细限定,如此一来,所有权成了这一对比中唯一的变量。他们发现了巨大的价格差异。房地产经纪人出售自己公寓的价格,通常比他们代表客户出售时高出 3%~7%。

对于经济学家来说，房地产经纪人的行为是一个典型的委托代理问题。在这个问题中，代理人（这里指房地产经纪人）没有完全内化委托人（这里指业主）的利益。委托—代理问题在许多关系中都存在，例如在所有者—管理者、老板—雇员、委托人—律师等关系中。但在一个高度不确定的环境中，这个问题尤其棘手，因为在这种环境中，失败是常态而不是例外。

这就是为什么风投公司奉行"薪酬革命"，并让每个人都成为所有者的原因。当然，这一举措的影响远不止于科技公司。星巴克会向所有符合条件的员工发放"豆股"，并将这些员工称为合伙人。[33] 虽然做一名咖啡师可能不会让你成为百万富翁，但当星巴克的股票升值时，豆股能够帮助许多员工偿还学生贷款，支付房屋首付，或者计划海外旅行。

即使你是一个做车库门生意的，也同样可以让每个员工成为合伙人。2015 年，私募股权公司 KKR 以不到 7 亿美元的价格收购了 C.H.I. 门业公司，并把从卡车司机到高级管理人员在内的 800 名员工都变成了公司股东。[34] 对公司所在的伊利诺伊州阿瑟小镇来说，这是一个让人喜出望外的好消息。这个想法来自 KKR 合伙人皮特·斯塔夫罗斯，他的父亲是一名建筑工人。自从引入新的激励模式以后，公司在安全生产、减少浪费和盈利能力方面都得到了稳步改善。[35] 即使是传统公司也可以成为独角兽。2022 年，KKR 以 30 亿美元的价格将 C.H.I. 门业出售给了钢铁制造商纽柯钢铁公司。[36] 多年的努力终于修成正果，而从中受益的绝不仅仅是投资者。当斯塔夫罗斯在阿瑟宣布这一交易时，现场一片欢腾。公司的总分红达到了 3.6 亿美元，平均每位时薪员工分得了 17.5 万美元，要知道，这个数字是他们年薪的 5 倍以上。[37]

风投式思维通过让每个人成为股东来解决委托代理问题。与其想着如何获得一块更大的蛋糕,大家更关注的是如何把蛋糕做大。

为进一步激励员工长期服务于公司,风投式思维还将兑现机制引入员工持股计划。初创公司的员工不会立即获得他们的股份,而是需要在工作一定年限之后才能逐步获得这些股份。如果员工过早离职,他们将失去相应的股份。要想分享公司的发展成果,你就必须留在公司。

解决"从 1000 到 1001"的挑战

由风投支持的公司往往规模较小,因此它们和大公司相比有一个明显的优势:在只有一条产品线的小型企业中,成功更容易归因。即使是普通员工也能感觉到他们的工作实实在在地增加了整个公司的价值。无论你是营销经理还是供应链专家,每个人都在为同一个目标做出贡献,这个目标就是公司的"退出"价值。

在一家大型企业中,一个棘手的问题是如何将员工个人的贡献与公司的估值相联系。我们把这个问题称为"从 1000 到 1001"的挑战。[38] 在畅销书《从 0 到 1》中,著名风险投资人彼得·蒂尔描述了一家公司从无到有这一过程中所面临的挑战。从零开始创建一家公司的确非常困难,但这种成功的影响也显而易见。当一家初创公司的估值从 0 增长到 10 亿美元时,该公司就会变成一只独角兽。但是,如果一家大企业的团队也给公司增加了数十亿美元的价值呢?他们的贡献会被淹没在整个公司的庞大现有业务之中。这就是"从 1000 到 1001"的问题。他们的贡献是一样的,甚至可能更大,但得到的回报却往往不成比例地小,这就导致了大量人才的流失。选择离开的往往是最具创业精神的那批人,是现代版的"仙童之子"。

谷歌母公司字母表旗下的自动驾驶汽车子公司微末给我们提供了一个解决方案。[39] 我们有时会开玩笑地问:"是谁在驱动着微末这辆车往前跑?"我们的回答是"幻影"。我们所谓的幻影,指的是发给员工的虚拟股票。微末的员工不会从字母表的股票中获得激励,因为字母表的市值主要是由谷歌的搜索引擎驱动的,跟微末的业绩没什么关系。相反,他们所获得"股票"的价值取决于微末自身的估值和业绩表现。这些股票是虚拟的,因为微末不是一家独立的上市公司。

尽管法律结构可能有所不同,但激励措施的最终目标是要缩短每位员工的付出与公司估值之间的距离,以便让个人贡献更好地与公司整体价值相关联。这有助于将"从1000到1001"的问题拉回到"从0到1"。

奖励大胆行为

在硅谷,白手起家的故事数不胜数。你听说过查尔斯·艾尔斯吗?他是一名厨师,在与25名其他厨师的竞争中获得了一家小型初创公司的工作。[40] 这份工作的承诺薪酬只有其他公司的一半,但该公司会发放股票期权。在与朋友交流后,艾尔斯确信这家公司前途无量,于是他买了这张"彩票",成为谷歌的第53号员工。据报道,在谷歌首次公开募股那天,他的股票价值达到了2600万美元。

35岁的涂鸦艺术家崔大卫受邀在脸书的办公室墙上创作壁画,当时公司问他是想收现金还是公司股票,崔大卫全部选择了股票。脸书上市后,他也成了1000多名新晋百万富翁中的一员。[41]

你可能认为这些故事只是特例,根本无法在传统组织中复制。

但这些故事证明，要使激励措施协调一致，你需要确保所有员工都能参与其中并且从中受益。你能够更多地让员工成功，就会让其他人更加努力地去实现他们的成功。

一说到百万富翁，你可能会首先想到华尔街的股票交易员、谷歌和推特的早期员工，但正如《华盛顿邮报》的乔治·威尔所说："麦当劳创造的百万富翁比任何其他经济实体都多。"[42]这得益于它那将所有各方的利益紧密绑定的特许经营模式。

最后，想象你是一家非常成功的初创公司的创始人。当你的公司达到至关重要的上市里程碑时，你会持有多少股份？当我们公布平均比例时，许多人都感到惊讶。通常而言，所有联合创始人所持股权的总和，只有15%~20%。[43]来福车（lyft）、博克斯（Box）和潘多拉（Pandora）的创始人则分别只持有6%、4%和2%的股份。[44]为什么人们会接受这样的安排呢？因为风投和风投支持的公司的创始人更喜欢在更大的蛋糕中占据较少份额，而不是在较小的蛋糕中占据较大份额。大企业也应该如此。所有以促进创新为目标的人都应该如此。

思维模式评估

- 你的团队和领导层能否从创新项目的成功中获益？
- 你所提供的回报是否足以激励员工承担风险？
- 在你的组织中，小型团队在关键项目上的努力是否会受到重视？还是说只有项目规模和预算大小才能够决定项目的重要性？

第 9 章

着眼长期

风险投资人眼中不存在短期行业，每个行业都隐藏着颠覆性的长期趋势，都可能会出现颠覆性技术解决方案。着眼于长期是一种主动选择。对任何有价值的事物，都需要尽早投入并保持耐心。

激发长期思考

一切始于一场大火。

马塔戈达岛位于得克萨斯州休斯敦西南约 100 英里处,曾经是二战期间训练设施半岛陆军机场的所在地。石油商和投资者托德·李·韦恩拥有该岛南端的星牌牧场,并将其用于一项不寻常的活动:火箭发射。[1]这项雄心勃勃的计划是将有效载荷送入太空轨道。这将是有史以来首次由商业营利性公司发射的火箭。

经过多次延误,1981 年 8 月 5 日傍晚,工作人员为这枚长达 55 英尺的火箭泵入了足够使其飞离地面、到达外太空,并完成一次人类太空壮举的燃料。[2]几十名技术人员蹲在 8 英尺高的沙袋墙后面,等待着这个历史性时刻的到来。下午 5 点,当点火器按钮被按下时,火箭底部冒出了烟雾。但由于液氧罐上的一个主阀未能打开,压力开始迅速上升。一秒钟后,人们还没来得及眨眼,由两家公司(一家来自休斯敦,另一家来自加利福尼亚州森尼维尔)生产的亚轨道飞行器在发射台上爆炸。爆炸引发了周围草地的火灾,工程师们花了半个小时才将其扑灭。

"我们不确定发生了什么。"灾难发生后,太空服务公司的发言人查尔斯·蔡弗失望地说道。[3]但很明显,马塔戈达岛的爆炸已经粉碎了以廉价方式将一颗商业卫星送入外太空的希望。这家公司的每次发射成本只有区区 300 万~500 万美元,和美国国家航空航天局(NASA)那高昂的垄断性成本相比,这简直就是九牛一毛。

一年后，该公司终于成功地进行了一次商业发射。这次，太空服务公司创始人收到了一封祝贺信，信中写道："你们的成功发射向世人宣告，私人企业也有能力实现最复杂的技术壮举。"这封信的特别之处在于它的作者：时任美国总统里根。

1981年那场大火摧毁的佩尔什马火箭，是美国首枚私人资助的商用火箭。[4]那时，埃隆·马斯克只有10岁，和他的父亲住在南非德兰士瓦省的比勒陀利亚。

25年后的2006年3月，另一个位于太平洋的小岛再次成为将梦想变为现实的冒险家乐园。[5]此时，马斯克已通过出售他在贝宝的股份，成了一名富有的企业家。作为SpaceX的创始人，他不远万里来到马绍尔群岛的夸贾林环礁，准备亲眼见证一场历史性突破的到来。但他不知道的是，就在发射前大约7分钟，铝制螺母上的一个小腐蚀裂缝导致了燃料泄漏。当主发动机点火的那一刻，泄漏的燃料起火，一切又在瞬间化为泡影。SpaceX的猎鹰1号火箭本可以成为第一枚由私人开发的完全由液体燃料驱动的轨道运载工具，但一颗小小的生锈螺母阻止了这枚火箭的升空步伐。但猎鹰1号的灾难并没有浇灭希望，马斯克还会卷土重来。

一年后，也就是2007年3月，在同一个环礁上，猎鹰1号再次遭遇发射失败，这次是因为火箭发动机出了问题。马斯克决定再试一次。

SpaceX的第三次尝试定于2008年8月3日。[6]这次发射至关重要，因为SpaceX已经签订了为商业和政府客户运送有效载荷的合同。猎鹰1号搭载了美国空军的一颗卫星、NASA的纳米卫星，以及私人太空服务公司Celestis的一项有效载荷。但猎鹰1号又一次发射失败。这引发了媒体对NASA和美国国防高级研究计划局的大肆抨击，因为这两家政府资助机构都押注SpaceX能够取得成功。

在第三次尝试失败的第二天，马斯克宣布 SpaceX 刚刚从旧金山的领先风投公司创始人基金获得了 2000 万美元的投资，这让所有人都目瞪口呆。[7]SpaceX 的首次外部融资不仅发生在其第三次备受关注的失败之后，而且发生在动摇全球经济的 2008 年金融危机期间。

"当时我们的资金已经所剩无几，只够猎鹰 1 号再发射一次。"马斯克多年后承认。但最终，在 2008 年 9 月，猎鹰 1 号的第四次发射取得了成功。[8]

不到一年后，另一家知名风投公司德丰杰（DFJ）领投了 SpaceX 的新一轮融资，向它又投入了 5000 万美元。2009 年 7 月，也就是在德丰杰投资一个月后，猎鹰 1 号的第五次发射顺利完成。形势出现了大逆转。SpaceX 开启了私营太空公司的新时代。[9]不久之后，蓝色起源（亚马逊创始人贝佐斯旗下公司）和维珍银河也宣布进军这一领域。

2012 年 5 月 22 日，无人驾驶的猎鹰 9 号携带着一个独特的容器发射升空。这个容器的所有者是天界公司，之前我们提到过，SpaceX 第三次发射的失败导致该公司的有效载荷最终落入了海洋之中。这是一个装满了 320 位逝者骨灰的容器。逝者们的家人为其支付了高额的费用，目的就是希望通过天界公司的"太空悼念之旅"将骨灰送入太空。[10]宇航员戈登·库珀和《星际迷航》演员詹姆斯·杜汉的骨灰也在这一容器中。天界公司本身就是一个非常特殊的客户。它的所有者是查尔斯·蔡弗，也就是那位在 1981 年向全世界宣布佩尔什马火箭发射失败的发言人。天界公司是太空服务公司的子公司，也就是在 1981 年尝试火箭发射的那家民营企业。蔡弗最终在 SpaceX 的帮助下实现了他的梦想。

猎鹰 9 号没用 10 分钟就能进入太空轨道，但 SpaceX 赢得专家、分析人士和全世界的尊重却是一段漫长的旅程。NASA 局长比尔·纳尔逊的话至今令人难忘，他说当年"每个人都对 SpaceX 嗤之以鼻"。[11]

尽管饱受批评和怀疑，发射的数量却在不断增加。2008 年时，猎鹰号只进行了两次发射，而且其中一次还失败了。2014 年的 6 次发射都取得了成功。2022 年，SpaceX 成功发射了 61 次，这相当于每周发射一次以上。此时，即使与政府机构相比，SpaceX 也已经是无可争议的太空发射领导者。而该公司实现这些成绩的支出，可能仅是 NASA、俄罗斯联邦航天局或中国国家航天局等政府航天机构预算的一个零头。仅靠一支几千人的队伍，SpaceX 就实现了如此非凡的成就，与之形成鲜明对比的是，俄罗斯联邦航天局拥有超过 20 万名员工。

如果你是一个喜欢冒险的投资者，早在 2008 年就把钱投给了 SpaceX，那么你现在的身家要比那时高出许多倍。按照风投行业钟爱的估值指标"投后估值"，SpaceX 在 2008 年的估值略高于 4 亿美元；15 年后，即 2023 年，这一数字飙升至 1370 亿美元，增长了 300 多倍。创始人基金和德丰杰所进行的不仅是高风险的押注，而且是非常长期的押注。最近，就连马斯克也承认他的押注都风险极大："SpaceX 和特斯拉都有 90% 的可能性价值为 0。"[12]

截至 2023 年，SpaceX 仍然是一家由风险投资支持的私人公司，且刚刚完成了第 N 轮融资。你没看错，SpaceX 的投资者仍在承担风险，仍在等待将早期赌注变现的良机。有人半开玩笑地说，SpaceX 的融资轮次实在太多了，或许把字母表里的 26 个字母都用完，这家公司也无法实现公开上市。押注于未来的 SpaceX 投资者，现在正耐心等待结果。

SpaceX 的故事是一个"慢即是快"的经典案例。风投押注的往往是结构性变革，而这种变革通常需要在经过一段时间后才能够走向成熟并发挥其全面影响。尽早投入并保持耐心是风投的座右铭。

许多企业决策者也清楚地看到，他们所在的行业正在发生结构性转变。机器人和生成算法总有一天会批量地取代人类员工。可再生能源将取代传统能源。人口老龄化将给医疗保健系统带来压力。但这些变化都不会在一个预算周期内发生，所以决策者们会选择暂时回避这些问题，等以后再说也不迟。他们可能非要等到不可逆转的结构性转变到来之际再采取行动，但那时可能一切都来不及了，因为机会已然错过。传统思维下的你会在 2008 年或 2009 年投资 SpaceX 吗？

有人经常跟我们说："SpaceX 和我们有什么关系？"他们说，太空探索显然是长期的押注，但自己所在的行业，无论是鞋类、汽车零部件还是减肥产品，都是短期的。我们希望现在的你已经明白，在风投式思维中绝不存在什么短期行业。每个行业都存在具有颠覆性的长期趋势。你家附近的汽车修理店可能像昔日的唱片租赁店或街角旅行社那样消失。鞋子会一直存在，但寻找合适尺码和款式的永恒斗争是否会导致一种颠覆性技术解决方案的出现，让今天的主导企业措手不及？人们总是担心肥胖问题，但下一代药物会不会摧毁传统的减肥公司？风投和创新公司正在积极押注各种各样的长期趋势。

在欧内斯特·海明威的小说《太阳照样升起》中，迈克·坎贝尔被问及他是如何破产的。迈克回答道："先如抽丝，后如山倒，就这两种方式。"海明威用一句话概括了忽视长期趋势的危险性。遗憾的是，我们在商业世界中遇到过许多像迈克·坎贝尔这样的人。不要成为其中之一。

浴火重生

红杉资本是 SpaceX 的众多投资方之一。1970 年代，创始人唐·瓦伦丁为其公司选择了红杉这个名字，因为随着时间的推移，这种树会长得越来越高、越来越壮，比我们所有人活得还要长久。[13] 在红杉播下的种子中，23andMe[①]、苹果、DoorDash 和 Instagram 等都已经长成了参天大树。

加州是孕育伟大事物并使其茁壮成长之地。你只需要去红杉国家公园走一走就能够清楚地理解这一点。你能够在那片离硅谷不远的神奇地域找到世界上最高大最古老的树木。[14] 世界上现存最高的树名为"亥伯龙神"，是由博物学家克里斯·阿特金斯和迈克尔·泰勒于 2006 年发现的。他们最初用激光测量了它的高度，但为了确认它在吉尼斯世界纪录中的排名，有人爬上了树顶，用垂下的测绳测量了它从顶端到地面的距离。亥伯龙花了 700 年的时间才长到了自由女神像的 2.5 倍高。当然，和其他红杉树一样，它也是始于一颗小小的种子。但一颗种子是无法光靠时间长成参天大树的。红杉树还需要经受火的洗礼。

野火固然会造成毁灭性的破坏，留下成千上万亩烧焦的土地，但作为自然界复杂平衡的一部分，火灾也同样是红杉树生存和繁殖的一种必需。[15] 森林火灾会导致红杉球果干燥、开裂并释放种子，这些种子则会孕育出新的树木。在众多球果和种子中，只有极小的一部分能够幸存下来并最终长成不同寻常的大树。

火灾对城市也同样具有毁灭性。1906 年 4 月 18 日凌晨 5∶12，一场大地震袭击了旧金山，随后整个城市被大火吞噬。最初的震动使 35 岁的彼得·贾尼尼和他的妻子克洛琳达从床上跳了起来。他们

---

① 23andMe 是位于美国加利福尼亚州山景城的一家基因技术公司，其名称源于人类的 23 对染色体。——译者注

的房子位于距旧金山 17 英里的圣马特奥,虽然也发生了摇晃,但幸免于倒塌。贾尼尼是一位新晋的银行家,两年前,也就是 1904 年,他在旧金山开设了自己的意大利银行。大火几乎要把他的梦想化为灰烬。由于火车已经停运,贾尼尼只得步行 17 英里赶回旧金山。银行大楼里一片狼藉。然而令人欣慰的是,贾尼尼发现贵重物品和记录都完好无损。贾尼尼把大约 8 万美元(这在当时是一笔巨款)放到他从继父那里借来的马车上,然后驾着马车回到了自己的家中。为了防止在路上被抢劫,他还在成堆的钞票上盖了一层橙子。①

大多数旧金山的银行家声称,由于建筑物倒塌、资产受困和文书工作困难,他们需要 6 个月的时间才能恢复业务。贾尼尼的银行则在震后的第二天就开始营业,向客户一对一地发放贷款。他把银行设在遭受重创的旧金山北滩海滨,并用两个啤酒桶和一块木板搭成了一张简易的业务柜台。贾尼尼相信这座城市及其人民会很快恢复生机。历尽劫波后,这里会有更多的企业和摩天大楼像红杉树一样拔地而起。贾尼尼决定提供没有实物抵押品的贷款。他做了一项冒险的长期押注,并且获得了胜利。

在他的银行业生涯中,贾尼尼做了许多非常规的押注。他为不同出身的移民、妇女、工人阶级和农民客户提供服务。在一个银行被视为地位和财富象征的年代,他的这些做法可谓绝无仅有。他根据借款人的声誉向小型企业提供他所谓的"信誉贷款"。"小企业主是银行所能拥有的最好的客户,"他说,"因为他们非常忠诚,他们会自始至终和你站在一起。"[16]

---

① 另一种说法是贾尼尼用垃圾车运送的这些钞票,并在钞票上覆盖了厚厚的垃圾。——译者注

贾尼尼的一些赌注是如此非常规，以至于他获得了"无情、鲁莽、咄咄逼人、脾气暴躁的金融圈特立独行者"的名声，他将"激烈的竞争精神和支配他人的冲动"引入了他银行的各个分支。[17] 有人称他是"加州既受人爱戴又遭人憎恨的平民银行家"。他的银行提供的资金产生了持久的影响。他在华特·迪士尼陷入财务困境时为其提供了支持，他的银行还资助了迪士尼的第一部动画长片《白雪公主和七个小矮人》。他是加州葡萄酒厂商的首选银行家。当惠普的两位创始人威廉·休利特和戴维·帕卡德还在车库办公时他就资助了他们。[18] 那个车库现在已成为一个地标性建筑，并被认为是硅谷的正式诞生地。

贾尼尼于 1949 年去世时，他的银行拥有 60 亿美元资产，是当时世界上最大的银行。该银行后改称美国银行，直至今日，它仍然是全球最大的金融机构之一。

同样的故事一次又一次地上演。无论是现实还是隐喻，在火灾发生的时刻，大多数投资者都会恐慌逃离，只有少数投资者会继续支持新的想法和创业者。2008 年末和 2009 年初，在一场更为现代的金融危机的余烬中，许多公司开始萌发第一缕新芽。在经济衰退来袭、估值下降或"大火"蔓延时，选择退缩的人往往数不胜数。但风投知道，最具革命性的机会恰恰会出现在这些时候。以优步、爱彼迎和 Square（一个支付应用，现已改名为 Block）为例，这些公司不仅改变了出租车、酒店和支付行业，还让那些在尘埃尚未落定时就敢于投资疯狂大胆想法的早期投资者获得了丰厚的收益。SpaceX、特斯拉、惠普、优步和迪士尼都已经成长为参天的红杉树。如今，在风投式思维的引领下，更多同样有潜力的公司正在生根发芽，相信用不了几年，我们又会看到一批成功的企业长成参天大树。

很难想象传统公司会在经济严重低迷时期大规模投资创新项目。

相反，我们听到它们喊的口号通常都是"裁员""维持现状""减少风险"。此时，传统思维想的是如何收缩，风投看到的却是机会。

基准资本的比尔·格利对风险投资的这一理念做出了清晰而有力的解释："在基准投资，我们从不因经济波动而改变投资周期。"[19] 在 2022 年底发布的《凛冬将至》一文中，投资人法布里斯·格林达对未来前景做了一番暗淡的描述，但即便如此，他最后还是乐观地说道："过去十年中，最成功的创业投资发生在 2008—2011 年。对初创公司来说，真正重要的宏观因素是 6~8 年后的情况。"[20] 正如谢丽尔·桑德伯格所说："如果有人给你提供了一张火箭飞船的票，你就不要问是几等座了，先上船再说。"[21] 这种长期思考使风投式思维能够忽略短期的现金消耗的恐惧，看得更加长远。要想得到世界上最高大的红杉树，你就必须经历烈火般的考验。

无价的资产

"爸爸，他们都想见你！"在说完这句话的接下来一周，伊利亚成了女儿小学里最受欢迎的爸爸。这一切都始于她提到她的爸爸是世界顶尖的"独角兽专家"。

伊利亚确实是独角兽方面的行家，但这里的独角兽可不是传说中的那种神话动物。硅谷风险投资人艾琳·李在 2013 年写了一篇题为《欢迎来到独角兽俱乐部：向 10 亿美元初创公司学习》的文章。这是"独角兽"第一次被用来指代那些由风投支持的估值超过 10 亿美元的公司，尤其是其中的那些超级成功的初创企业。在 2013 年时，独角兽仍然非常罕见。[22] 艾琳·李和她的团队只确认了 39 家属于"独角兽俱乐部"的私人公司。伊利亚和他的团队多年来一直在分析由风投支持的独角兽，如今这一群体的规模已经庞大得多。在撰写本书时，全球的独角兽公司已经超过了 1000 家。

独角兽的重要性不容小觑。一些国家所有上市公司的总价值可能还不及单个独角兽公司的价值。更重要的是，所有由私人风投支持的独角兽公司的公允价值估计高达数万亿美元，这个数字已经超过了印度、巴西或英国的 GDP（国内生产总值），接近德国的 GDP。神话中的独角兽已经在风险投资领域变成了现实，但又不限于风投领域。如今，许多传统组织也成为独角兽的制造者。虽然我们很难给这些企业中的独角兽估值，但它们肯定会影响母公司的价值。亚马逊的 AWS 云平台、微软的 Azure 云平台、3M 的便利贴以及迪士尼的主题乐园等，都属于大企业内部的独角兽项目。

投资者、首席执行官和董事会成员都很好奇是什么造就了独角兽，更重要的是如何发现、制造或培育独角兽。这仅仅关乎广泛的人脉、优秀的人才和些许的运气吗？当然有这些因素。然而，风险投资公司之所以能成功培育出如此多的独角兽，还与它们自身所具有的一项特质有着密切关系，这项特质就是耐心。

独角兽和其他风险投资项目的问题在于，这些资产都很难出售。它们就像你从曾祖父母那里继承来的老字画。这幅画可能出自著名艺术家之手，但我们通常很难对其真伪做出鉴定，更不用说出售。购买上市公司股票的投资者可以随时进行交易。算法量化基金的交易周期即使不是以纳秒计，也是以毫秒计。日内交易者，顾名思义，会在任何一天内例行买卖之事。但风投公司却要为它们的投资承担长达数年的风险。它们知道提供给初创公司的资本会被长时间占用，而且一般来说，这些初创公司越成功，占用风投资金的时间就会越长。它们很少有机会能快速退出对独角兽企业的投资。用专业术语来说，它们的投资缺乏流动性。更通俗地说就是它们的资金被这些投资套住了。[23]

缺乏流动性只是初创企业投资者面临的挑战之一。由风投支持的公司往往只烧钱而不赚钱。它们通常都不盈利，它们的价值并不在于当下的收入或现有实物资产，而是体现在对辉煌未来的预期。因此，它们不会派发股息。事实上，它们经常像暴雨后满溢的街道一样，现金不断流失。平均而言，一家独角兽公司融资额会超过 5 亿美元，然后它会迅速地花掉这笔资金，以期能成功实现上市或者以惊人的估值被收购。通常，风投必须等待数年才能将他们对初创公司的所有权转换为现金。这一里程碑被称为"流动性事件"，但风投们会使用一个更简单的术语：退出。

风投之所以称这些事件为"退出"，不是因为其公司要退出市场，而是因为风投终于可以退出他们的投资，并期望从中获利。对许多早期投资者来说，退出是他们第一次看到现金回流。帕兰提尔技术公司在 2020 年的首次公开募股让其早期投资者终于得偿所愿。他们卖出股票，并获得了三位数的回报，但为了这一天的到来，他们不得不等待了 17 年。超过 230 家独角兽公司的早期投资者需要等待 10 年以上才得以退出，帕兰提尔只是其中之一。在所有已经上市的独角兽公司中，从它们成立到敲响上市的钟声平均需要 9 年时间。[24] 即使对于已经处于后期阶段的公司，风投从投资到实现退出的平均时间也接近 5 年。MongoDB 和优步花了 10 年时间，Eventbrite 和乔比航空（Joby Aviation）花了 12 年时间，DocuSign 和 Etsy 花了 15 年时间。① 正如我们前面提到的，SpaceX 成立已经超过 15 年了，到现在仍是一

---

① MongoDB 是一家现代通用数据库平台企业，Eventbrite 是一家在线活动策划服务平台，乔比航空是一家空中出租车制造公司，DocuSign 是一家提供网络签名服务的公司，Etsy 是一家手工艺品电商平台。——译者注

家私人公司。

简而言之，风投式思维意味着你必须有极大的耐心。从理论上讲，风投所持有的这些资产可以说是糟糕透顶。真的，初创公司不仅风险极高，而且流动性极差。这些公司常年无法盈利，因此投资者必须等待很长时间才有可能收回其投资。

创新型企业的表现通常被描述为 J 形曲线或一根曲棍球棒（见图 13）。这条曲线显露了这样一个事实：大多数颠覆性的想法最初只会导致损失，只有一小部分最终会进入指数型增长的轨道。在风投的世界里，亏损的持续期会很长，亏损的程度则会很深。事情总是在变好之前变得更糟。要想活过 J 形曲线的第一部分，你得有钢铁般的意志。

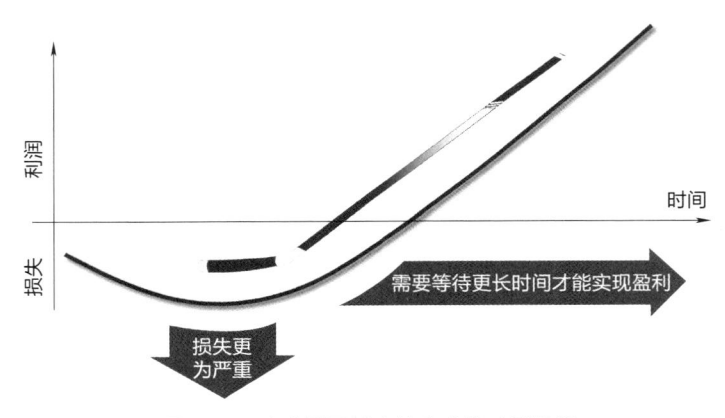

图 13 一家典型风投支持企业的 J 形曲线

成功的风投会因其耐心而获得丰厚回报。令人欣慰的是，独角兽公司的平均退出估值为 40 亿美元；退出时的平均估值是其筹集资本总额的 20 倍以上。[25] 然而，这样的回报都是可遇而不可求的。风险投资人支持的初创公司就像是灰姑娘那闪亮的马车，随时都有变成南瓜的风险。

对耐心的要求和中途无法退出的限制，迫使风险投资人必须采取与传统投资者和决策者截然不同的思维方式。但真正值得注意的是，风投项目其实在很多方面都和企业的内部项目极为相似。

流动性不足、长期缺乏盈利能力以及漫长的回报等待期，这既是初创企业投资的突出特征，也是许多风险较高的企业内部项目所面临的显著问题。我们接触过的许多公司高管在听完我们对于风投所面临挑战的描述后，都吃惊地表示："天哪，这和我们行业里的那些需要决策的项目何其相似！"这些高管来自你能想到的所有行业，包括采矿、建筑、造船以及消费品等领域。

长时间坚持一个想法或从事一项业务会改变你的思维模式。举个例子，假设你租了一辆车，时间为一个星期。在打开车门准备下车的时候，你不小心洒出来一些可乐。你不会把这当回事，只要用纸巾擦擦就行了，擦不干净也没关系。你会加什么汽油？当然是最便宜的。谁在乎呢？你只是个短期使用者，最大限度地降低使用成本才是你主要考虑的问题。但是，如果你买了一辆车，并打算长时间使用，那么所有这些行为都会发生变化。你会有截然不同的行事标准和原则，你会及时清除污渍，修复划痕，并使用汽车厂商推荐的汽油，因为你现在主要考虑的是如何保护你汽车的长期价值。

长期思考会改变我们的行为方式。它使我们更愿意承担短期损失。亚马逊创始人杰夫·贝佐斯说："由于我们注重长期发展，我们在做决定和权衡取舍时可能与一些公司有所不同。"[26] 耐心和长期思维可以使我们摆脱不必要的限制，促使我们思考未来 5 年、10 年或 15 年世界可能发生的变化。它们会迫使我们超越日常的例行公事，它们会推动风投公司去寻找太空技术、自动驾驶汽车和 CRISPR 基因编辑技术等战略性长期投资。另一方面，这些投资或项目也幸运地不用承担短期内必须盈利的压力，因为它们的投资者往往更担心的是这些公司会过早盈利。过早盈利可能意味着该公司正在牺牲进一步的增长机会，并错失成为独角兽的可能性。

传统投资者和决策者关注的是短期盈利能力，而风险投资人考虑的是长期潜力。他们不会询问创业者在当下的市场份额，他们关注的是未来的市场规模。他们寻找的是那些能长成巨木的红杉树，所以绝不会因为眼前的困难而惊慌失措。他们还知道，火灾和地震往往是寻找新种子的最佳时机。

随着这些新种子的不断生长，它们可能会日渐展现出颠覆世界的潜力，但就像红杉树一样，只有时间才能孕育出巨变。美国用了65年才让90%的家庭用上电。[27]电话在商业化应用35年后，也仍然只有1/4的美国人用得起。[28]1906年时，贾尼尼还得乘坐马车去拯救他意大利银行的资产。但仅仅6年之后，美国大城市里汽车的数量就超过了马匹。[29]

什么会像汽车取代马一样取代汽车？不妨想想优步或来福车。2010年，当来福车还叫齐拉得（Zimride）的时候，水闸基金的合伙人安·三浦惠子和麦克·梅普尔斯决定投资这家初创企业。他们观察到了多个重大而长期的宏观趋势。智能手机中的GPS定位正变得更加精确；拥有智能手机的人越来越多，已能够提供足够数量的潜在司机和乘客。"这是一个拐点！"梅普尔斯兴奋地对我们喊道，"如果你出手过早，你可能只会得到一个无望的梦。但如果行动晚了，你就会错过一切。"正是这种对长期愿景而非对短期利润的渴望，促使梅普尔斯做出了投资决定，并造就了水闸基金历史上最为成功的投资案例之一。"投资初创公司就是用一个低估的价格押注未来，而它之所以低廉，是因为大多数人都不愿意承担冒险的代价。"梅普尔斯进一步解释道，"我反而喜欢不确定性：因为未来越不确定，愿意冒险追逐这些机会的人就越少。"

我们希望除了风投之外，更多其他组织的人也能采取这样的立场。但讽刺的是，许多组织反而在押注过去而不是未来，投资于那些已经过时的想法。

接下来会出现什么？无人驾驶汽车？飞行汽车？更高效的公共交通？通过虚拟现实房间连接的远程办公网络？没有人知道，但风投们正在投资所有这些想法。企业界的许多人对此持怀疑态度，这也并非没有道理，因为很多想法最终都无法变成现实。但正如我们提醒学生和高管们的那样，怀疑总比自负好。[30] 据说密歇根储蓄银行行长曾经在 1903 年对亨利·福特的律师贺拉斯·拉克姆说："汽车只是一时的潮流，马才是永恒的交通工具。"更近一点的例子出现在 1999 年，当时巴诺书店的首席执行官史蒂夫·里乔宣称："没有人能在卖书方面打败我们，绝无可能。"2007 年，微软首席执行官史蒂夫·鲍尔默表示："iPhone 不可能获得任何可观的市场份额。绝无机会。这只是一个售价为 500 美元的受补贴产品。"联邦快递首席执行官弗雷德·史密斯在 2017 年说："目前，我们还没有看到关于最后一公里配送的技术变革。"这些"远见卓识"的决策者，究竟是如何错过驶向未来的航天飞机的？

着眼长期

着眼于长期是一种主动选择。

现在是晚上 11 点，亚历克斯还在一家大型发电厂首席运营官的办公室里。"唯一重要的是时间跨度!"这位高管一边咕哝着,一边呷了一口健怡可乐。"你先告诉我退出计划是什么,我再告诉你该怎么做。"他总结道,并顺手把挤扁了的可乐罐扔进了垃圾箱。我们正在召开一个战略规划项目的启动会。

"以我的维修和保养计划为例,"这位高管继续说道,"我在锅炉上的预算支出,归根结底取决于我们计划在 3 年后还是 10~15 年后出售这项业务。"他接着解释说,在较短的时间框架下,他只会关心短期盈利能力,并会指示他的团队将所有可能的成本削减到最低。在他看来,漂亮的财务数据将有助于他把这块业务卖出一个好价钱。但如果他负责这块业务的时间超过 10 年,他就会改变策略。他不会采取削减成本的做法,而是会对工厂进行改造和维修。

人们会不自觉地将这种思维方式应用于人才招聘、投资决策、奖金计划等类似的商业情境,尤其是在不确定性较高的情况下。以公司对新员工的培训方法为例。你可能也会注意到,不同餐厅的服务质量差别很大。有些员工对菜单或酒单知之甚少,这可能是因为他们没有接受过培训,或者缺乏学习的动力。无论是老板还是员工都不指望他们能够在公司干很长时间。但如果你希望员工能够长期留任,那么针对培训的投入和成本就变得更具有合理性。在餐饮行业,长时间的工作和恶劣的待遇经常会导致极高的员工流失率,但米兰著名米其林星级餐厅 D'O 的主厨兼老板达维德·奥尔达尼选择建立了一种与众不同的企业文化。[31] 奥尔达尼专注于长期愿景,因此他不仅会给员工开出高于市场平均水平的薪资,而且还会给他们提供持续的培训。这就使得该餐厅的员工流失率异常地低:10 年间只有 3 人离职。《米其林指南》高度赞赏这家餐厅的"专业和热情服务",并于最近授予了该餐厅两颗星的评价。

再以员工奖金计划为例。员工可能会问的第一个问题是:"我们能在这里熬到发奖金的那一天吗?"环顾四周,你可能会惊讶地发现,其实许多决策都会受到时间跨度的严重影响。许多在短期看起来有利的决定可能会导致灾难性的长期后果,有时甚至会让你失去公司。

谁能预料到赚取 10 亿美元的承诺竟然会成为一家公司衰败的开始?在一次常规的季度财报电话会议上,聚友网首席执行官突然向华尔街分析师抛出了一个诱饵,承诺该公司明年的社交媒体业务年度营收将达到令人震惊的 10 亿美元。过去四年,聚友网一直春风得意,仅用几个月的时间就俘获了来自世界各地数以百万计的热切用户。没用多久,它的注册用户数量就突破了 500 万。成立第二年,它的流量超过了谷歌,用户数量达到近 1 亿。聚友网甚至与谷歌达成了一项价值 9 亿美元的独家合作广告协议,是当时数字媒体史上最大的交易之一。

但随后形势急转直下。[32] 家长们开始指责聚友网助长了未成年人自杀现象和对儿童的性侵。该公司被发现与广告商分享用户的姓名和头像等个人数据。诉讼开始堆积如山。网站出现了各种漏洞。青少年认为它不够酷,因此不再注册使用。从随机的征婚广告到所谓裸体直播女孩发送的好友请求,各种各样的垃圾信息激增。"一个朋友聚会的地方"变成了"一团乱麻"。"删除你的账户"也因此成为很多用户喊出的愤怒口号。[33]

这个故事听起来是不是有点似曾相识的感觉?我们在本书第二章中介绍过聚友,当时我们提到,在 2005 年时,由于新闻集团宣布以超过 5 亿美元的价格收购聚友网,风险投资人保罗·马德拉及其合伙人对聚友网的尽职调查被迫中断。鲁珀特·默多克承诺在一年内实现 10 亿美元的营收,这不仅令分析师吃了一惊,就连公司高管们也都倍感意外，因为聚友在前一年的营收还不到1亿美元。[34] 聚友网很快就走向了衰败，并最终以3500万美元的价格被新闻集团贱卖。[35]

失败是一个无人认领的孤儿。虽然很难确定聚友网失败的根本原因，但很多人认为，默多克在那次臭名昭著的盈利电话会议上所做出的10亿美元短期承诺是压垮骆驼的最后一根稻草。"老板说我们必须赚10亿美元，"聚友网前在线营销副总裁肖恩·珀西瓦尔回忆道，"所以我想我们必须要赚到10亿美元。"[36] 为了推动来年的收入，高管们把精力都放在了如何最大化广告收入上，却忽略了改进底层技术以及提升用户参与度。与谷歌的协议要求聚友网每年必须确保一定数量的谷歌广告点击量，而这进一步加剧了短期的心态。[37] 当脸书致力于开发更贴近用户的社交产品时，聚友网的页面却变得越来越缓慢、笨拙，而且充斥着各种烦人的广告。对短期收入目标的过分关注，扼杀了聚友网长期成功的可能性。

聚友网的故事中有很多输家，但也有几个赢家。两家风险投资基金，优势资本和红点创投在聚友网成立之初分别向其投资了大约1500万美元，并在鲁珀特·默多克的帝国收购这家初创公司后成功套现。投资者分别获得了9倍和3倍的健康回报。但这些投资者远谈不上开心。在2005年时，红点创投合伙人杰夫·扬曾强烈反对将聚友出售给新闻集团，他认为这个新东家将会彻底毁灭这项伟大资产的价值。[38] 几个月就能赚3倍这样的事情肯定会让很多人乐得合不拢嘴，但杰夫·扬可不是这种人。拥有风投式思维的他并不怎么关注短期收益，相反，他痛惜的是丧失了一个长期的机会。他本希望陪聚友网走得更远。

风投式思维传递给被投企业领导者的信息非常明确：一定要做出有利于公司长期价值的决策，但同时要在未来的6~12个月内展示出在实现长期目标方面所取得的进展。取得一定进展是非常必要的,因为风投公司在某些里程碑达成之前很少会再提供更多的资金。但是要切记,重点在于长期发展,而不是短期回报。

对传统企业来说,推行这种长期思维固然非常困难,但的确至关重要。最近,当我们展示一张带有挑衅信息的幻灯片时,在现场的100个人都忍不住笑了起来。这张幻灯片上写着,一个企业内部的风险投资计划只有在历经两任首席执行官而不被中断的情况下,才算真正具有价值。这100名参与者是一家拥有25 000名员工的银行的高级管理人员,他们正在参加我们的"数字企业家"研讨会,并准备推出创新型金融产品。该银行的首席执行官也在其中,他于几年前被任命为这家银行的领导。前任首席执行官设立的诸多创新计划,是否在他任上得到了延续?答案显而易见。

美国大型公司首席执行官的平均任期约为7年。[39]一个风险投资项目的典型期限是5~10年。许多企业内部创新项目的失败,是否真的与此有关?

传统思维模式中普遍存在着短期主义倾向。预算是以一年为单位进行设计的。回报周期超过几年的项目往往会引来一片质疑。企业高管喜欢讨论J曲线,但他们往往忽视了该曲线中不那么让人高兴,甚至经常令人痛苦不堪的亏损阶段。将近4/5的高级财务主管会为了平稳的收益而放弃经济价值。[40]伊利亚和他的研究员阿曼达·王对160多家大型跨国公司的风险投资部门进行了研究,他们发现超过一半的部门被要求在不到两年的时间内达到目标,并且预算要么是一年审批一次,要么是逐笔审批。风投式思维带来的机遇就这样活活被传统思维扼杀,这真是一幅令人悲哀的画卷。

由风投支持的公司没有华尔街季度业绩考核的压力。风险投资人确实会密切关注他们的投资，但他们的审查着眼于长期。除非季度亏损预示着长期承诺已经无法兑现，否则他们很少会因为一个季度的得失而大惊小怪。哈佛大学的谢伊·伯恩斯坦在2015年的一篇论文中指出，当私营公司上市并开始面临投资者要求快速结果的压力时，它们最优秀的发明家往往会选择离开，相比于私营公司的发明家，那些留在上市公司的发明家也会减少在专利成果方面的产出。[41] 专利也许并不是衡量创新的最佳标准，但它们可以很好地展示出一家公司的研发投入情况。伯恩斯坦还指出，一旦公司上市，它们就会减少在长期前瞻性研发项目上的资源投入。

一些成熟的公司确实知道如何进行长期思考。杰夫·贝佐斯曾说："我们希望我们的各种投入能够在5~7年的时间里展现出成果。"[42] 他秉持这一信条，并为AWS云平台、Amazon Go和智能语音助手Alexa等新业务提供了足够的发展空间。无论业务多么复杂，公司都追求长期愿景和远大抱负。"我们愿意播下种子，让它们成长。"贝佐斯说。"我们不敢保证它一定能长成一棵大橡树，但至少我们知道它有这个潜力。"让风投式思维去激励你，将年度预算与3~10年的计划结合起来。通过延长时间线，你会感觉到房间里气氛的变化。跳出眼前的挑战，你的下一个年度预算将更加适应长期风险和机遇。

在面对充满怀疑主义的保守企业文化时，我们经常在高管研讨会上进行一种被称为"事先验尸"的练习。在这个练习中，我们要求参与者去想一下，如果他们的公司在5年或10年后不存在，那么导致该公司毁灭的主要因素会是什么。我们还会要求他们确定导致公司被颠覆的其他竞争对手。最后，我们会问他们可以通过采用哪些措施来拯救公司。这些关于风投式思维的练习必然会扭转整个讨论的基调。

一些传统行业的公司非常了解长期博弈。农用拖拉机和联合收割机乍一看可能不像一些新科技公司的产品那么酷。但是，作为农业设备领域的领导者，约翰迪尔公司早在 2002 年就开始进行长期押注，当时他们首次发布了具有自动驾驶功能的拖拉机。[43] 该公司意识到世界人口正处于火山爆发状态，预计到 2050 年全球人口将增加 20 亿。目前全世界每十个人中就有一个人处于饥饿状态，这一难以想象的人口增长显然会使更多的人面临饥饿风险。因此，在 2017 年，约翰迪尔做了一个长期押注，收购了一家名为蓝河科技的公司，该公司能够利用计算机视觉技术进行精准的生菜间苗。约翰迪尔还任命蓝河的首席执行官兼联合创始人豪尔赫·赫洛德为其自动化进程的负责人。更精确、更节约和更高产是预想的长期结果，但实现这一结果需要时间。2022 年，约翰迪尔宣布了另一项新押注，即制造一种完全机器人化的机械式拖拉机。这种"脚踏实地，眼光高远"的理念非常适合一家不追求快速获利的公司。2016 年，约翰迪尔的时任董事长山姆·艾伦曾表示，他会问同事们"你们希望公司在 10~20 年后发展成什么样子"，而这一问题无疑表明该公司十分关注长期发展。这些押注不太可能马上就为约翰迪尔带来数十亿美元的额外收入，但它们很可能会帮助该公司在影响这一关键经济部门的农业技术变革中取得成功。

长期思维难道只是美国大型企业的专利？当然不是。例如，哈萨克斯坦公司 Kaspi.kz 就成功地依靠长期思维，从一家传统银行转型为一家多元化科技公司。[44] 就在几年前，美国喜剧演员萨莎·拜伦·科恩还在其电影《波拉特》中对哈萨克斯坦进行了大肆嘲弄，但该国的这家原本保守的金融机构却以其创新的商业模式和长远眼光震惊了世人。该公司的领导层是世界上最早认识到消费者更喜欢通过手机来管理个人生活的人之一，由此产生的超级应用程序则将支付服务与电子商务和金融产品结合在了一起，Kaspi.kz 也因此成为中亚地区规模最大的上市公司之一。只要拥有"着眼长期"的心态，企业就能构建出持久且创新的产品。

你可能没用过 Kaspi.kz 的应用程序，但你很可能用过 PDF 阅读软件 Acrobat Reader 或图片处理软件 Photoshop，这些都是软件巨头奥多比的产品。[45] 目前奥多比的年收入已经超过 150 亿美元，但很多人不知道的是，该公司在 2013 年曾经遭遇过一场生存危机。当时该公司宣布将不再出售起售价超过 1000 美元的盒装版创意套件，而是将出售改为了出租，用户若想使用这一套件，就必须以每月 50 美元的价格向该公司购买订阅服务。用户将这种模式比作"数字海洛因"，并发起了反抗。超过 30 000 名用户在 Change.org 上发起请愿，要求该公司取消新的收费模式。由于初始费用变低，再加上用户的抵制，该公司的短期收入受到了不小的冲击。但奥多比的领导层态度非常坚定，因为他们已在云计算和 SaaS 模式进行了长期押注。向云计算的转变固然会带来短期阵痛，却能够带来长期收益。

对公司领导层来说，牺牲短期收入或盈利数字来换取长期成功是极其困难的。但这不仅仅是高管们所面临的挑战。

棉花糖越多越开心

你可能听说过著名的棉花糖实验。[46] 斯坦福大学心理学家沃尔特·米歇尔邀请一群 4 岁的小朋友从托盘中挑选一块棉花糖、一根椒盐卷饼棒或一块饼干。一旦他们做出了自己的选择，研究人员就会马上跟进，让这群孩子进行一项艰难的二选一：他们可以吃掉刚才所选择的零食，但如果他们愿意单独在房间里待上 15 分钟，而且能够忍住不吃这些零食，他们就可以再得到一份同样的零食。你会选哪一项？

有些孩子在房门关上后就立即把棉花糖放进了嘴里；其他孩子则会在那里等待……等待……终于，在漫长而痛苦的 15 分钟之后，他们得到了应得的奖赏。在 YouTube 上搜索"棉花糖实验"，你就可以找到关于这项原始研究的现代版本，你会清晰地看到，有的孩子在努力克制立刻把美味放进嘴里的欲望。不到一半的孩子能够抵制住诱惑，而其他孩子则屈服于即时满足的欲望。在一项实验中，一个男孩小心翼翼地把奥利奥饼干分成两半，舔掉了中间的奶油，然后又把外层的饼干放回到桌子上——因为他要等着拿两块饼干！每个孩子都想要额外的奖励，有些孩子会耐心地等待长期的结果，其他孩子则更喜欢短期收获。

真正让这个实验出名的是多年后进行的后续研究。那些在 4 岁时能够延迟满足的孩子，在学业成绩、社交技能和应对压力方面都有更好的表现。那些在棉花糖实验中能等待 15 分钟的孩子，其 SAT（美国学术能力评估测试）成绩比那些只能等待 30 秒的孩子平均高出 210 分。[47]

随后半个世纪的研究证实了最初的发现，即能够自我控制的孩子会以特定的、可预测的方式行事。[48] 他们会主动地把注意力从短期收益转移到其他活动上。有些孩子会把目光移开，闭上眼睛。有些孩子会玩玩具。有些孩子会踢椅子和桌子。有些孩子会开始唱歌。有些孩子甚至打起了盹。一边盯着棉花糖一边权衡短期和长期回报的做法并不可取。接受延迟满足不仅需要纯粹的意志力，还需要发现应对策略并执行该策略。不要老想着最终你会得到什么，而是应该保持耐心,这样你就能够更轻松地得到两倍的奖励。多去思考一些有趣的事情,你就更能保持定力,可以等待更长的时间。最近的实验研究还发现了其他应对方法。例如,将孩子分组可以帮助他们找到更好的策略来锻炼耐心。

如何制定对抗短期主义的策略?这是一件非常具有挑战性的事情。无论是成年人还是小朋友,人们在决策过程中会普遍存在一种倾向,即更重视眼前利益而非长远回报。对未来回报进行贴现是金融领域的一种标准估值机制,它基于一个简单的观察,即今天的100美元比未来一年的100美元更有价值。但如果人们喜欢今天的100美元更胜于一年后的150美元呢?研究表明,大多数人的决策贴现率都高得离谱。在一项研究中,约翰·华纳和索尔·普列特利用1990年代初的军事裁员研究了逾6.5万名美国军官的决定。[49]当时,这些军官可以在年金和一笔大额的一次性赔偿金之间做出选择。尽管当时的利率表明选择年金会比一次性赔偿金更有利,但大多数人还是选择了后者。这一选择体现出了非常高的贴现率。

缺乏耐心只是时间偏好的一种表现形式。研究人员使用"双曲贴现"这一特殊术语来表示时间不一致的决策,在这种情况下,即时满足意味着非常高的贴现率。然而,当比较两个遥远的未来日期时,人们使用的贴现率却要低得多。许多决策都体现了双曲贴现的原则。例如,患有"双曲贴现症"的急躁员工在寻找新工作时往往不够积极。[50]双曲贴现的程度越高,肥胖和酗酒的可能性就越大。[51]

"股市是把钱从没耐心的人手中转移到有耐心的人手中的工具。"沃伦·巴菲特打趣道。[52]巴菲特和他的长期合作伙伴查理·芒格都以延迟满足而闻名。然而,由于股票市场的流动性很强,因此获得短期收益也非常重要。风投领域则非常缺乏流动性,因此,为了能够取得成功，风险投资人更愿意采用忽略短期收益以换取长期成功和最终盈利退出的做法。

类似于孩子们用来克服立即吞下棉花糖的欲望的策略，成功的风投也不会时刻想着他们所投资公司的退出前景。基石资本（Foundation Capital）的普通合伙人史蒂夫·瓦萨罗告诉我们，他在 2014 年时领导了该公司对支付初创公司 Stripe 的投资。几年后，当该公司的估值增长了 3 倍时，他们收到了收购股份的要约。史蒂夫的一些合伙人可能有些心动，但史蒂夫没有。他告诉我们："这是一家具有世代意义的公司。我们可能需要等待超过 15 分钟才能得到第二块棉花糖，但回报会更加甜美。"随着该公司估值的不断攀升，收购要约也如潮水般涌来。这块棉花糖在他眼前变得越来越大，瓦萨罗却一直在耐心等待。最后，他以 1100 亿美元的估值出售了部分股份，获得了 30 倍以上的回报。瓦萨罗总结了两个与棉花糖相关的经验教训："不管是坚忍的孩子还是风投，你都必须能够说出'现在还不到时候'这句话，这至关重要。但最终你还是得吃掉你的棉花糖。一直忍着也不是一个好选项。"

对风投来说，更重要的是做好日常工作，以帮助创业者提高公司价值，实现公司长期发展的里程碑。他们知道退出总有一天会到来，但他们会更专注于旅程，而不是目的地。

这一原则同样适用于我们人生中的各项重要决策。每当以前的同事和学生向我们询问职业选择问题时，我们的回答总是一样的。聚焦于你的长期价值，降低对起薪或签约奖金这类短期指标的关注度。这些都是成人世界的棉花糖。我们都要付账单，所以不能忽视薪资问题，但不要因此陷入短期主义的陷阱。要充分运用你的风投式思维。你的职业生涯可能是你正在进行的最重要和最激动人心的项目之一。一定要着眼于长期。

下次当你面临一项重要的决定时，可以想想詹姆斯·库克船长的经历。当他的船驶近波利尼西亚的复活节岛时，映入库克和水手们眼帘的是一片贫瘠的土地，三四艘破损的独木舟和几百个居民。这些居民说着他们无法理解的语言，孤独地存在于这个面积是曼哈顿三倍且几无树木的荒岛上。但他们却发现了成百上千的大型雕像，它们"长15英尺，肩宽6英尺"，皆由火山灰制成，散落在广阔的区域。"我们几乎无法想象这些岛民……如何能竖起如此巨大的雕像。"库克在1774年的日记中写道。

这些雕像暗示了岛上曾经存在过一个更加繁荣、人口更多的文明。这个岛屿曾经树木繁茂，但现在却一片荒芜。复活节岛之谜引发了许多历史难题，并在最近关于生态灾难的叙述中占据了重要地位，例如贾雷德·戴蒙德在讲述社会为何崩溃时，就引用了复活节岛的这个例子。[53]许多科学家认为，是复活节岛农民采用的刀耕火种导致了这场灾难。在短期内，烧毁树木可以腾出更多可供种植庄稼的土地，养活不断增长的人口，但从长远来看，只需要几代人的时间，所有的这些树木就会被砍伐殆尽。人类文明是否也正在进行一场大规模的棉花糖实验，只不过这场实验的持续时间会横跨数代人，而不是只有几分钟？

如果你想与伊利亚或亚历克斯进行一次棉花糖实验，那甜食是不管用的（除非是甜酒）。作为一名美酒收藏家，伊利亚经常带朋友参观他的酒窖。在那凉爽的酒窖中，客人总是好奇地会问他："你这里最贵的酒是哪一瓶？"伊利亚的回答是："是那瓶我的曾孙辈才会打开的酒！"

好酒要靠耐心来酿制。每当伊利亚与父亲共饮一瓶1941年的酒

（他的父亲出生在那一年）或用 1916 年的马德拉白葡萄酒纪念其祖母时，他们都会有一种特别奇妙的体验。还有什么能比得过一杯吕德斯海姆使徒甜酒（Rüdesheimer Apostelwein）给人带来的延迟满足感？这种黄金液体可是用 1727 年种植在莱茵河畔陡峭山坡上的雷司令葡萄酿制而成的！2018 年时，伊利亚曾在不来梅市政厅酒窖品尝过这款酒，那种体验真是太棒了！当然，虽然有些葡萄酒会受益于如此长时间的陈酿，但大多数酒终究会变成不可饮用的醋。风险潜伏在每一个角落和每一个酒架上。希望在许多年后，当伊利亚的孙辈以及后代在打开为他们珍藏的陈酿葡萄酒时，他们会喜欢阅读这段文字，并将其作为一种跨越时空的寄语。当然，说不定他们更偏爱来自外太空酒窖的酒，毕竟最近一项研究表明，红酒在太空中比在地球上陈酿得更快，[54] 希望未来的太空创新者对此能学以致用。

你的长期赌注是什么？

思维模式评估

- 你组织的利益相关者是否愿意投资于时间跨度长达 5~15 年的创意？
- 你是会考虑项目或计划的长期价值，还是仅关注短期盈利？
- 你对管理层的激励主要是基于业务的短期盈利表现，还是基于其长期的价值增长？

结　语

"你们准备好来一次零元购体验了吗？"亚历克斯开玩笑地对一群高管们低声说道，当时他们正沿着货架通道走向商场的出口。这些高管都是斯坦福高管项目的参与者，正在西雅图享受一场周末之旅。这家商店不用排队，没有收银台，甚至连收银员都没有。

时值 2018 年的夏天，亚马逊的首家无人便利商店终于开门迎客。在这家商店购物可真是一种超现实的体验，因为我们可以拿了东西直接走人，全程无须同任何一名员工互动！整个过程非常流畅，你不用排队，也不用担心浪费时间。但这样的购物模式也让现有的大牌零售商倍感恐惧：旧有的秩序会不会就此被颠覆？

就在几天后，这批高管都出现在了伊利亚关于颠覆性创新和企业内部创新的课堂上，他们认真地记录笔记，并努力学习和领会有关风投式思维的各项原则。"不要害怕，"伊利亚最后总结道，"一定要在创新竞赛中占得先机。"一名叫托马斯·布利查斯基的学生也参加了西雅图的实地考察，他将伊利亚的这个建议牢记在心。仅仅三年后，波兰领先的零售商小青蛙（Żabka）便在布利查斯基的领导下推出了第一家无人收银商店。[1] 又过了两年，小青蛙纳米（Żabka Nano）便利店网络在欧洲无人收银商店的竞赛中超越了亚马逊。布利查斯基的头衔是小青蛙未来部门的总经理，这一点倒是没有夸张，他和他的团队确实肩负着打造公司未来的重任。预测未来的最好方法就是创造未来。

"在风投式思维的启发下,我决定迈出大胆步伐。我要推动公司转型,并利用所学的原则使其真正适应未来的变化。"五年后布利查斯基告诉我们,"无人收银商店只是我们为改善客户体验而推出的一系列举措之一。"为消费者节省时间是他们一切决策的出发点。这听起来非常反直觉,因为大多数零售店都是希望顾客能够在店内停留更长时间。"你要把便利店想象成冰箱。你不会想在冰箱上花太多时间,对吧?"如今,顾客在小青蛙纳米自动化商店的平均停留时间已不足一分钟——确切地说,是 50 秒。[2] 你上次去便利店时,在里面待了多久?

小青蛙充分展示了技术和风投式思维的巨大潜能。许多高管受制于传统思维,对颠覆性冲击感到恐惧,这确实可以理解,但也有很多人成为热切的学习者和勇敢的建设者。一些传统公司的创新领导者从初创公司那里汲取了经验。更重要的是,他们还向风险投资人学习,并习得了他们的思维模式。这些领导者不仅没有忽视大规模的变革,而且还在主动定义和理解这些变革。

当今世界的自动化之战远未结束。小青蛙在欧洲超越了亚马逊,但亚马逊仍然是一台巨大的创新机器。约翰迪尔在 2022 年推出了第一台全自动拖拉机,但它可能很快就会面临来自特斯拉或微末等公司的激烈竞争。微软虽然比谷歌老迈,但现在却在搜索领域向谷歌发起挑战。有百年历史的迪士尼最近在订阅用户数量上超越了网飞,但它能否在这场残酷的流媒体战争中持续保持领先?

传统公司确实可以成功地反击年轻的竞争对手。它们通常拥有更强的实力、更充足的资源、更好的资本渠道以及更为庞大的客户群体，这些都有助于它们在自己的行业中击败那些由风险投资支持的初创公司和其他新加入者。然而，它们通常缺乏的是正确的思维模式——说得更具体一点，就是它们缺乏风投式思维。企业的领导者越是能够拥有风投式思维，企业内部就会有越多的独角兽、十角兽（10倍于独角兽）和百角兽（100倍于独角兽）涌现。

创新领域并不存在能够确保成功的灵丹妙药，但有一些指导原则和机制，如果能得到正确的实施，的确可以增加企业生存和成功的机会。这些原则已经被最有经验的创新支持者——风险投资人习得和完善，也应该在其他地方得到应用。在本书中，我们详细介绍了最重要的指导原则，但出于以下几个原因，我们并没有详细讨论如何将这些原则应用于特定行业或特定技术。首先，正如我们在对许多企业领导人的咨询工作中反复观察到的那样，特定的应用通常需要进行定制。其次，每种策略的成功与否都会在很大程度上受到执行质量的影响。最后，某些特定的行业和技术可能会在本书上架后不久便发生转变甚或消亡（如果还有书架的话）。具体应用总是在改变，但风投式思维的指导原则不会变。我们的研究发现，如果行事得当，内部创新可以和各种收购一样产生影响力，有时甚至比收购更有影响力。大企业的风险投资团队可能会发现自己的"Zoom"，并为企业带来重大变化。当然，如果行事不当，所谓的内部创新可能完全就是在浪费时间、精力和金钱。

风险投资人深知，一旦某个特定的想法开始占据商业杂志的封面，他们就已经错过了对它的最佳投资时机。ChatGPT在2023年初开始受到普通大众的追捧。但它背后的初创公司OpenAI成立于2015年，在风险投资的支持下，该公司早在2019年便成为一家独角兽企业。人造肉公司Impossible Burger于2019年入选了《时代》杂志的

100 项最佳发明榜单，但实际上这家由风投支持的公司成立于 2011 年，并于 2016 年成为独角兽。风投总是会先人一步，悄无声息地发掘出各种创意。OpenAI 和 Impossible Burger 很早就出现在了由伊利亚创建的斯坦福大学风投支持公司数据库中。就连一些邻近行业的大公司也会在最开始时忽视甚至嘲笑这些创意，等到它们意识到问题并奋起直追时，却发现为时已晚。

始于无知的东西很快就会变得令人恐惧。在我们的研讨会上，我们经常以一张简单热图的形式，向高管们介绍他们所在行业中近期出现的独角兽以及有潜力成为独角兽的公司。这样的鸟瞰图能够直观地展示变革正在哪里发生，风投资金正在流向哪里，以及某个行业可能在未来十年左右时间里出现何种变化。这种简单的图表经常让高管们不寒而栗，因为根据图表的描述，他们可靠的业务部门、稳定的现金流和心满意足的股东，竟然都会成为潜在颠覆者眼中的脆弱目标。但是，比起恐惧和防御的心态，更能够改变结果的是成为一名饥渴的学习者和积极的建设者。如果风投能够发现这些新兴机遇，为什么传统企业不做同样的事？

伊利亚的研究表明，创新世界的主要规则就是缺乏硬性规则。独角兽企业非常多样化，你很难预测在成千上万的候选企业中，哪一家会成为潮流的引领者。虽然许多公司总部设在硅谷，但也有很多公司位于其他地区。创始人既可能是年轻的辍学生，也可能是经验丰富的前高管。拥有美国顶尖学术机构的学位当然有帮助，但许多独角兽公司都是由其他国家的人创立的，或者是由拥有世界各地学位的美国移民创立的。曾经在谷歌、亚马逊或麦肯锡工作过也有帮助，但这并非成功的保证。这个领域唯一可以预测的就是不可预测性。这正是风投世界的魅力所在。只要下对了赌注，任何人都有机会赢。

正确的赌注始于人、他们的决策以及他们的思维方式。创新往往始于普通员工，而非创始人和高管。传奇人物史蒂夫·乔布斯一开始甚至不知道那个最终促成 iPhone 诞生的实验项目。[3] 此外，他还差一点否决了这个想法，在该项目团队坚持不懈地说服下，他才同意继续推进对 iPhone 的研发。霍华德·舒尔茨最初是星巴克的营销总监，在一次前往意大利的商务旅行后，他萌生了在咖啡豆之外销售浓缩咖啡饮料的想法。[4] 如果星巴克最初的创始人能够看到咖啡连锁店的巨大潜力，他们所有人的命运都会被改写。但现实是舒尔茨创立了自己的公司并收购了星巴克，随后将其发展成为世界上最大的咖啡连锁店。

任天堂原本可能只是一家扑克牌制造商，但由于 1965 年被聘为装配线维护工程师的横井军平，任天堂变成了一家以马里奥游戏和自家游戏主机而闻名于世的传奇视频游戏公司。[5] 为何会出现这种变化？原因就在于任天堂创始人的孙子注意到了横井君平的创造才能。当被问及"你想做什么"这个问题时，横井的回答是："我要做出很棒的东西。"横井军平确实创造了一些很棒的东西，包括便携式游戏机 Game & Watch 和掌上游戏机 Game Boy。成立于 19 世纪的任天堂之所以能找到一条通往 21 世纪的盈利之路，完全是因为它进行了多次自我革新。许多其他公司，如迪士尼、乐高和 3M 等，也都通过采用正确的思维方式重塑了自我。我们由衷地相信，传统公司完全能够通过革新跟上时代的变化，但要做到这一点，首要的是它们的领导者和团队成员需要拥有正确的思维方式。

所以你要做的第一件事，就是改变员工及其思维模式。就像你智能手机上的操作系统需要定期更新升级一样，你的员工也需要偶尔地进行思维模式重置。为了实现这个目标，我们合作的一家公司专门为其新任命的副总裁们开设了一个研讨班。这么做的理由在于，以这些副总裁的能力和经验，未必能使他们成为担当重塑公司重任的全局领导者。一个家族企业在将公司控制权交给年青一代并让他们有机会再造公司之前，会先投入大量资源来培养他们的思维方式。许多其他组织也会挑选 100 名左右的现任和未来的领导者进行培训，以培养所有部门的风投式思维，并为其最有抱负的员工提供适宜的工具。每个人都可以提出想法，但要把这些想法变成现实则需要很多人的共同努力。

有了以本书所述之九项原则为基础的新思维模式，不同世代的员工、董事会成员、股东和所有者便可以从不同的角度来看待事物。当托马斯·布利查斯基意识到技术可能会彻底改变整个零售业时，他开始寻找具有非凡影响力的突破性想法。有些想法——比如小青蛙纳米便利店的概念——获得了成功，很多想法则失败了，但这并未削弱其团队的动力。为什么会这样？因为重要的不是三振，而是本垒打！当布利查斯基与我们分享他的故事时，他正准备登上飞机再次前往硅谷，去寻找新的想法和灵感。积极出击仍然是他的信条。

在我们整本书的旅程中，我们遇到了许多像托马斯·布利查斯基这样的英雄人物。我们了解到，任何创新背后都离不开个人和团队。如果没有邦妮·西米和她有准备的头脑，捷蓝科技风险投资公司就不可能取得成功。雷富礼鼓励宝洁公司广泛搜集创意，然后再通过说 100 次"不"的方式来筛选出极少数最优秀的项目。罗伯特·兰格如果不相信骑师的重要性，他的超级实验室就不可能存在。TDK 创投的尼古拉斯·索维奇有效地利用了和而不同的原则，在一家拥有近百年历史的日本公司中找到了创新的想法。阿斯特罗·泰勒和他的谷歌 X 团队通过"要么加倍下注,要么果断退出"这一原则来寻找下一个谷歌。在 KKR 合伙人皮特·斯塔夫罗斯的帮助下,制造商 C.H.I. 门业公司成功地扩大了市场份额。从开始创建蓝河科技公司到后来被约翰迪尔收购,再到在拉斯维加斯消费电子展上宣布推出完全自动驾驶的拖拉机,豪尔赫·赫洛德经历了 10 余年的付出。伟大的事业总是需要时间来铸造。

思维模式举足轻重。要想打造一家能够应对未来挑战的公司,具备风投式思维更是重中之重。请践行风投式思维,并充分利用它来改变你的公司、你的生活和你的世界。

附录 风投式思维实操手册

第 1 章　**三振无关紧要，重要的是本垒打**
　　1. 构建赌注的金字塔
　　2. 切勿过于谨慎
　　3. 不要孤注一掷
　　4. 定期清除创意花园中的杂草

第 2 章　**打破藩篱，主动出击**
　　5. 相信你的内部创业者
　　6. 使用创新侦察员
　　7. 依靠大众智慧

第 3 章　**打造有准备的头脑**
　　8. 积极拓展联系，广泛收集信息
　　9. 充分利用你的行业专业知识
　　10. 主动选择你的战场

第 4 章　**学会说"不"，而且要说 100 次**
　　11. 不要隐藏风险，而要尽早暴露风险
　　12. 切莫堵塞流程管道
　　13. 切勿太早陷入过度怀疑

第 5 章　**押注骑师，而不是马匹**
　　14. 魅力和性格至关重要

15. 找到既敢于突破又能适应环境的人
16. 押注团队，而非个人
17. 为你的骑师构建赛道

第 6 章　**和而不同**
18. 保持较小的团队规模
19. 鼓励不同意见
20. 让反叛者发号施令
21. 不要追求一致性

第 7 章　**要么加倍下注，要么果断退出**
22. 不要独自加倍下注
23. 寻求局外人的观点
24. 经常性地退出

第 8 章　**把蛋糕做大**
25. 让每个人都成为所有者
26. 解决"从 1000 到 1001"的挑战
27. 奖励大胆行为

第 9 章　**着眼长期**
28. 延长投资期限
29. 关注长期收益
30. 忽略暂时波动

致谢

如何才能写出一本书？就像千层饼没有通用的配方，每一本书的创作过程也都是独一无二的。以下是我们写作本书时使用到的"食材"：投入多年时间开展研究；留出三年的时间进行讨论、撰写草稿以及进行修订；孜孜不倦地检查分散在数百个文件夹中的数千个文档；耐心倾听合著者的意见；获得家人的支持；还有，多存几箱好葡萄酒。

然而，我们还有一味独特秘方，那就是同事和朋友的支持和帮助。没有他们在时间和精力上的付出，我们不可能完成这本书。没有这剂调味料，我们再多的努力也是徒劳。毫无疑问，我们是一对非常幸运的"厨师"。

我们要感谢我们所有的学生、研讨会参与者和企业客户。我们从你们那里学到的东西比从所有印刷物和在线资源中学到的加起来还要多。你们提出刁钻的问题，深入探讨现实案例，并要求我们为你们的组织创新提出实用的方法。是你们的求知欲激发了我们写作本书的灵感。

"很多关于创新的书都写得诘屈聱牙，根本无法让组织内部的全体员工共读。"一位高管曾向我们抱怨道，"你们要想个办法，让每个员工都能理解你刚刚告诉我们的关于创新的重要性！"我们希望这本苦心写就的著作能够满足他的要求。我们希望本书能够成为所有想要从风投行业寻求有益借鉴的人都愿意阅读和推荐的一本书。

土耳其咖啡、古老的高山茶，甚至更有年份的马德拉白葡萄酒，都促进了我们创意源泉的涌动。但是与风险投资人的合作才是最为关键的因素。我们要向数百位风险投资人表示敬意，感谢他们在会议、早午餐、Zoom 视频会议和夜宵中向我们敞开他们的经验宝库。一些人公开分享了他们的经验或观点，但也有一些人选择匿名。但无论是留名还是匿名，他们知无不言，言无不尽。这些会议有着非常宝贵的价值，它们本身就可以写成一本书。我们要感谢整个风险投资界向我们分享他们用以塑造现代世界的各种工具和机制。现在，借助于本书，这些工具和机制将提供给更广泛的行业和人群使用。

虽然我们不能在这里列出这些年来帮助过我们的所有风投人，但我们想要在此着重表达对以下人士的谢意：帕特里克·埃根、纳格拉吉·卡什亚普和萨钦·德什潘德（我们关于 Zoom 的开篇故事的主角），以及保罗·阿诺德、梅塞德斯·本特、范慕斯、特蕾西娅·吴、布莱恩·雅各布斯、麦克·梅普尔斯、凯特·米切尔、亚历克斯·兰佩尔、布莱恩·罗伯茨、卡米·塞缪尔斯、尼古拉斯·索维奇、戴维·辛格、阿里·塔马塞布、史蒂夫·瓦萨罗和安·温布拉德。我们要特别感谢特蕾西娅·吴和布莱恩·雅各布斯，他们不仅是成功的风险投资家，同时也是伊利亚在斯坦福大学创业和风投课程的合作者，是我们的共谋者。我们写了一本关于风险资本的书，但我们的目标读者并不是风险投资人，而是各种企业和组织的决策者。许多的决策者都为本书的写作提供了诸多帮助。

我们与大公司、中型企业和政府机构的领导人进行了交谈。在本书的结尾部分，我们讲述了托马斯·布利查斯基的故事，他的事迹就是依靠风投式思维取得成功的一个典型案例。

我们由衷地相信，风投式思维不仅适用于风险投资和商业领域，也适用于其他领域。创新无边界，这就是为什么我们也联系了包括科学、教育、药物研发甚至博彩在内的多个学科和领域的专家。许多人对我们的问询感到惊讶。如果有人给你发电子邮件，要求你讨论风险投资人和长尾黑颚猴之间的相似之处，或者要求你教斯坦福大学教授和科技高管如何打扑克，你会如何回应？幸运的是，在以上这些事例以及更多的情况下，我们都得到了积极的回应和慷慨的帮助。我们尤其感谢本·本索、理查德·哈罗克、鲍勃·兰格和埃里卡·范德瓦尔的耐心和热忱。

创作第一本书就像人生第一次的露营旅行。你不知道在荒野中会发生什么，所以你最好找个向导。我们的向导是克里斯·帕里斯-兰姆，他是我们在格纳特公司的代理人。他给我们的第一条反馈至今令人难忘："你们分享给我的样章非常出色，但是……"这个"但是"说得过于轻描淡写了，实际上我们面对的困难远超最初的想象。但是又有一个但是，那就是克里斯自始至终都对我们不离不弃。他像对待自己的孩子一样对待我们这些写作者。当我们明晰了自己的写作风格和方向时，他会替我们感到高兴；当发现我们的内容还有改进空间时，他又总是鼓励我们再接再厉。谢谢你，克里斯！

如果克里斯是我们的向导，那么我们在出版社的编辑莉迪亚·亚迪就是我们的守护天使。若没有她的帮助，本书不仅会像老太太的裹脚布一样又臭又长，而且难以卒读。我们第一次听到她说："除非你希望你的书变成书架上的书挡，否则你必须删除你特别钟爱的那些段落。"我们被吓得惊慌失措。但是我们还是照她的吩咐做了，整个文本也因此焕然一新。然后莉迪亚又来了："你能再删减一下这一章吗?"我们口头上表示坚决反对,但还是照着她说的做了。这样的事情发生了一次又一次。事实证明,写书固然很难,但编辑书更难。感谢莉迪亚冷静又温柔的坚持,使我们大大改进了本书的写作质量。

作为出版界的新手,我们第一次听说艾德里安·扎克海姆时,根本不知道他是谁。现在我们终于知道他有多厉害了,而且我们很幸运能有艾德里安和投资组合出版社作为我们的出版商。出版商实际上和风险投资人非常相像:他们每年都在做很多押注,并希望其中的几个能够成为图书行业的爆款。《福布斯》每年都会通过发布全球最佳创投人榜单(Midas List)来评选出当年最成功、最具才华,以及运气最佳的风险投资人。如果一个创始人能从上榜的风投人那里获得资金和关注,那就说明他已经得到了一定程度的认可。如果出版界也有类似的最佳投资人名单,艾德里安势必能够名列前茅。艾德里安,你的建议非常宝贵。我们非常感谢你的支持,我们也希望本书的销售成就能够证明你做出了正确的押注。

学术界,尤其是斯坦福大学的学术界,对本书的出版起到了重要作用。我们感谢整个风险投资计划团队,以及伊利亚在斯坦福的同事、合著者和博士生。特别感谢不倦的保罗·冈珀斯、史蒂文·卡普兰和威尔·戈纳尔。

本书也是一项集体努力的成果,许多研究助理在很多方面为我们提供了帮助。斯拉什创投大会和桑拿派对是在哪一年举办的?这句话可以追溯到哪位名人?这个故事是真实的还是都市传说?我们的研究助理安娜斯塔西娅·索琴科和安娜·埃利亚索娃都值得特别表扬。她们在事实收集和核查方面都做得极为出色,几无疏漏!

我们的许多朋友阅读了本书的各版草稿,他们耐心地提供建议,并指出了我们在论述上的优点和薄弱点。谢谢你们,亚历克斯·爱德蒙斯、坦尼娅·费多罗娃、维克多·黄、考希克·马尼、迈克尔·门克、安娜·涅维罗娃、维克多·奥斯卡、维贾伊·帕里克、史蒂夫·罗杰斯、伊格纳西奥·文克和乔纳森·沃克。你们是本书的首批优秀读者，正是由于你们在时间和精力上的付出，我们才得以把本书写得更好。

将单词组合成流畅的句子，再将句子编织成有效的段落，这件事远没有我们当初想象的那么简单。我们用了很长时间才算是让本书的写作摆脱了学术风格和商业术语。《优秀写作秘诀》一书的作者斯蒂芬·威伯斯博士在很大程度上塑造了我们的写作方式，他耐心地解答了我们提出的问题，并慷慨地提供了帮助。布鲁斯·巴伦对我们的多个草稿进行了细致和真诚的审阅，以至于我们后来都要不断地问自己，"布鲁斯读了这段文字会怎么说？"我们还要特别感谢莱奥内尔·巴伯，是他帮助我们找到了合适的叙事风格，并鼓励我们的写作要面向更广泛的读者群。

从小开始，我们的父母就一直教导我们，要热爱文字之美，要认识到文字的力量。如果我们知道写一本书竟然需要付出如此艰辛的努力，我们可能一早就放弃了出书的念头。如果我们的家人知道写一本书竟然需要在外耗费如此长的时间，他们可能会不让我们出门，而是把我们锁在家里。伊利亚曾在飞行途中、在家庭旅行期间以及在与博士生开会的间隙编辑手稿。亚历克斯则是左手一杯咖啡右手一个奶瓶，在审阅稿件的同时还要照顾刚出生的孩子。但我们热爱这一切，我们享受其中的每分每秒。在此，我们要感谢我们的妻子和儿女（伊利亚家的安雅、丹尼尔和伊丽莎白，亚历克斯家的玛莎和蒂姆）以及我们的父母。感谢你们的忍耐和支持，请允许我们把这本书献给你们。

最后，我们两位作者也必须感谢彼此。我们都坚信，在这个博客、短片和 TikTok 视频盛行的时代，写书既是一段漫长的旅程，也是一项长期的投资。得益于这段共同的旅程，我们之间的友谊不仅变得更加紧密、更加牢固，而且增加了好几百页的长度。我们积累了太多可以在未来岁月中一边品着美酒一边分享的美好回忆。这是一段充满乐趣的旅程。感谢所有让这段旅程变得更加有趣的人。感谢你们的帮助、支持、耐心、反馈和鼓励！

注释

引言

1. Philip Levinson, "3 Reasons Why Almost Every VC Investor Passed on Zoom," *The Next Web*, January 26, 2021.
2. Qualcomm owned 1.7 percent of Class B shares at the time of the IPO. See "Zoom Video Communications, Amendment No. 2 to Form S-1 Registration Statement," US Securities and Exchange Commission, April 16, 2019, 121. For Zoom's IPO, see Alex Konrad, "Zoom IPO Values It at $9 Billion—and Mints New Cloud Billionaire Eric Yuan," *Forbes*, April 18, 2019.
3. Tom Taulli, "Why Emergence Invested in Zoom in…. 2015," *Forbes*, September 4, 2020; Ron Miller, "Zoom Video Conferencing Service Raises $100 Million from Sequoia on Billion-Dollar Valuation," *TechCrunch*, January 17, 2017, techcrunch.com/2017/01/17/sequoia-invests-100-million-in-zoom-video-conferencing-service.
4. "Zoom Video Communications, Amendment No. 2 to Form S-1 Registration Statement," 96.
5. Ben Bergman, "SentinelOne's First Investor Also Wrote Zoom's First Check," *Insider*, July 1, 2021.
6. Ron Miller, "Zoom Launches $100m Zoom Apps Investment Fund," *TechCrunch*, April 19, 2021.

第 1 章

1. Fab.com's story is based on the following sources: Matthieu Guinebault, "Fab.com's $300 Million Fundraiser," *Fashion Network*, May 22, 2013; Alyson Shontell, "Fab Hits 1 Million Users 5 Months After Launch," *Business Insider*, November 14, 2011; Seth Fiegerman, "Fab Passes 10 Million Members, Sells 5.4 Products Every Minute,"

Mashable, December 31, 2012; Alyson Shontell, "Fab, a Design Site That Raised $156 Million to Compete with Ikea, Now Has 10 Million Members," *Business Insider*, December 31, 2012; Leena Rao, "Design-Focused Flash Sales Site Fab.com Raises $40M from Andreessen Horowitz, Ashton Kutcher," *TechCrunch*, December 8, 2011; Brian Laung Aoaeh, "Case Study: Fab—How Did That Happen?," *Innovation Footprints*, November 27, 2017; Zachary Crockett, "Sh*t, I'm F*cked: Jason Goldberg, Founder of Fab," *The Hustle*, October 17, 2017; Christina Chaey, "Fab Now Offers Made-to-Order Products, a Physical Retail Store," *Fast Company*, April 30, 2013; Steven Millward, "Fab's $150M Backers Include Tencent and Itochu, Plans to Launch in China and Maybe Japan," *Tech in Asia*, June 19, 2013; Ben Rooney, "Put Emotion at the Heart of E-Commerce, Says Fab Founder," *Wall Street Journal*, February 6, 2013. For "emotional commerce," see Sarah Frier, "Chasing Growth, Fab.com Sheds Executives and Misses Targets," *Bloomberg*, July 4, 2013.

2. Michael Haley, "Jason Goldberg, Best Known for Fab, Has Raised $8 Million in Seed Funding for Virtual Fitness Startup Moxie from Resolute, Bessemer, Greycroft, Others," *Insider*, April 8, 2021.

3. "Market Share of Selected Leading Coffee Chains in the United States in 2020, by Number of Outlets," Statista, statista.com/statistics/250166/market-share-of-major-us-coffee-shops.

4. Michael Salfino, "You Can't Have Home Runs Without Strikeouts," *FiveThirtyEight*, June 25, 2019.

5. Ingrid Lunden, "Apple Closes Its $400m Shazam Acquisition and Says the Music Recognition App Will Soon Become Ad Free," *TechCrunch*, September 24, 2018.

6. Will Gornall and Ilya A. Strebulaev, "Venture Capital Fund Returns," work in progress, Stanford Graduate School of Business.

7. Wesley Gottesman, "Thinking of Venture in Bets," *Medium*, July 15, 2019.

8. "Post-its," *Quartz*, February 20, 2018; ODP Corporation, "The ODP Corporation Announces Fourth Quarter and Full Year 2022 Results," *Business* Wire, March 1, 2023.

9. Alvin Soon, "Dr. Geoff Nicholson, the 'Father of Post-it Notes,' on 3M & Innovation," *Hardware Zone*, March 22, 2013; Richard Sandomir, "Spencer Silver, an Inventor of Post.it Notes, Is Dead at 80," *The New York Times*, May 13, 2021.

10. 3M Company, *A Century of Innovation: The 3M Story*, 2002, 17.

11. Prakash Kolli, "American Stocks Paying 100+ Years of Dividends," *Dividend Power*,

March 23, 2021.

12. Brian Hindo, "At 3M, a Struggle Between Efficiency and Creativity," *Inside Innovation—in Depth*, June 11, 2007.
13. Steve Alexander, "3M, the Corporate Inventor, Surpasses 100,000 Patents Worldwide," *Minneapolis Star-Tribune*, May 9, 2014.
14. Shannon Black, "How the 15% Rule Became a Stepping Stone for 3M's Innovation," *Market Realist*, June 22, 2016; Paul D. Kretkowski, "The 15 Percent Solution," *Wired*, January 23, 1998.
15. Dale Buss, "Former GE Executives Successful as CEOs Elsewhere," *InvestmentNews*, December 3, 2001.
16. Hindo, "At 3M, a Struggle."
17. Don Peppers, "How 3M Lost (and Found) Its Innovation Mojo," *Inc.*, May 9, 2016.
18. Mary Benner and Michael L. Tushman, "Exploitation, Exploration, and Process Management: The Productivity Dilemma Revisited," *Academy of Management Review* (April 2001): 28, 238–256.
19. Hindo, "At 3M, a Struggle"; Andrew Haeg, "3M at 100—on the Right Path for Growth?," *Minnesota Public Radio*, June 10, 2002.
20. Mark J. Perry, "Only 52 US Companies Have Been on the Fortune 500 Since 1955, Thanks to the Creative Destruction That Fuels Economic Prosperity," American Enterprise Institute, *AEIdeas*, May 22, 2019.
21. Michael Sheetz, "Technology Killing Off Corporate America: Average Life Span of Companies Under 20 Years," *CNBC Markets*, August 24, 2017.
22. "Why Avoiding Risk Can Be Good for Managers but Bad for Shareholders," *Knowledge at Wharton*, December 9, 2014.
23. Benny Evangelista, "How 'Amazon Factor' Killed Retailers Like Borders, Circuit City," *SFGate*, July 10, 2015; Valerie Peterson, "Borders Group History—the Creation of a Bookstore Chain," *Live-About*, updated February 3, 2020.
24. *New York Times* Open Team, "How We Rearchitected Mobile A/B Testing at the *New York Times*," *Medium*, March 4, 2021; Alexandria Symonds, "When a Headline Makes Headlines of Its Own," *New York Times*, March 23, 2017.
25. Daniel Thomas, "Why Did the Airbus A380 Fail?," *BBC News*, February 14, 2019.
26. "Trouble in Legoland: How Too Much Innovation Almost Destroyed the Toy Company," *Knowledge at Wharton* and *Time*, July 12, 2013; Jonathan Ringen, "How

Lego Became the Apple of Toys," *Fast Company*, January 8, 2015.

27. Lisa Kay Solomon, "Conversation with Storyteller Dan Klein: How to Unlock Creative Collaboration with Presence and Play," LisaKaySolomon.com, February 13, 2018.

28. Mat Honan, "Remembering the Apple Newton's Prophetic Failure and Lasting Impact," *Wired*, August 5, 2013.

29. Ryan Mac, "Live Blog: Amazon Launches First Phone in Seattle," *Forbes*, June 18, 2014; Taylor Soper, "Ouch: Amazon Takes $170M Write-Down on Fire Phone," *GeekWire*, October 23, 2014; Tricia Duryee, "Amazon Fire Phone Sales Estimated at 35,000—Equal to Just 25% of Employee Base," *GeekWire*, August 26, 2014; Tom Warren, "Apple Sold a Record 4 Million iPhones in 24 Hours," *The Verge*, September 15, 2014; Jeb Su, "4 Reasons the Amazon Fire Phone Will Fail," *Forbes*, June 19, 2014.

30. Monica Nickelsburg, "Amazon's Jeff Bezos on the Fire Phone: 'We're Working on Much Bigger Failures Right Now,'" *GeekWire*, May 19, 2016.

31. Charles Duhigg, "Is Amazon Unstoppable?," *The New Yorker*, October 10, 2019.

32. Catherine Clifford, "Jeff Bezos to Exec After Product Totally Flopped: 'You Can't, for One Minute, Feel Bad,'" *CNBC*, May 22, 2020.

33. Larry Page, "G Is for Google," *Alphabet, The Keyword*, August 10, 2015, blog.google/alphabet/google-alphabet.

34. Oliver Franklin-Wallis, "Inside X, Google's Top-Secret Moonshot Factory," *Wired*, February 17, 2020.

35. David Grossman, "Secret Google Lab 'Rewards Staff for Failure,'" *BBC News*, January 24, 2014.

36. Henry Stewart, "8 Companies That Celebrate Mistakes," *Happy*, June 8, 2015, happy.co.uk/blogs/8.companies-that-celebrate-mistakes.

37. Stephen Follows, "Is the Number of Box Office Flops Increasing?," *StephenFollows.com*, December 3, 2018.

38. Arthur De Vany, *Hollywood Economics: How Extreme Uncertainty Shapes the Film Industry* (London: Routledge, 2004), 39.

39. Matthew Jackson, "12 Amazing Facts About Sam Raimi's *Spider-Man*," *Mental Floss*, May 3, 2017.

40. Lizette Chapman, "Palantir Goes Public After 17-Year Wait," *Los Angeles Times*, September 30, 2020.

41. "A Guide to All the Netflix Shows That Have Been Canceled (and Why)," *Hollywood

Reporter, July 7, 2017.

42. Karl Cohen, "Is Pixar Losing Its Mojo?," *Cine-Source*, July 2, 2013; Polina Pompliano, "The Profile Dossier: Ed Catmull, Pixar's Creative Genius," *Substack*, May 5, 2021, theprofile.substack.com/p/the-profile-dossier-ed-catmull-pixars.

第 2 章

1. Lizette Chapman, "Sequoia Capital's Early Dropbox Bet Pays Off with $2 Billion Stake," *Bloomberg*, March 23, 2018.
2. Arash Ferdowsi dropped out of MIT to pursue the Dropbox dream. Houston completed his MIT undergraduate degree in 2006. Drew Houston, "Thank You, Arash," Dropbox, *Work in Progress*, March 20, 2020, blog.dropbox.com/topics/company/-thank-you--arash.
3. Jessica Livingston, "Congrats Dropbox!," Y Combinator, Founder Stories, March 23, 2018, ycombinator.com/blog/congrats dropbox.
4. Anne Gherini, "Pejman Nozad: From Rugs to Riches," Affinity, affinity.co/blog/pejman-nozad.
5. Sean Aune, "Online Storage: 80+ File Hosting and Sharing Sites," *Mashable*, July 28, 2007.
6. Zoe Bernard, "The Rise of Dropbox CEO Drew Houston, Who Just Made the Forbes 400 After Taking His Company Public," *Insider*, October 4, 2018.
7. Neil Thompson, Didier Bonnet, and Sarah Jaballah, "Lifting the Lid on Corporate Innovation in the Digital Age," Capgemini Invent and MIT, 2020, 12.
8. Sophia Kunthara, "A Peek at Trendy Eyewear Retailer Warby Parker's Funding History," *Crunchbase News*, September 29, 2021.
9. Somini Sengupta, Nicole Perlroth, and Jenna Wortham, "Behind Instagram's Success, Networking the Old Way," *New York Times*, April 15, 2012.
10. Maya Kosoff, "How Snapchat's First Investor Hunted Down Evan Spiegel," *Vanity Fair*, March 14, 2017.
11. Ramana Nanda, Sampsa Samila, and Olav Sorenson, "The Persistent Effect of Initial Success: Evidence from Venture Capital," *Journal of Financial Economics* 137, no. 1 (July 2020): 231–48.
12. Reid Hoffman, "Allies and Acquaintances: Two Key Types of Professional Relationships," LinkedIn Pulse, November 27, 2012, linkedin.com/pulse/20121126205355-1213-allies-and-acquaintances-two-key-types-of-professional-relationships; "Reid Hoffman:

Founder of LinkedIn," Yo! Success, Success Stories, January 25, 2016, yosucess.com/success-stories/reid-hoffman-linkedin.

13. David Kirkpatrick, "With a Little Help from His Friends," *Vanity Fair*, September 6, 2010; Steven Bertoni, "Sean Parker: Agent of Disruption," *Forbes*, September 28, 2011. Reid Hoffman and Mark Pincus invested $40,000 each; Peter Thiel shelled out $500,000. See the site Who Owns Facebook?, whoownsfacebook.com.

14. Paul Gompers, William Gornall, Steven N. Kaplan, and Ilya A. Strebulaev, "How Do Venture Capitalists Make Decisions?," *Journal of Financial Economics* 135, no. 1 (January 2020): 169–90.

15. Ilya A. Strebulaev and Amanda Wang, "Organizational Structure and Decision-Making in Corporate Venture Capital," working paper, Stanford Graduate School of Business, November 16, 2021, accessible at papers.ssrn.com/sol3/papers.cfm?abstract_id= 3963514.

16. "Amazon: Reimagining Commerce," Kleiner Perkins, kleinerperkins.com/case-study/amazon.

17. Laurie J. Flynn, "The Google I.P.O.: The Founders: 2 Wild and Crazy Guys (Soon To Be Billionaires), and Hoping To Keep It That Way," *New York Times*, April 30, 2004.

18. Mark Gurman, "Why Apple CEO Tim Cook Invested in a Shower Head," *Bloomberg*, January 21, 2020.

19. "The Seeds of Success," *Time*, February 15, 1982; interviews by Sally Smith Hughes, "Early Bay Area Venture Capitalists: Shaping the Economic and Business Landscape," Regional Oral History Office, University of California, 2010.

20. Social Media Fact Sheet, Pew Research Center, April 7, 2021.

21. David Capece, "What Can We Learn from My-Space?," *Fast Company*, January 5, 2010.

22. Nicholas Jackson and Alexis C. Madrigal, "The Rise and Fall of Myspace," *The Atlantic*, January 12, 2011.

23. "MySpace Hit #1 US Destination Last Week, Hitwise," *TechCrunch*, July 11, 2006, techcrunch.com/2006/07/11/myspace-hit-1-us-destination-last-week-hitwise.

24. Florian Zandt, "The Rise and Fall of MySpace," Statista, November 12, 2021, statista.com/chart/26176/estimated-number-of-myspace-users-at-key-milestones.

25. Shirin Sharif, "All the Cool Kids Are Doing It: Thousands of Stanford Students Join Facebook Web Site," *Stanford Daily*, April 30, 2004, A4.

26. Abigail Keefe, "New College Craze: TheFacebook.com," *The Loquitur* (Cabrini

University), October 7, 2005, theloquitur.com/newcollegecrazethefacebookcom.

27. Ann Grimes, "Powerful Connections: Social-Networking Web Sites," *Wall Street Journal*, October 30, 2003.
28. Parmy Olson, "Exclusive: The Rags-to-Riches Tale of How Jan Koum Built WhatsApp into Facebook's New $19 Billion Baby," *Forbes,* February 19, 2014.
29. Carita Harju, "Slush 2018: World's Leading Start.Up Event Builds the Sauna Village Again," Sauna from Finland, June 12, 2018, saunafromfinland.com/news/slush-2018-worlds-leading-start-up-event-builds-the-sauna-village-again.
30. Nellie Bowles, "Burning Man Becomes a Hot Spot for Tech Titans," *SFGate*, August 25, 2014, sfgate.com/style/article/Burning-Man-becomes-a-hot-spot-for-tech-titans-4756482.php.
31. 请注意，这一发现只涉及交易漏斗的第一部分，并不意味着女性或亚裔创始人更有可能融到资。
32. 这个故事几乎一字不差地摘自"The Anti-Portfolio: Honoring the Companies We Missed," Bessemer Venture Partners, bvp.com/anti-portfolio。
33. Trung T. Phan, "Garry Tan on Coinbase: 'We're Still in the Early Innings,'" *The Hustle*, April 14, 2021, thehustle.co/garry-tan-q-and-a-coinbase-trung-phan.
34. Tan's stake was 0.66 percent at the time of the IPO. Alex Konrad, "How Initialized Investor Garry Tan Turned a $300,000 Bet on Coinbase into a $680 Million 'Golden Ticket,'" *Forbes*, April 14, 2021. Pre-money valuation at IPO was $85.8 billion (PitchBook).
35. Anna Mazarakis and Alyson Shontell, "How Box's Founders Got Mark Cuban to Invest in Their Startup While They Were Still in College—Without Ever Meeting Him," *Business Insider India*, July 17, 2017, businessinsider.in/ How-Boxs-founders-got-Mark-Cuban-to-invest-in-their-startup-while-they-was-still-in-college-without-ever-meeting-him/articleshow/ 59635769.cms.
36. 有关这位创始人的一个不太可能发生的故事参见 Catherine Clifford, "How a 25-Year-Old High-School Dropout Cold-Emailed Mark Cuban and Got an Investment," CNBC, March 22, 2017, cnbc.com/2017/03/22/25-year-old-high-school-dropout-emailed-mark-cuban-and-got-investment.html。如果你认为这是亚当人生中最不寻常的一步，那就请屏住呼吸吧。他在职业生涯早期曾做过杂货店工人、包装纸盒、洗碗、卖保险等工作，结果都被炒鱿鱼了，他在朋友的地下室里创办了这家公司，靠失业救济金生活，直到他的生活发生了翻天覆地的变化，当时他赢得了安永年度企业家奖。

37. Ellen Embleton, "Revisiting Ramanujan," Royal Society, October 2, 2018, royalsociety.org/blog/2018/10/revisiting-ramanujan.

38. 作为斯坦福大学的教授，我（伊利亚）每周都会收到许多来自有志于读博的学生的邮件，有时甚至多达十几封。这些来自世界各地的年轻人满怀热情地梦想着能够来到加州，在斯坦福大学攻读博士学位。大多数邮件请求我成为他们的论文指导老师，并提出要为我工作。这些邮件冗长乏味，措辞笨拙，通常没有抓住教授在选拔博士生时所看重的因素。简而言之，这些潜在的申请者不知道如何写一封"冷推介"。我礼貌地拒绝了大多数这样的请求。然而，在我的脑海深处，我总是在问自己是否错过了又一个"拉马努金"。

39. The story of Chester Carlson and xerography is based on the following sources: "October 22, 1938: Invention of Xerography," *APS-News* 12, no. 10 (October 2003), aps.org/publications/apsnews/200310/history.cfm; Antony Anderson, "Review: How We All Became Copycats—*The Anatomy of Xerography: Its Invention and Evolution* by J. Mort," *New Scientist*, May 5, 1990.

40. 该公司是干电池（水银电池和碱性金霸王电池）的生产商，电子元件包括电解电容器和定时开关以及声音报警系统。"P. R. Mallory and Company," *Encyclopedia of Indianapolis*, revised July 2021, indyencyclopedia.org/p.r.mallory-and-company。

41. 关于另一种观点，请参阅 Anderson, "Review: How We All Became Copycats."卡尔森的灵感来自匈牙利物理学家 Pál Selényi 写的一篇短文，但他独自完成了这项发明。"Entrepreneurs, Inventors and Innovators: Chester Carlson, Class of 1938, Inventor of Xerography," New York Law School, Digital Commons, digitalcommons.nyls.edu/entrepreneurs_inventors_innovators/4. "Selényi 在静电图像传输和记录方面的开创性工作使他成为静电复印技术之父，尽管他的创新潜力在雇主 Tungsram 公司并未得到认可。他还是第一个在硒上记录图像的人。1939 年，由于匈牙利的第二项反犹太人法令，他被迫退休。"请参阅"Pál Selényi, Physicist: The Father of Xerography," Tungsram, lighting.tungsram.com/en/tungsram-heritage/pal-selenyi-physicist-the-father-of-xerography, accessed July 2023。

42. Brian Taylor, "GFD Complete Histories—Xerox," Global Financial Data, June 2, 2013, globalfinancialdata.com/gfd-complete-histories-xerox.

43. Edward Tenner, "The Mother of All Invention: How the Xerox 914 Gave Rise to the Information Age," *The Atlantic*, July–August 2010. *Fortune* described Xerox in this

44. Katrina C. Arabe, "Chester's Dream: The Genesis of the Modern Photocopier," Thomas, April 9, 2001, thomasnet.com/insights/imt/2001/04/09/chesters_dream/; Joseph J. Ermenc, "Interview of Chester F. Carlson, the Inventor," *NYLS Law Review* 44, no. 2 (January 2001): 265–66.

45. Tim Biggs, "The Man Who Refused a Third of Apple for $50K," *Stuff*, March 24, 2015, stuff.co.nz/technology/gadgets/67491648/the-man-who-refused-a-third-of-apple-for-50k. 有趣的是，苹果公司的联合创始人沃兹尼亚克在一次采访中表示，布什内尔和他的团队当时没有仔细检查，因为他们被另一款产品分散了注意力："你们当时推出了第一款 Pong handle，那可是几百万美元的生意，所以你们的注意力完全集中在那上面。你们说'我们没时间做电脑'，这都是后来的事了。" Husain Sumra, "Steve Wozniak and Atari Founder Nolan Bushnell Recall Steve Jobs and Early Apple Memories Together," *MacRumors*, September 27, 2013, macrumors.com/2013/09/28/steve-wozniak-and-atari-founder-nolan-bushnell-recall-steve-jobs-and-early-apple-memories-together。

46. Walter Isaacson, *Steve Jobs* (New York: Simon and Schuster, 2011), 75; "How Atari's Nolan Bushnell Turned Down Steve Jobs' Offer of a Third of Apple at $50,000," Fairfax Media, video accessible at youtube.com/watch?v=GSHdQVhYqok.

47. Urvaksh Karkaria, "Wozniak:'I Begged HP to Make the Apple I. Five Times They Turned Me Down,'" *Atlanta Business Chronicle*, January 31, 2013, bizjournals.com/ atlanta/blog/atlantech/2013/01/woz-i-begged-h-p-to-make-the-apple-1.html.

48. "Atari's New Owner Orders Layoffs," *New York Times*, July 7, 1984.

49. Ajay K. Agrawal, Iain M. Cockburn, and Carlos Rosell, "Not Invented Here? Innovation in Company Towns," Working Paper 15437, National Bureau of Economic Research, October 2009, nber.org/papers/w15437.

50. Markus G. Reitzig and Olav Sorenson, "Intra-Organizational Provincialism," February 12, 2010, papers.ssrn.com/sol3/papers.cfm?abstract_id=1552059.

51. 现在甚至有关于地平论者回音室现象的书，将它与社交媒体算法联系起来。但人性会是罪魁祸首吗？请参阅 Kelly Weill, *Off the Edge: Flat Earthers, Conspiracy Culture, and Why People Will Believe Anything* (Chapel Hill, NC: Algonquin Books, 2022)。

52. Douglas Hunter, "Nortel," *The Canadian Encyclopedia*, January 5, 2018, thecanadianencyclopedia.ca/en/article/nortel; "Nortel and the TSE 299," CBC News, August

18, 2000, cbc.ca/news/business/nortel-and-the-tse-299-1.230333.

53. 其他资料来源请参阅 Peter Mac-Kinnon, Peter Chapman, and Hussein Mouftah, "Nortel Technology Lens: Analysis and Observations," Faculty of Engineering, University of Ottawa, March 25, 2015, sites.telfer.uottawa.ca/nortelstudy/files/2014/02/nortel-technology-lens-report-release-version.pdf。

54. Henry W. Chesbrough, *Open Innovation*: *The New Imperative for Creating and Profiting from Technology* (Boston: Harvard Business School Press, 2003).

55. Gil Press, "Apple and Steve Jobs Steal from Xerox to Battle Big Brother IBM," *Forbes*, January 15, 2017.

56. Chesbrough, *Open Innovation*, 5; "Triumph of the Nerds," PBS television transcript, pbs.org/nerds/part3.html; Daniel P. Gross, "Xerox PARC and Yesterday's Office of Tomorrow," October 29, 2021, dgross.ca/blog/xerox-parc.

57. 1973 年之前，施乐公司总部一直在罗切斯特，后来搬到了离帕洛阿尔托更远的康涅狄格州的斯坦福德。参见 "Xerox: Online Fact Book," web.archive.org/web/20100423184011/http://www.xerox.com/go/xrx/template/019d.jsp?id=Historical&view=Factbook。

58. Dan Tynan, "Tech Meccas: The 12 Holy Sites of IT," *InfoWorld*, August 3, 2009, infoworld.com/article/2631062/tech-meccas--the-12-holy-sites-of-it.html?page=4.

59. Evgenia Pukhaeva, "Slow Coffee in Rome: Sant'Eustachio," *Surreal Generation*, October 24, 2020, surrealgeneration.com/2020/10/24/slow-coffee-in-rome-santeustachio.

60. "Eric Favre—the Swiss Inventor Who Put Coffee into Capsules," House of Switzerland, Swiss Stories, June 7, 2017, houseofswitzerland.org/swissstories/economics/eric-favre-swiss-inventor-who-put-coffee-capsules.

61. 有关奈斯派索的官方故事请参阅 "Nespresso: How One Man's Passion Created a Coffee Icon," Nestlé, nestleusa.com/media/nespresso-history-eric-favre-coffee-vacation。对 Eric Favrer 的采访请参阅 "Eric Favre: From Nespresso to Monodor, the Story of an Inventor," Lift Conference, Geneva, 2008, accessible at youtube.com/watch?v=JJkRPn3zVsM。

62. Ben Bensaou and Karl Weber, *Build to Innovate* (New York: McGraw Hill, 2021). 感谢 Bensaou 教授在巴斯夫公司的采访，为我们提供了更多的细节。

63. Kevin J. Delaney, "'Build to Innovate' by Ben M. Bensaou: The Approaches Behind the Magic Eraser, Marvel Studios, and Other Breakthroughs," *Charter*, October 29, 2021, charterworks.com/built-to-innovate-ben-bensaou.

64. Ed Getty, "Open Innovation Model Helps P&G 'Connect and Develop,'" *Tech Briefs*, December 1, 2007, tech briefs.com/component/content/article/tb/pub/features/articles/2482.
65. 在企业创新研讨会上,我们经常分享这样一项统计数据:宝洁员工中拥有博士学位的人数超过了美国前五所大学的总和。
66. Neil Buckley, "The Power of Original Thinking," *Financial Times*, January 13, 2005.
67. Larry Huston and Nabil Sakkab, "Connect and Develop: Inside Procter & Gamble's New Model for Innovation," *Harvard Business Review*, March 2006.
68. Michael Ringel, Andrew Taylor, and Hadi Zablit, "Bringing Outside Innovation Inside: The Most Innovative Companies 2016," BCG, January 25, 2017, bcg.com/publications/2017/growth-bringing-outside-innovation-inside.
69. "J&J's Incubator Makes Health Equity High Priority for Selecting New Partners," *S&P Global Market Intelligence*, March 9, 2022, spglobal.com/marketintelligence/en/news-insights/latest-news-headlines/j-j-s-incubator-makes-health-equity-high-priority-for-selecting-new-partners-69184687.
70. "JLabs Navigator," Johnson & Johnson Innovation, jnjinnovation.com/ JLABSNavigator.
71. Matthew Salganik, "5.3.1 Netflix Prize," *Bit by Bit: Social Research in the Digital Age* (Princeton: Princeton University Press, 2017), open review edition, bitbybitbook.com/ en/mass-collaboration/open-calls/netflix-prize;Xavier Amatriain, "On the 'Usefulness' of the Netflix Prize," *Medium*, June 23, 2021, xamat.medium.com/on-the-usefulness-of-the-netflix-prize-403d360aaf2.
72. Anna Brown, "A Profile of Single Americans," Pew Research Center, August 20, 2020, pewresearch.org/social-trends/2020/08/20/a-profile-of-single-americans;Michael Rosenfeld, Reuben J.Thomas, and Sonia Hausen, "Disintermediating Your Friends: How Online Dating in the United States Displaces Other Ways of Meeting," *Proceedings of the National Academy of Sciences* 116, no. 36 (2019): 17753–58.
73. Lou Adler, "New Survey Reveals 85% of All Jobs Are Filled via Networking," LinkedIn Pulse, February 29, 2016, linkedin.com/pulse/new-survey-reveals-85-all-jobs-filled-via-networking-lou-adler.
74. "Eighty Percent of Professionals Consider Networking Important to Career Success," LinkedIn, June 22, 2017, news.linkedin.com/2017/6/eighty-percent-of-professionals-consider-networking-important-to-career-success.
75. Susan Adams, "Networking Is Still the Best Way to Find a Job, Survey Says," *Forbes*,

June 7, 2011.

76. Annie Riley, "Pejman Nozad: Use Your Differences," *Who Got Me Here* podcast, episode 7, whogotmehere.com/episodes/pejman-nozad, beginning at 12:38.

第3章

1. 出于讨论的需要，我们选择了那些面向不同年级学生的创业公司。
2. "BabyQuip: Rent Baby Gear on Your Next Vacation. Serving 1000+ Locations," BabyQuip, December 13, 2022, accessible at youtube.com/watch?v=u-1ZqAtFZfg.
3. Sensate, getsensate.com/pages/meet-sensate; Ashlee Marie Preston, "Finally, a Social Media Platform That Cares About LGBTQ Safety: The Spaces App Is Worth 'Following,'" *Forbes*, August 24, 2022; Blotout, blotout.io; Cleary, gocleary.com; BabyQuip, baby quip.com.
4. 你可以在 Hulu 上观看这一集《创智赢家》（第 11 季第 4 集），然后决定你会问什么问题，是否会投资，以及投资的条件是什么；另请参见"BabyQuip Shark Tank Tale," *Shark Tank Tales* (season 11, episode 14), sharktanktales.com/babyquip-shark-tank-update。
5. 这些剧集在电视上播出前都经过剪辑，因此一个广告的平均时长比观众体验到的要长。
6. Andrew L. Maxwell, Scott A. Jeffrey, and Moren Lévesque, "Business Angel Early Stage Decision Making," *Journal of Business Venturing* 26, no. 2 (March 2011): 212–25.
7. Jaclyn Foroughi, Theresia Gouw, and Ilya A. Strebulaev, "Dropbox: Series B Financing," Case F309, Stanford Graduate School of Business, November 11, 2013, 4.
8. 事实上，这句话是如此有名，以至于被无数人引用！但根据托马斯·杰斐逊基金会的说法，这句话在他的作品中并没有出现过；请参阅"I am a great believer in luck.... (Spurious Quotation)," *Thomas Jefferson Encyclopedia*, monticello.org/research-education/thomas-jefferson-encyclopedia/i-am-great-believer-luckspurious-quotation。
9. Berber Jin, "The Inside Story of Youniversity Ventures, Keith Rabois's Investing Group That Turned a ￡380,000 Airbnb Seed Investment into $600 Million," *Insider*, December 11, 2020, businessinsider.com/how-keith-rabois-youniversity-ventures-got-into-airbnbs-seed-round-2020.12.
10. "The Complete History and Strategy of Airbnb," *Acquired* podcast, season 7, episode 8, December 10, 2020, acquired.fm/episodes/airbnb.

11. Paul Graham, Twitter post, December 8, 2020, twitter.com/ paulg/ status/ 1336387068633747463? lang= en.
12. "Discovery and Development of Penicillin," ACS Chemistry for Life, acs.org/ education/whatischemistry/landmarks/flemingpenicillin.html#alexander-fleming-penicillin.
13. Morton A. Meyers, *Happy Accidents: Serendipity in Major Medical Breakthroughs in the Twentieth Century* (New York: Arcade, 2011).
14. "X.Rays and Other Accidental Discoveries," BBC Bitesize, bbc.co.uk/bitesize/ articles/ zg9q8hv; Heather Brown, "5 Best Accidental Inventions," *Famous Scientists*, famousscientists.org/5-best-accidental-inventions.
15. "Serendipity and the Prepared Mind: An NHLBI Intramural Researcher's Breakthrough Observations," National Heart, Lung, and Blood Institute, December 24, 2013, nhlbi.nih.gov/directors-messages/ser endipity-and-the-prepared-mind.
16. Walter Isaacson, *Steve Jobs* (New York: Simon and Schuster, 2011), 94, chapter 8; Ali Montag, "Here's Why Your Computer Has a Mouse, According to Steve Jobs in 1985," CNBC, May 21, 2018, cnbc.com/2018/05/21/why-your-computer-has-a-mouse-according-to-steve-jobs.html; "The Xerox PARC Visit," Making the Macintosh: Technology and Culture in Silicon Valley, web-stanford-edu/dept/SUL/sites/mac/ arc.html.
17. "Steve Jobs Interview: One-on-One in 1995," *NetworkWorld*, October 6, 2011, networkworld. com/article/2181879/steve-jobs-interview-one-on-one-in-1995.html; video accessible at youtube.com/ watch? v= cBk4a_uOi7Q, quote starting at 59:00.
18. Facts for this paragraph are taken from Douglas K. Smith and Robert C. Alexander, *Fumbling the Future: How Xerox Invented, Then Ignored, the First Personal Computer* (Lincoln, NE: iUniverse, 1999).
19. Paul Atkinson, "The Best Laid Plans of Mice and Men: The Computer Mouse in the History of Computing," *Design Issues* 23, no. 3 (Summer 2007): 46–61.
20. Bill Snyder, "Marc Andreessen: 'We Are Biased Toward People Who Never Give Up,'" Stanford Graduate School of Business, *Insights*, June 23, 2014, gsb.stanford.edu/insights/ marc-andreessen-we-are-biased-toward-people-who-never-give;video accessible at youtube.com/watch?v= JYYsXzt1VDc.
21. Dan Primack, "Marc Andreessen Talks About That Time Facebook Almost Lost 80% of Its Value," *Fortune*, June 18, 2015.
22. Samidha Sharma, "Yurika! The Billionaire with the Secret Spreadsheet," *Times of*

India, August 6, 2015.

23. Richard Wray, "Digital Sky Technologies Takes $200m Stake in Facebook," *The Guardian*, May 26, 2009, theguardian.com/business/2009/may/26/dst-facebook-zuckerberg-microsoft-milner.

24. Milner's interview with *The Bell*, in Russian, accessible at youtube.com/watch?v=x0fxbdoMTgg, 1:23:51.

25. Patrick J. Kiger, "How Do Airplanes Get Inflight WiFi and Live TV?," *HowStuffWorks*, January 31, 2019, science.howstuffworks.com/transport/flight/modern/do-airplanes-get-wifi-and-live-tv-htm; Jane L. Levere, "Business Travel: Passengers on JetBlue Will Be Able to Watch Live Satellite-Television Programming from Their Seats," *New York Times*, July 21, 1999.

26. 邦妮·西米是斯坦福大学商学院商业案例研究的一个主角。一些事实取自：Robert A. Burgelman, Joseph N. Golden, and Amit Sridharan, "JetBlue Technology Ventures: Bringing External Innovation In House," Case E660, *Stanford Graduate School of Business*, 2019。

27. "3Victors: Providing Data Science as a Service," Jet-Blue Ventures, jetblueventures.com/ portfolio/ 3victors.

28. Scott Meslow, "How Hollywood Chooses Scripts: The Insider List That Led to 'Abduction,'" *The Atlantic*, September 23, 2011.

29. Kimberly D. Elsbach and Roderick M. Kramer, "Assessing Creativity in Hollywood Pitch Meetings: Evidence for a Dual-Process Model of Creativity Judgments," *Academy of Management Journal* 46, no. 3 (June 2003): 283–301.

30. Carmine Gallo, "The Art of the Elevator Pitch," *Harvard Business Review*, October 3, 2018.

31. Chris Bourn, "The World of Dating in 2015," *Time Out*, February 4, 2015, web.archive.org/web/20150317003851/ http:/www.timeout.com/dating-2015/.

32. Frédéric C. Godart and Ashley Mears, "How Do Cultural Producers Make Creative Decisions? Lessons from the Catwalk," *Social Forces* 88, no. 2 (December 2009): 671–92.

33. "Eye Tracking Study," Ladders, 2018, theladders.com/static/images/basicSite/pdfs/TheLadders-EyeTracking-StudyC2.pdf. Another study found that employers view resumes for less than eleven seconds; "Employers View Resumes for Fewer Than 11 Seconds," Workopolis, April 21, 2014, careers.workopolis.com/advice/employers-

view-resumes-for-fewer-than-11-seconds/.

第4章

1. "赢家的诅咒"这一术语是由美国大西洋里奇菲尔德公司的三名工程师创造的：E. C. Capen, R. V. Clapp, and W. M. Campbell, "Competitive Bidding in High-Risk Situations," *Journal of Petroleum Technology* 23, no. 6 (1971): 641–53. 有趣的是，这样一个重要的概念首先是由行业从业者讨论的，而不是经济学家。他们认为，海上石油勘探的低回报率可以解释为，竞标者为石油租赁支付的价格超过了其最高价值。

2. Harish Sridharan, "Rise and Fall of Crypto Exchange FTX," Reuters, November 17, 2022, reuters.com/markets/currencies/rise-fall-crypto-exchange-ftx-2022-11-10; Cory Weinberg, "Inside the Venture FOMO Machine That Powered SBF's Meteoric Rise," *The Information*, November 11, 2022, theinformation.com/articles/inside-the-venture-fomo-machine-that-powered-sbfs-meteoric-rise; Karen Kwok, "Review: WeWork's Debacle Had Many Enablers," Reuters, August 6, 2021, reuters.com/article/us-companies-wework-breakingviews-idDEKBN2F71UY.

3. Masha Borak, "Troubled Bike-Sharing Company Ofo Is Now a Shopping App," *South China Morning Post*, February 5, 2020.

4. Richard Waters, "Founder of Google's Venture Capital Arm Stepping Down," *Financial Times*, November 8, 2016.

5. Matthew Herper, "Flatiron Health, Purchased by Roche, Signs Three-Year Deal with Bristol-Myers," *Forbes*, May 2, 2018; "Roche and Foundation Medicine Reach Definitive Merger Agreement to Accelerate Broad Availability of Comprehensive Genomic Profiling in Oncology," Foundation Medicine, press release, June 19, 2018, foundationmedicine.com/press-releases/24c62ccb-a2c4-47cf-b2d5-c7e6378c08fe.

6. Jillian D'Onfro, "Bill Maris: Here's Why Google Ventures Didn't Invest in Theranos," *Business Insider*, October 21, 2015.

7. Jennifer Reingold, "Theranos' Board: Plenty of Connections, Little Relevant Expertise," *Fortune*, October 15, 2015.

8. Michael Liedtke, "Elizabeth Holmes Gets More Than 11 Years for Theranos Scam," Associated Press, November 18, 2022, accessible at usnews.com/news/business/articles/2022-11-18/elizabeth-holmes-faces-judgment-day-for-her-theranos-crimes.

9. Erin Griffith, "Silicon Valley Can't Escape Elizabeth Holmes," *New York Times*,

January 4, 2022.
10. 事实上，许多风险投资人都拒绝了希拉洛斯。该公司最终筹集到的资金几乎全部来自生物技术领域之外。Sebastian Mallaby, "What Elizabeth Holmes and Theranos Reveal about Venture Capitalism," *New York Times, January* 26, 2022。
11. "Marc Andreessen on Big Breakthrough Ideas and Courageous Entrepreneurs," View from the Top interview, Stanford Graduate School of Business, March 4, 2014, gsb.stanford.edu/insights/marc-andreessen-people-courage-are-determined- succeed.
12. Paul Gompers, William Gornall, Steven N. Kaplan, and Ilya A. Strebulaev, "How Do Venture Capitalists Make Decisions?," *Journal of Financial Economics* 135, no. 1 (January 2020): 169– 90.
13. Angela Moscaritolo, "Netflix Users Waste Ton of Time Searching for Something to Watch," *PCMag*, July 21, 2016, pcmag.com/news/netflix-users-waste-ton-of-time-searching-for-something-to-watch.
14. Jerrel P. et al., "I Would Like to Know What Is the Average Length of Time a Consumer Spends Buying a Car," Wonder, June 5, 2017, askwonder.com/research/know-average-length-time-consumer-spends-buying-car-vd5g8tr8c#:.
15. Gompers, Gornall, Kaplan, and Strebulaev, "How Do Venture Capitalists."
16. 该备忘录可在 bvp.com/memos 上查阅。
17. Alice Singer, "Risk Management When Investing in Venture Capital: How to Avoid Debt," CBNation, December 25, 2020, rescue.ceoblognation.com/2020/12/25/risk-management-when-investing-in-venture-capital-how-to-avoid-debt.
18. An example could be found at "Amazon's Prime Pantry Phenomenon," productstrategy.co/content/files/2022/05/Amazon-PrimePantry-PR-FAQ.pdf.
19. Colin Bryar, "Working Backwards: How PR/ FAQs Help Launch Successful Products like AWS, Kindle and Prime Video," Coda.io, 2023, coda.io/@colin-bryar/working-backwards-how-write-an-amazon-pr-faq.
20. "Company News: I.B.M. Forming Unit for Multimedia Developments," *New York Times*, January 21, 1993; Josh Lerner, "Corporate Venturing," *Harvard Business Review*, October 2013.
21. Ilya A. Strebulaev and Amanda Wang, "Organizational Structure and Decision-Making in Corporate Venture Capital," working paper, Stanford Graduate School of Business, November 16, 2021, accessible at papers.ssrn.com/sol3/papers.cfm?abstract_id= 3963514.

22. "The Reason for All the Fireworks!," *Tech Monitor*, January 24, 1993, techmonitor.ai/technology/the_reason_for_all_the_fireworks.
23. R. H. Donnelley Investor Day presentation, March 22, 2006, media.corporate-ir.net/media_files/irol/74/74700/presentations/rhdinvestorday.pdf; Jon Harari, "Death of the Yellow Page Directories," LinkedIn Pulse, May 29, 2019, linkedin.com/pulse/death-yellow-page-directories-jon-harari; Andrew Bary, "Flashing Yellow, with Lots of Green," *Barron's*, August 18, 2008, barrons.com/articles/SB121884884595646323; "Yellow Pages Offer Walk Through Time," Associated Press, February 22, 2005, accessible at deseret.com/2005/2/22/19878504/yellow-pages-offer-walk-through-time.
24. Jeevan Sivasubramaniam, "How You (or Anyone) Can Be a Pulitzer Prize Nominee," Berrett-Koehler Publishers, bkconnection.com/bkblog/jeevan-sivasubramaniam/how-you-or-anyone-can-be-a-pulitzer-prize-nominee; "Deconstructing the Pulitzer Fiction Snub," *New York Times*, April 18, 2012, nytimes.com/2012/04/19/opinion/deconstructing-the-pulitzer-fiction-snub.html; Michael Moats, "The Story of the Pulitzer That Never Was," Fiction Advocate, July 11, 2012, fictionadvocate.com/2012/07/11/the-story-of-the-pulitzer-that-never-was.
25. 但情况并非总是如此，谷歌在详细调查后限制了面试官的数量。"What's the Optimum Number of Interviews According to Google?," Cowen Partners Executive Search, cowenpartners.com/whats-the-optimum-number-of-interviews-according-to-google. 不同消息来源提供的谷歌招聘录用率的数字各不相同，但所有数据都低于1%。一位谷歌前人力资源总监称，这一数字为0.2%: Max Nisen, "Here's Why You Only Have a 0.2% Chance of Getting Hired at Google," Quartz, October 22, 2014, qz.com/285001/heres-why-you-only-have-a-0-2-chance-of-getting-hired-at-google。
26. Sangdi Lin, "Predicting Sparse Down-Funnel Events in Home Shopping with Transfer and Multi-Target Learning," Zillow, April 16, 2020, zillow.com/tech/predicting-sparse-down-funnel-events.
27. Erica Gonzales, "Michaela Coel Turned Down Netflix's $1 Million Offer for *I May Destroy You*," *Harper's Bazaar*, July 7, 2020, harpersbazaar.com/culture/film-tv/a33234332/michaela-coel-turned-down-netflix-deal.

第5章

1. Ali Tamaseb, *Super Founders: What Data Reveals About Billion-Dollar Startups* (New

York: PublicAffairs, 2021). 你可能不知道阿里的第一本书是什么，它受欢迎的程度肯定比不上《超级创始人》，但超过 2 万名读者欣赏他努力描述竞争对手如何为伊朗奥林匹克物理竞赛做准备的内容。

2. Alex Cox, "The History of Minecraft—the Best Selling PC Game Ever," *Tech Radar*, September 4, 2020, techradar.com/news/the-history-of-minecraft.

3. "Hay Day Success Story," *Success Story,* successstory.com/products/hay-day; "Supercell: About Us," supercell.com/en/about-us.

4. Mike Butcher, "Supercell Raises $12m from Accel Partners to Power Social Web Games," *TechCrunch*, May 27, 2011, techcrunch.com/2011/05/26/supercell-raises-12m-from-accel-partners-to-power-social-web-games; Supercell profile, PitchBook, pitch book.com/profiles/company/52225.57#overview; "SoftBank Buys $1.5 Billion Stake in Finnish Mobile Games Maker Supercell," CNBC, October 15, 2013, cnbc.com/2013/10/15/softbank-buys-15-billion-stake-in-finnish-mobile-games-maker-supercell.html. 这里提到的估值以及书中其他初创公司的估值实际上是"投资后估值"，等于稀释后的股票总数和最近一轮投资者支付的每股价格的乘积。正如 Gornall 和 Strebulaev 所发现的那样，由高估值的风投支持的公司的投资后估值平均比公平估值高出 50%。尽管如此，30 亿美元的投资后估值使超级细胞成了一个高价值的独角兽；请参阅 Will Gornall and Ilya A. Strebulaev, "Squaring Venture Valuations with Reality," *Journal of Financial Economics* 135, no. 1 (January 2020): 120–43。

5. Rachel Weber, "Accel Sells Supercell Shares, SoftBank Ups Stake," GamesIndustry.biz, June 1, 2015, gamesin dustry.biz/accel-sells-supercell-shares-softbank-ups-stake; Om Malik, "Tiny Speck," OM.co, om.co/gigaom/glitch-5-million-vc-funding.

6. Matthew Ingram, "Q& A: Stewart Butterfield on the Launch of Glitch," GigaOM, February 9, 2010, web.archive.org/web/20100215221349/https://gigaom.com/2010/02/09/qa-stewart-butterfield-on-the-launch-of-glitch. See also "The Startups Team, Slacking Off: Interview with Stewart Butterfield," Startups.com, June 4, 2018, start ups.com/library/founder-stories/stewart-butterfield; Nick Douglas, "I'm Slack CTO Cal Henderson, and This Is How I Work," *Lifehacker*, September 13, 2017, lifehacker.com/im-slack-cto-cal-henderson-and-this-is-how-i-work-1803819796.

7. Daniel Terdiman, "Glitch Launches; *CNET* Offers an Instant-Entry Pass," *CNET*, September 27, 2011; Dean Takahas, "Online Game Startup Tiny Speck Raises $10.7M from Andreessen Horowitz and Accel," *GamesBeat*, April 12, 2011, venturebeat.com/

games/online-game-startup-tiny-speck-raises-10-7m-from-andreessen-horowitz-and-accel; "The Big Pivot: Slack's Stewart Butterfield," *Masters of Scale* podcast, episode 13, mastersofscale.com/stewart-butterfield-the-big-pivot/.

8. Emily St. James, "Glitch," *AV Club*, October 17, 2011, avclub.com/ glitch- 1798227936.

9. "Why Did Glitch Shut Down?," Startup Cemetery, *Failory*, failory.com/ cemetery/ glitch.

10. Johnny Rodgers, "The Death of Glitch, the Birth of Slack," November 2012, johnnyrodgers.is/ The- death-of-Glitch-the-birth-of-Slack.

11. Christian Nutt, "The Story of Glitch: Why This Odd MMO Is Shutting Down," *Informa Tech*, November 30, 2012, gamedeveloper.com/business/the-story-of-i-glitch-i-why-this-odd-mmo-is-shutting-down#.ULkcf4P-EsQ.

12. Justin Olivetti, "Glitch Closing Down, Cites Limited Audience," *Engadget*, November 14, 2012.

13. Lizette Chapman, "How One VC Firm Amassed a 24% Stake in Slack Worth $4.6 Billion," *Bloomberg*, June 21, 2019, bloomberg.com/news/articles/2019-06-21/investing-in-slack-work-made-billions-for-vc-firm-accel?sref=PF9CBsza. 其他信息来源报道的数字甚至更高,达到了600万美元。

14. Tiny Speck 在 2009 年的种子轮获得了 150 万美元的融资,随后在 2010 年的 A 轮融资中获得了 500 万美元,在 2011 年的 B 轮融资中获得了 1070 万美元。如果他们在银行里还有 500 万美元,那投资人每美元投资可以收回 29 美分。如果他们愿意,而且天使投资人拥有更少的权利,那么风险投资人也可以收回更多的资金。

15. Chapman, "How One VC Firm."

16. Andrew Braccia, "Slack: It's Always Been About the People," Accel, June 20, 2019, accel.com/noteworthy/slack-its-always-been-about-the-people.

17. Caroline Fairchild, "How Ben Horowitz Accidentally Invested in Slack," LinkedIn Pulse, April 28, 2015, linkedin.com/pulse/how-ben-horowitz-accidentally-invested-slack-caroline-fairchild.

18. Paige Leskin, "YouTube Is 15 Years Old. Here's a Timeline of How YouTube Was Founded, Its Rise to Video Behemoth, and Its Biggest Controversies Along the Way," *Insider*, May 30, 2020.

19. Eric Markowitz, "How Instagram Grew from Foursquare Knock-Off to $1 Billion Photo Empire," *Inc.*, April 10, 2012, inc.com/eric-markowitz/life-and-times-of-instagram-the-complete-original-story.html; Sriram Krishnan, "How We Took

Instagram to a Billion Users: Instagram Co-Founder Mike Krieger," YouTube, January 24, 2021, youtube.com/watch?v= sfqTlk4vDJw.

20. Adam L. Penenberg, "An Insider's History of How a Podcasting Startup Pivoted to Become Twitter," *Fast Company*, August 9, 2012; Nicholas Carlson, "The Real History of Twitter," *Business Insider*, April 12, 2011.

21. Jimmy Jemail, "The Question: How Important Is a Jockey to a Horse?," *Sports Illustrated Vault*, October 8, 1956, vault.si.com/vault/1956/10/08/the-question-how-important-is-a-jockey-to-a-horse.

22. Christopher Beam, "Do Jockeys Matter in Horse Races?," *Slate*, May 12, 2009, slate.com/news-and-politics/2009/05/do-jockeys-matter-at-all-in-horse-racing.html.

23. Joe Drape, "Faster Horses? Study Credits Jockeys," *New York Times*, July 16, 2009.

24. Kit Chellel, "The Gambler Who Cracked the Horse-Racing Code," *Bloomberg*, May 3, 2018, bloomberg.com/news/features/2018-05-03/the-gambler-who-cracked-the-horse-racing-code?sref=PF9CBsza.

25. Gompers, Gornall, Kaplan, and Strebulaev, "How Do Venture Capitalists."

26. 一个例外是在医疗保健领域，特别是在创业企业的后期发展阶段。一种可能的解释是，在许多生物技术投资中，许多最初的不确定性在投资者投入资金之前就已经解决了；例如，关于一种药物有效性的科学研究可能已经开始了。

27. William D. Bygrave and Jeffry Timmons, *Venture Capital at the Crossroads* (Cambridge, MA: Harvard Business School Press, 1992), 104.

28. Henry F. McCance, interview conducted by Carole Kolker, October 14, 2010, Computer History Museum, archive.computerhistory.org/resources/access/text/2019/03/102781068-05-01-acc.pdf. The quotation has been slightly modified for clarity.

29. 关于Gmail的构思和发展故事，以及保罗·布赫海特在其中的角色的详细描述，请参阅：Jessica Livingston 在 *Founders at Work: Stories of Startups' Early Days* (Berkeley, CA: Apress, 2007) 第162页举的例子。另请参阅 Harry McCracken, "How Gmail Happened: The Inside Story of Its Launch 10 Years Ago," *Time*, April 1, 2014。

30. On Google News, see Harry McCracken, "An Exclusive Look Inside Google In-House Incubator Area 120," *Fast Company*, December 3, 2018; on Google Talk, Gary Price, "Where Did Google Talk Come From?," *Search Engine Watch*, August 30, 2005, search enginewatch.com/2005/08/30/where-did-google-talk-come-from; on Google Scholar, Richard Van Noorden, "Google Scholar Pioneer Reflects on the Academic Search Engine's Future," *Scientific American*, November 10, 2014.

31. Meredith Somers, "Intrapreneurship, Explained," MIT Management Sloan School, June 21, 2018, mitsloan.mit.edu/ideas-made-to-matter/intrapreneurship-explained; Norman Macrae, "Intrapreneurial Now: Big Goes Bust," *The Economist*, April 17, 1982, 47–48; Gerald C. Lubenow, "Jobs Talks About His Rise and Fall," *Newsweek*, September 29, 1985.
32. Oriana González, "Hispanic Heritage: Happy Meals Migrated from Guatemala," *Axios*, October 7, 2021, axios.com/2021/10/07/guatemala-mcdonalds-happy-meal-hispanic-heritage.
33. Livingston, *Founders at Work*.
34. Zach Brook, "How Bodexpress Ran the 2019 Preakness Without a Jockey," NBC Sports, May 18, 2019, nbcsports.com/betting/horse-racing/news/how-bodexpress-ran-the-2019-preakness-without-a-jockey.
35. Kelsey Doyle, "DoorDash CEO Tony Xu on Why Obsession with Detail Matters," View from the Top interview, Stanford Graduate School of Business, June 16, 2021, gsb.stanford.edu/insights/door dash-ceo-tony-xu-why-obsession-detail-matters.
36. "Airbnb Founders: Brian Chesky, Nathan Blecharcyzk, and Joe Gebbia," Hostaway, hostaway.com/airbnb-founders.
37. Matthew Herper, "At 24, Two Entrepreneurs Took On Cancer. At 32, They're Worth Hundreds of Millions," *Forbes*, November 14, 2018.
38. Morgan Brown, "AirBnb: The Growth Story You Didn't Know," GrowthHackers, growthhackers.com/growth-studies/airbnb.
39. Myles McCormick and Anjli Raval, "Orsted Chief Henrik Poulsen Resigns," *Financial Times*, June 15, 2020.
40. Abu M. Jalal and Alexandros P. Prezas, "Outsider CEO Succession and Firm Performance," *Journal of Economics and Business* 64, no. 6 (November–December 2012): 399–426.
41. Tristan L. Botelho and Melody Chang, "The Evaluation of Founder Failure and Success by Hiring First: A Field Experiment," *Organization Science* 34, no. 1 (2022): 484–508.
42. Mat Honan, "Remembering the Apple Newton's Prophetic Failure and Lasting Impact," *Wired*, August 5, 2013.
43. "Talking Leadership, Failure, Side-Projects and Success with Cal Henderson," *The Orbit Shift* podcast, season 1, episode 10, November 10, 2020, theorbitshift.com/2020/11/10/talking-leadership-failure-side-projects-and-success-with-cal-

henderson.

44. Parsa Saljoughian, "7 Lessons from Andy Rachleff on Product-Market Fit," *Medium*, May 11, 2017, medium.com/parsa-vc/7-lessons-from-andy-rachleff-on-product-market-fit-9fc5eceb4432.

45. Steven N. Kaplan, Berk A. Sensoy, and Per Str-mberg, "Should Investors Bet on the Jockey or the Horse? Evidence from the Evolution of Firms from Early Business Plans to Public Companies," *Journal of Finance* 64, no. 1 (2009): 75–115.

46. "How Long Does It Take to Cook a Burger on the Grill?," McDonald's, May 21, 2018, mcdonalds.com/gb/en-gb/help/faq/how-long-does-it-take-to-cook-a-burger-on-the-grill.html.

47. "Toyota Production System," Toyota Company Information, Vision and Philosophy, global.toyota/en/company/vision-and-philosophy/production-system.

48. Justinas Baltrusaitis, "Amazon Hires 50,000 More Workers for 2021 Holiday Season Than in 2020," *Finbold*, November 23, 2021.

49. 有关泰勒原则的历史，请参阅：David A. Hounshell, "The Same Old Principles in the New Manufacturing," *Harvard Business Review*, November 1988. Taylor's own book is still quite readable: Frederick Winslow Taylor, *The Principles of Scientific Management* (New York/London: Harper & Brothers, 1913)。

50. DVD 销量在 2005 年达到 163 亿美元的高点之后，在 2006 年下降了 3%，2007 年增长了约 0.5%。从 2007 年到 2008 年，DVD 的销量下降了 26%。Sarah Whitten, "The Death of the DVD: Why Sales Dropped More than 86% in 13 Years," CNBC, November 8, 2019. 另请参阅 "Hollywood Video Owner Files for Bankruptcy," NBC News, February 3, 2010, nbcnews.com/id/wbna35222092; Eric Savitz, "Chicken Soup Completes Redbox Acquisition, Ending a Weird Meme-Stock Tale," *Barron's*, August 11, 2022; Robert Channick, "Redbox Rolls Out Streaming Video Service," *Chicago Tribune*, December 13, 2017。

51. "How Netflix Became the Leader in Original Content," *Socialnomics*, December 5, 2018, socialnomics.net/2018/12/05/how-netflix-became-the-leader-in-original-content/.

52. Bill Snyder, "Netflix Founder Reed Hastings: Make as Few Decisions as Possible," Stanford Graduate School of Business, November 3, 2014, gsb.stanford.edu/insights/netflix-founder-reed-hastings-make-few-decisions-possible.

53. John Hecht, "Netflix Chief Downplays Nielsen Plans to Measure Streaming Service

Viewership," *Hollywood Reporter*, November 24, 2014, hollywoodreporter.com/tv/tv-news/netflix-chief-downplays-nielsen-plans-751931.

54. James Laube, "Technique vs. Terroir," *Wine Spectator*, October 2, 2013; Eric Stern, "The Cube Project: Challenging Assumptions About Terroir and Technique," *Wine Business*, May 13, 2013; Dwight Furrow, "The Cube Project Demonstrates the Fragility of Terroir," *Edible Arts*, October 3, 2013.

55. Profile of Robert Langer, *Forbes*, forbes.com/profile/robert-langer/; "Professor Robert S. Langer," MIT Langer Lab, langerlab.mit.edu/langer-bio; "Highly Cited Researchers 2023," AD Scientific Index 2023, adscientificindex.com/scientist/robert-langer/1343674; "Case Study: Robert Langer," History Associates Incorporated, February 10, 2021, lemel son.mit.edu/sites/default/files/2021-02/%20LMIT_Langer_CaseStudy.pdf; Lucas Tan, "Prof Who Went on to Co-Found Moderna Was Told to 'Find Another Job' After Pitching Drug Delivery Idea," *The Straits Times* (Singapore), February 4, 2023, straitstimes.com/singapore/moderna-co-founder-told-to-find-another-job-after-pitching-vaccine-delivery-idea.

56. Varun Saxena, "Robert Langer Talks Science, Business and How They Intersect," *Fierce Pharma*, October 15, 2014, fiercepharma.com/partnering/robert-langer-talks-science-business-and-how-they-intersect.

57. 兰格的给药方法为 mRNA 疫苗的开发奠定了基础。Laura Hood, "How Robert Langer, a Pioneer in Delivering mRNA into the Body, Failed Repeatedly but Kept Going: 'They Said I Should Give Up, but I Don't Like to Give Up,'" *The Conversation*, April 26, 2022, theconversation.com/how- robert-langer-a-pioneer-in-delivering-mrna-into-the-body-failed-repeatedly-but-kept-going-they-said-i-should-give-up-but-i-dont-like-to-give-up-181417。

58. Zoe Corbyn, "Moderna Co-Founder Robert Langer: 'I Wanted to Use My Chemical Engineering to Help People,' " *The Guardian, March* 12, 2022.

第6章

1. Erica van de Waal, Christèle Borgeaud, and Andrew Whiten, "Potent Social Learning and Conformity Shape a Wild Primate's Foraging Decisions," *Science* 340, no. 6131 (2013): 483–85, science.org/doi/10.1126/science.1232769; it includes videos with monkeys.

2. B. Latané and J. Darley, "Group Inhibition of Bystander Intervention in Emergencies,"

Journal of Personality and Social Psychology 10, no. 3 (November 1968): 215–21; see also "The Smoky Room Experiment: Trust Your Instincts," Academy 4SC, academy4sc.org/video/the-smoky-room-experiment-trust-your-instincts.

3. 那天，我们有机会观察了 10 个小组中的 4 个小组，我们盯着屏幕，迅速地做笔记。15 分钟后，当我们切换到其他 6 个房间时——你现在可以猜到了——决定已经做出了，团队要么离开了房间，要么正在讨论他们将如何展示他们的建议。我们本希望记录下所有团队的讨论！

4. "David Sze Disagreed with Reid Hoffman's Airbnb Investment," *The Pitch podcast*, episode 8, December 7, 2020, 02:06, pod clips.com/c/mRrrjC; see also "Reid Hoffman—Surprising Entrepreneurial Truths," *The Jordan Harbinger Show*, episode 611, jordanharbinger.com/reid-hoffman-surprising-entrepreneurial-truths.

5. 在每 100 家高 IPO 风投公司中，只有 40 家报告说它们遵循了一致同意原则，而在每 100 家低 IPO 风投公司中有 52 家遵循了这一原则；Paul Gompers, William Gornall, Steven N. Kaplan, and Ilya A. Strebulaev, "How Do Venture Capitalists Make Decisions?," *Journal of Financial Economics* 135, no. 1 (January 2020): 169–90。

6. Urmee Khan, "BBC 'Meeting Culture' Stopping People Doing Jobs, Says Boss," *The Telegraph*, April 1, 2010.

7. Paul Ziobro, "Floundering Mattel Tries to Make Things Fun Again," *Wall Street Journal*, December 22, 2014。

8. 这是泰森在 37 场连胜后的第一次失利，其中 33 场是击倒对手获胜。James Sterngold, "Tyson Loses World Title in a Stunning Upset," *New York Times*, February 11, 1990; Betswapgg, "Against the Grain: How Contrarian Betting Can Boost Your Sports Betting Payouts," *Medium*, March 8, 2023, medium.com/@Betswapgg/against-the-grain-how-contrarian-betting-can-boost-your-sports-betting-payouts-8780bf748cbc; Lee Cleveland, "Tyson vs Douglas Odds: Some Lost a Fortune," *FightSaga*, July 3, 2022, fightsaga.com/fightsaga/news/tyson-vs-douglas-odds-some-lost-big-money.

9. *Business Insider*, "RAY DIALO: You Have to Bet Against the Consensus and Be Right to Be Successful in the Markets," YouTube video, 3:27, September 22, 2017, youtube.com/watch?v=NovJFwpJSCI.

10. David Chambers, "Keynes' Asset Management: King's College, 1921–1946: The British Origins of the US Endowment Model," Centre for Economic Policy Research, *Vox EU*, October 20, 2014, cepr.org/voxeu/columns/keynes-asset-management-kings-

college-1921-1946-british-origins-us-endowment-model; Mark Johnston, "Keynes the Investor," *Econfix*, August 1,2012, econfix.wordpress.com/2012/08/01/keynes-the-investor.

11. Clara Lindh Bergendorff, "On VC Non-Consensus, Outsized Returns, and Why I Won't Wear a Patagonia Vest," *Forbes*, March 8, 2020. 最初的想法来自橡树资本的霍华德·马克斯，他用一个非常相似的矩阵描述了这一事实。Howard Marks, "I Beg to Differ," Oaktree, July 26, 2022, oaktreecapital.com/insights/memo/i-beg-to-differ。

12. "Enron's PRC: A Walk Down Memory Lane of a Symbol of Poor Governance," *People Matters*, April 29, 2018, peoplematters.in/article/performance-management/enrons-prc-a-walk-down-memory-lane-of-a-symbol-of-poor-governance-18115.

13. Clinton Free and Norman B. Macintosh, "Management Control Practice and Culture at Enron: The Untold Story," CAAA 2006 Annual Conference Paper, August 6, 2006, ssrn.com/abstract=873636.

14. Cat Clifford, "Billionaire Ray Dalio: Here Are 'the Most Valuable 3 Minutes of Thoughts That I Could Possibly Share," CNBC, June 22, 2018, cnbc.com/2018/06/22/ray-dalios-top-success-tip-listen-to-people-who-disagree-with-you.html.

15. John Monash, "War Letters of General Monash: Volume 1, 24 December 1914–4 March 1917," Australian War Memorial, awm.gov.au/collection/C2077750? image=1.

16. Gompers, Gornall, Kaplan, and Strebulaev, "How Do Venture Capitalists."

17. "Two-Pizza Teams," Amazon Web Services, docs.aws.amazon.com/whitepapers/latest/introduction-devops-aws/two-pizza-teams.html; Charles Wilkin, "Robert Sutton: 'Do Your Team Meetings Pass the Two-Pizza Test?,'" *Wired*, April 2014, wired.co.uk/article/team-meetings-two-pizza-test.

18. Ziobro, "Floundering Mattel."

19. J. Richard Hackman and Neil Vidmar, "Effects of Size and Task Type on Group Performance and Member Reactions," *Sociometry* 33, no. 1 (March 1970): 37–54.

20. David Maxfield, Joseph Grenny, Ron McMillan, Kerry Patterson, and Al Switzler, "Silence Kills: The Seven Crucial Conversations in Healthcare," *Vital Smarts*, 2011, hks.harvard.edu/sites/default/files/Academic%20Dean's%20Office/communications_program/workshop-materials/Moss_Article%20ref%20in%20Workshop%20Silence%20Kills.pdf.

21. Robert F. Kennedy, *Thirteen Days: A Memoir of the Cuban Missile Crisis* (New York:

W. W. Norton, 1969).
22. Irving L. Janis, "Groupthink," in *Readings in Managerial Psychology*, ed. Harold J. Leavitt, Louis R. Pondy, and David M. Boje (Chicago: University of Chicago Press, 1971). A more detailed discussion can be found in Morten Hansen, *Collaboration: How Leaders Avoid the Traps, Build Common Ground, and Reap Big Results* (Boston: Harvard Business Press, 2009).
23. Tim Brinkhof, "Devil's Advocate Used to Be an Actual Job Within the Catholic Church," *Big Think*, July 11, 2022, bigthink.com/high-culture/devil-advocate-catholic-church.
24. "Marc Andreessen," *Tim Ferriss Show* podcast, episode 163, January 1, 2018, tim.blog/2018/01/01/the-tim-ferriss-show-transcripts-marc-andreessen/.
25. Aaron De Smet, Tim Koller, and Dan Lovallo, "Bias Busters: Getting Both Sides of the Story," *McKinsey Quarterly*, September 4, 2019.
26. Adam Grant, *Originals: How Non-Conformists Move the World* (New York: Viking, 2016).
27. "Shaving Start-Up Firm Bought by Unilever," BBC Business, July 20, 2016, bbc.com/news/business-36791928.
28. Ian Parker, "Absolute PowerPoint," *The New Yorker*, May 28, 2001; "Oral History of C. Richard 'Dick' Kramlich, Part 1," interview by David C. Brock, March 31, 2015, Computer History Museum, archive.computerhistory.org/resources/access/text/2016/03/102740064-05-01-acc.pdf; Daniel Geller and Dayna Goldfine (dirs.), *Something Ventured*, Zeitgeist Films, 2011, video accessible at vimeo.com/105745528; Robert Gaskins, *Sweating Bullets: Notes About Inventing PowerPoint* (San Francisco/London: Vinland Books, 2012).
29. Andy Wu, "Organizational Decision-Making and Information: Angel Investments by Venture Capital Partners," working paper, November 10, 2015, accessible at dx.doi.org/10.2139/ssrn.2656896.
30. Dan Primack, "Peter Thiel's Founders Fund Isn't Really Peter Thiel's Founders Fund," *Axios*, February 19, 2020, axios.com/2020/02/19/peter-thiel-founders-fund.
31. Brandon Wales, "Getting to 'Yes': The Black Box of Venture Capital Decision Making," Headline, May 6, 2020, headline.com/asia/en-us/post/getting-to-yes-the-black-box-of-venture-capital.

第 7 章

1. "Sequoia's Michael Moritz: Venture Capital Is 'High-Risk Poker,'" Bloomberg Originals, October 19, 2015, accessible at youtube.com/watch?v=k8Qxk5p2xnE. The earliest reference to poker and VC we could find is in Fred Wilson, "The Poker Analogy," AVC, November 17, 2004, avc.com/ 2004/ 11/ the_ poker_ analo.
2. 虽然在这个游戏中哪一方是先手有运气的成分，但这并不重要，因为棋手在比赛中可以交替先手位置。
3. "6 Psychological Gains Playing Poker Can Give You," *American Post*, March 7, 2023, americanpost.news/psychological-gains-playing-poker.
4. John von Neumann and Oskar Morgenstern, *Theory of Games and Economic Behavior* (1944; Princeton, NJ: Princeton University Press, 2007).
5. 除非有人跟注，否则玩家也可以不采取任何行动，即选择"过牌"，但仍保留在同一下注轮后续阶段的弃牌、加注或再次下注的权利。
6. 相关讨论请参阅 Richard D. Harroch and Lou Krieger, *Poker for Dummies* (Hoboken, NJ: John Wiley & Sons, 2000)。
7. For example, see Maria Konnikova, *The Biggest Bluff: How I Learned to Pay Attention, Master Myself, and Win* (New York: Penguin Press, 2020); Annie Duke, *Thinking in Bets: Making Smarter Decisions When You Don't Have All the Facts* (New York: Portfolio/Penguin, 2018). 一篇发表于 2004 年的著名博客文章探讨了扑克和风险投资早期阶段之间的相似性：Fred Wilson, November 17, 2004, "The Poker Analogy," avc.com/2004/11/the_poker_analo。
8. Patrick Harvey, "When to Fold in Poker (Before and After the Flop)," Upswing Poker, July 7, 2021, upswingpoker.com/when-to-fold-in-poker-before-after-flop.
9. Eric Rosenbaum and Ellen Sheng, "Marriott Built Its Own 'Airbnb' Before Coronavirus Crashed Business Travel. Did It Help?," CNBC, September 13, 2020, cnbc.com/2020/09/13/marriott-built-its-airbnb-before-coronavirus-crash-did-it-help.html.
10. Cory Weinberg, "Airbnb's Biggest IPO Winners," *The Information*, December 7, 2020, theinformation.com/articles/airbnbs-biggest-ipo-winners.
11. Brian Chesky, "How Much Money Did Airbnb Raise? What Is the Company's Financing History?," Quora, 2015, quora.com/How-much-money-did-Airbnb-raise-What-is-the-companys-financing-history/answer/Brian-Chesky; Rebecca Aydin, "How 3 Guys Turned Renting Air Mattresses in Their Apartment into a $31 Billion Company, Airbnb, *Insider*, September 20, 2019.

12. "AirBnB IPO: All You Need to Know," Eqvista, January 6, 2021, eqvista.com/airbnb-ipo-all-you-need-to-know. 在这里和本书中的其他地方，我们说的风投支持的公司的估值指的是投资后的估值。

13. Jenna Wortham, "Airbnb Raises Cash to Expand Budget-Travel Service," *New York Times*, November 10, 2010.

14. Jessica E. Lessin, "Thiel in Talks to Invest in Airbnb at $2.5 Billion Valuation," *Wall Street Journal*, October 19, 2012; Robert Lavine, "The Big Deal: Airbnb Checks in to $10bn Club," *Global Corporate Venturing*, August 10, 2014, globalventuring.com/corporate/the-big-deal-airbnb-checks-in-to-10bn-club. 这里提到的估值都来自 PitchBook 的报告和其他信源。

15. Ilya Strebulaev, "How Many Rounds Do Startups Raise by the Time They Become a Unicorn?," LinkedIn, June 2023, linkedin.com/posts/ilyavcandpe_stanford-stanfordgsb-venturecapital-activity-7067499237495762945-RraZ.

16. Reid Hoffman, Twitter post, March 29, 2017, twitter.com/reidhoffman/status/847142924240379904.

17. Danny Sheridan, "June 16: Minimum Lovable Product," Fact of the Day 1 (*Substack*), June 16, 2021, factoftheday1.com/p/june-16-minimum-loveable-product.

18. 如果你上了一门金融课程，你会注意到期权与金融期权的相似性，比如股票期权。尽管期权都是关于权利而不是义务的，但通常教授期权的技术方式并不能传达决策者的灵活性。

19. Riley McDermid, "Picplz 1, Instagram 0 as VC Firm Andreessen Horowitz Chooses Photo App Rival," *VentureBeat*, November 11, 2010, venturebeat.com/entrepreneur/picplz-1-instagram-0-as-vc-firm-andreessen-horowitz-defects-to-photo-app-rival.

20. Piet H. van der Graaf, "Probability of Success in Drug Development," *Clinical Pharmacology & Therapeutics* 111, no. 5 (April 19, 2022): 983–85.

21. Phoebe Sedgman and Jasmine Ng, "Iron Ore Seen Stabilizing by Biggest Shipper as Mines Shut Down," *Bloomberg*, September 17, 2014, bloomberg.com/news/articles/2014-09-17/iron-ore-seen-stabilizing-by-australia-as-mine-closures-spread#xj4y7vzkg; Daniel Fitzgerald, "Iron Ore Mining Comeback in NT Sparks Environmental, Fishing and Cultural Concerns," ABC News (Australia), September 17, 2018, abc.net.au/news/rural/2018-09-18/nt-iron-ore-mine-comeback-spark-environmental-fishing-concerns/10060256.

22. James Jianxin Gong, S. Mark Young, and Wim A. Van der Stede, "Real Options

in the Motion Picture Industry: Evidence from Film Marketing and Sequels," *Contemporary Accounting Research* 28, no. 5 (Winter 2011): 1438–66.

23. Kira Deshler, "The Untold Truth of *My Big Fat Greek Wedding*," *Looper,* April 27, 2022, looper.com/845207/the-untold-truth-of-my-big-fat-greek-wedding.

24. Jon Krakauer, *Into Thin Air* (New York: Villard, 1997).

25. Juan Felipe Aegerter Alvarez, Aferdita Pustina, and Markus Hällgren, "Escalating Commitment in the Death Zone: New Insights from the 1996 Mount Everest Disaster," *International Journal of Project Management* 29, no. 8 (December 2011): 971–85; Katie Serena, "Rob Hall Is Proof That It Doesn't Matter How Experienced You Are—Everest Is Still a Deadly Climb," *All That's Interesting*, April 6, 2018, allthatsinteresting.com/rob-hall.

26. Dustin J. Sleesman, Anna C. Lennard, Gerry McNamara, and Donald E. Conlon, "Putting Escalation of Commitment in Context: A Multilevel Review and Analysis," *Academy of Management Annal*s 12, no. 1 (2017).

27. See, for example, Jan Simpson, "The Sunk Cost Fallacy in Poker," 888 Poker, November 6, 2022, 888poker.com/magazine/strategy/sunk-cost-fallacy-poker; Techienerd, "Typical Beginner Mistakes," Pokerology, July 4, 2023, pokerology.me/beginner-mistakes.

28. Jason Rodrigues, "Barings Collapse at 20: How Rogue Trader Nick Leeson Broke the Bank," *The Guardian*, February 24, 2015; Richard W. Stevenson, "Breaking the Bank: Big Gambles, Lost Bets Sank a Venerable Firm," *The New York Times*, March 3, 1995.

29. B. M. Staw, "Knee-Deep in the Big Muddy: A Study of Escalating Commitment to a Chosen Course of Action," *Organizational Behavior and Human Performance* 16 (1976): 27–44; M. A. Davis and P. Bobko, "Contextual Effects on Escalation Processes in Public Sector Decision Making," *Organizational Behavior and Human Decision Processes* 37, no. 1 (1986): 121–38.

30. Another "millionaire" in 2001, known as "Coughing Major" Charles Ingram, turned out to be a fraud. That is a separate and intriguing story in itself.

31. Jessica Mathews, "Lightspeed Formed a Re-Investment Team to Help the VC Prepare for a Downturn," *Fortune*, July 20, 2022.

32. Gené Teare, "How Lightspeed Venture Partners Doubles Down," *Crunchbase News*, September 26, 2022, news.crunchbase.com/venture/lightspeed-investment-strategy-alloy-tost-brze-ampl.

33. "Lessons in Candour from Pixar's Braintrust," Destination Innovation, shortform.

com/blog/pixar-braintrust.
34. James Surowiecki, *The Wisdom of Crowds* (New York: Doubleday, 2004), chapter 1.
35. "Criteria," Versatile VC, versatilevc.com/criteria.
36. Michael Ewens, Matthew Rhodes-Kropf, and Ilya A. Strebulaev, "Insider Financing and Venture Capital Returns," Stanford University Graduate School of Business Research Paper No. 16-45, October 9, 2016, accessible at papers.ssrn.com/sol3/papers.cfm?abstract_id=2849681.
37. "A Case Study in Combating Bias," *McKinsey Quarterly*, May 11, 2017.
38. Arnab Shome, "Walmart to Launch New Fintech with Ribbit Capital Partnership," *Finance Magnates*, December 1, 2021, finance magnates.com/fintech/news/walmart-to-launch-new-fintech-with-ribbit-capital-partnership.
39. "Google's Self-Driving Sister, Waymo, Gets First Outside Investors," Reuters, March 3, 2020, accessible at auto.economictimes.indiatimes.com/news/aftermarket/googles-self-driving-sister-waymo-gets-first-outside-investors/74450729?redirect=1.
40. Will Gornall and Ilya A. Strebulaev, "A Valuation Model of Venture Capital–Backed Companies with Multiple Financing Rounds," working paper, February 12, 2021, accessible at papers.ssrn.com/sol3/papers.cfm?abstract_id=3725240.
41. Ilya Strebulaev, LinkedIn post, January 15, 2023, linkedin.com/posts/ilyavcandpe_stanford-stanfordgsb-venturecapital-activity-7021853740760539136-jpgu.
42. Tren Griffin and Chris Dixon, "12 Things I Learned from Chris Dixon About Startups," Andreessen Horowitz, January 18, 2015, a16z.com/2015/01/18/12-things-learned-from-chris-dixon-about-startups.
43. Felix Behr, "The Reason McDonald's Has Stopped Serving Its Plant-Based Burger," *Tasting Table*, August 3, 2022.
44. Brian Viner, "Three Wise Men, a Star and a Miracle," *Independent*, December 23, 1999.
45. "Amazon Prime Experiences Another Record-Breaking Holiday Season," Amazon press release, *Business Wire*, December 26, 2014, businesswire.com/news/home/20141226005033/en/Amazon-Prime-Experiences-Another-Record-Breaking-Holiday-Season.
46. Ben Fox Rubin, "Why Amazon Built a Warehouse Inside a Midtown Manhattan Office Tower," *CNET*, December 21, 2015, cnet.com/tech/services-and-software/why-amazon-built-a-warehouse-inside-a-midtown-manhattan-office-tower; Ángel González,

"For Amazon Exec Stephenie Landry, the Future Is Now," *Seattle Times*, May 21, 2016.

47. Brian Solis, Jerome Buvat, Subrahmanyam KVJ, and Rishi Raj Singh, "The Innovation Game: Why and How Businesses Are Investing in Innovation Centers," Capgemini Consulting and Altimeter, 2015, capgemini.com/consulting/wp-content/uploads/sites/30/2017/07/innovation_center_v14.pdf.

48. Astro Teller, "The Unexpected Benefit of Celebrating Failure," TED Talk, February 2016, ted.com/talks/astro_teller_the_unexpected_benefit_of_celebrating_failure/transcript; Astro Teller, "The Secret to Moonshots? Killing Our Projects" (adapted from 2016 TED Talk), *Wired*, February 16, 2016, wired.com/2016/02/the-secret-to-moonshots-killing-our-projects/; "Watch How Google X Employees Deal with Failure: An Inside Look at the Inner-Workings of Google's Top-Secret Research Lab," *Fast Company*, April 15, 2014.

49. Astro Teller, "A Peek Inside the Moonshot Factory Operating Manual," *Medium*, July 23, 2016, blog.x.company/a-peek-inside-the-moonshot-factory-operating-manual-f5c33c9ab4d7.

50. Obi Felten, "How to Kill Good Things to Make Room for Truly Great Ones," *Medium*, March 9, 2016, blog.x.company/how-to-kill-good-things-to-make-room-for-truly-great-ones-867fb6ef026.

第 8 章

1. Diego Puga and Daniel Trefler, "International Trade and Institutional Change: Medieval Venice's Response to Globalization," *Quarterly Journal of Economics* (2014): 753–821; Ellen Kittell and Thomas Madden eds., *Medieval and Renaissance Venice* (Urbana/Chicago: University of Illinois Press, 1999), chapter 1; Clayton M. Christensen, Efosa Ojomo, and Karen Dillon, "How We Build National Institutions Plays a Crucial Role in Ensuring Prosperity for Developing Nations," *Quartz*, January 15, 2019, qz.com/africa/1523669/clayton-christensen-develop-national-institutions-for-prosperity.

2. Lance E. Davis, Robert E. Gallman, and Karin Gleiter, *In Pursuit of Leviathan: Technology, Institutions, Productivity, and Profits in American Whaling, 1816–1906* (Chicago: University of Chicago Press, 1997), chapter 10; "How Much Did Things Cost in 1850's USA?," Another Androsphere Blog, March 14, 2013, anotherandrosphereblog.blogspot.com/2013/03/how-much-did-things-cost-in-1850s-usa.html.

3. Lance Davis, Robert E. Gallman, and Teresa Hutchins, "Productivity in American Whaling: The New Bedford Fleet in the Nineteenth Century," Working Paper 2477, *National Bureau of Economic Research*, December 1987, nber.org/papers/w2477.

4. Tom Nicholas, *VC: An American History* (Cambridge, MA: Harvard University Press, 2019); see also Tom Nicholas and Jonas Peter Atkins, "Whaling Ventures," Harvard Business School Case 813-086, October 2012, revised February 2019, hbs.edu/faculty/ Pages/ item.aspx?num= 43322.

5. Davis, Gallman, and Gleiter, *In Pursuit of Leviathan*; "Whales and Hunting," New Bedford Whaling Museum, whaling museum.org/learn/research-topics/whaling-history/whales-and-hunting.

6. 这是一种简化，因为在风投基金的后期阶段，费用通常是所管理资产的一定比例。此外，费用可能会超过 2%，或者随风险投资基金的变化而变化。

7. Paul Solman, "Is Carried Interest Simply a Tax Break for the Ultra Rich?," *PBS News Hour*, October 29, 2015, pbs.org/newshour/economy/carried-interest-simply-tax-break-ultra-rich;Vladimir V. Korobov, "Carried Interest: What It Represents and How to Value It and Why," Marcum Accountants and Advisors, November 7,2019, marcumllp.com/insights/carried-interest-what-it-represents-and-how-to-value-it-and-why.

8. C. Bram Cadsby, Fei Song, and Francis Tapon, "Sorting and Incentive Effects of Pay for Performance: An Experimental Investigation," *Academy of Management Journal* 50, no. 2 (April 2007): 387–405.

9. Sue Fernie and David Metcalf, "It's Not What You Pay, It's the Way That You Pay It and That's What Gets Results: Jockeys' Pay and Performance," *Labour* 13, no. 2 (June 1999): 385–411.

10. Peter Delevett, "2013: Twitter's IPO Means 1,600 New Millionaires—and More Good News for Silicon Valley," *Mercury News*, November 8, 2013.

11. Owen Edwards, "Legends: Arthur Rock," *Forbes*, June 1, 1998; Sally Smith Hughes, interview with Arthur Rock, "Early Bay Area Venture Capitalists: Shaping the Economic and Business Landscape," Regional Oral History Office, University of California, 2009, digitalassets.lib.berkeley.edu/roho/ucb/text/rock_arthur.pdf.

12. Fairchild, "The 50th Year Photo Album," accessible at web.archive.org/web/20160303174538/http://corphist.computerhistory.org/corphist/documents/doc-473a252347d41.pdf?PHPSESSID=ccd241; "Fairchild Lunar Mapping Camera System Scrapbook Hutchins," NASM.2015.0048, National Air and Space Museum, Smithsonian Institution, airand

space.si.edu/collection-archive/fairchild-lunar-mapping-camera-system-scrapbook-hutchins/sova-nasm-2015-0048; "Sherman Mills Fairchild," accessible at web.archive.org/web/20191118003924/http://www.bcwarbirds.com/sherman_fairchild_bio.htm.

13. Leslie Berlin, *The Man Behind the Microchip: Robert Noyce and the Invention of Silicon Valley* (New York: Oxford University Press, 2005), 89; Joseph Blasi, Douglas Kruse, and Aaron Bernstein, *In the Company of Owners: The Truth About Stock Options (and Why Every Employee Should Have Them)* (New York: Basic Books, 2003).

14. 在法律上，仙童半导体是仙童照相机的一个部门；仙童照相机的强劲业绩归功于半导体部门的增长。请参阅 Leslie R. Berlin, "Robert Noyce and Fairchild Semiconductor, 1957–1968," *Business History Review* 75, no. 1 (2001): 63–101。

15. David Laws, "Fairchild, Fairchildren, and the Family Tree of Silicon Valley," Computer History Museum, December 20, 2016, computerhistory.org/blog/fairchild-and-the-fairchildren; Berlin, *The Man Behind the Microchip*, 134.

16. 参见休斯对亚瑟·洛克的访问。

17. 确切地说，英特尔向职工发放的是受限股票单位。"Intel Corporation Restricted Stock Unit Agreement Under the 2021 Inducement Plan (For Relative TSR Performance-Based RSUs)," JUSTIA, accessed July 2023, contracts.justia.com/companies/intel-694/contract/174133。

18. "A Bias Against Investment?," *McKinsey Quarterly*, September 1, 2011; see also Dan Lovallo, Tim Koller, Robert Uhlaner, and Daniel Kahneman, "Your Company Is Too Risk-Averse," *Harvard Business Review Magazine*, March–April 2020.

19. Sari Pekkala Kerr, William R. Kerr, and Tina Xu, "Personality Traits of Entrepreneurs: A Review of Recent Literature," Working Paper 24097, National Bureau of Economic Research, December 2017："在一项对 14 项研究进行的荟萃分析中，Stewart 和 Roth（2001）发现，企业家的风险倾向大于管理者的风险倾向。但 Miner 和 Raju（2004）对这一结论提出了挑战，他们提供了来自其他 14 项研究的数据，这些研究使用投射技术来衡量风险偏好，而不是自我报告。"

20. 现实情况要复杂一些，因为风投合同没有这个案例那么简单，但这里描述的直觉普遍成立。

21. 从技术上讲，这种回报结构被称为看涨期权中的多头头寸。

22. Oriana Bandiera, Luigi Guiso, Andrea Prat, and Raffaella Sadun, "Matching Firms, Managers, and Incentives," 2010, www0.gsb.columbia.edu/faculty/aprat/papers/managers.pdf.

23. Michael G. Vann, "Of Rats, Rice, and Race: The Great Hanoi Rat Massacre, an Episode in French Colonial History," *French Colonial History* 4 (2003): 191–204.
24. Yahoo Lifestyle Singapore, "Singapore Is Voted the Cleanest and Greenest City in the World, According to *Time Out* Survey," *Yahoo News*, September 13, 2021, news.yahoo.com/singapore-is-voted-the-cleanest-and-greenest-city-in-the-world-according-to-time-out-survey-073032402.html; Kiki Streets, "Is Chewing Gum Against the Law in Singapore?," World Atlas, April 25, 2017, worldatlas.com/articles/singapore-laws-to-know-before-you-get-there.html.
25. Canice Prendergast, "The Provision of Incentives in Firms," *Journal of Economic Literature* 37, no. 1 (March 1999): 7–63; "A Fair Day's Pay," *The Economist*, May 6, 1999.
26. "Manhattan U.S. Attorney Sues Bank of America for over $1 billion for Multi-Year Mortgage Fraud Against Government Sponsored Entities Fannie Mae and Freddie Mac," US Attorney's Office, Southern District of New York, press release, October 24, 2012, justice.gov/archive/usao/nys/pressreleases/October12/BankofAmericanSuit.php.
27. Lawrence M. Fisher, "Sears Auto Centers Halt Commissions After Flap," *New York Times*, June 23, 1992.
28. Elizabeth C. Tippett, "How Wells Fargo Encouraged Employees to Commit Fraud," *The Conversation*, October 7, 2016, theconversation.com/how-wells-fargo-encouraged-employees-to-commit-fraud-66615.
29. Joshua Graff Zivin and Elizabeth Lyons, "The Effects of Prize Structures on Innovative Performance," Working Paper 26737, National Bureau of Economic Research, February 2020, nber.org/system/files/working_papers/w26737/w26737.pdf.
30. Alex Edmans, *Grow the Pie: How Great Companies Deliver Both Purpose and Profit* (Cambridge: Cambridge University Press, 2020).
31. "Franchise and Retirement from Printing," Benjamin Franklin Historical Society, web.archive.org/web/20170224211649/http://www.benjamin-franklin-history.org/franchise-and-retirement-from-printing/.
32. Ronald Rutherford, Thomas Springer, and Abdullah Yavas, "Conflicts Between Principals and Agents: Evidence from Residential Brokerage," *Journal of Financial Economics* 76, no. 3 (2005): 627–65.
33. Samantha Sharf, "Why Starbucks Pays Its Baristas with Stock: A Beginners' Guide to Company Stock," *Forbes*, March 18, 2015.

34. "Case Study: C.H.I. Overhead Doors," Ownership Works, ownershipworks.org/chi-overhead-doors; Kirk Falconer, "Deal of the Year: KKR's Exit of CHI Overhead Doors," *Buyouts*, April 2, 2023, buy outsinsider.com/deal-of-the-year-kkrs-exit-of-chi-overhead-doors.

35. Pete M. Stavros, "Incentivizing Employees and Creating Value," KKR Investor Day, 2018, accessible at youtube.com/ watch?v=*er*8T5s-To0Q.

36. "CHI Overhead Doors Employees Reap Cash Reward Following Nucor Deal," CNBC, May 17, 2022, accessible at youtube.com/watch?v=0zeExiZ4Bb4.

37. Miriam Gottried, "KKR to Sell CHI Overhead Doors to Nucor, Generating Windfall for Itself and Employees," *Wall Street Journal*, May 16, 2022.

38. Peter Thiel with Blake Masters, *Zero to One: Notes on Startups, or How to Build the Future* (New York: Crown Business, 2014).

39. Alistair Barr and Mark Bergen, "One Reason Staffers Quit Google's Car Project? The Company Paid Them So Much," *Bloomberg*, February 13, 2017, bloomberg.com/news/articles/2017-02-13/one-reason-staffers-quit-google-s-car-project-the-company-paid-them-so-much?sref=PF9CBsza. 微末的例子还显示了"幻影"股票如何因过于成功而适得其反。在"退出"之前，微末的员工会根据他们在公司的股权获得分红。对他们中的一些人来说，分红是如此丰厚，以至于他们拿着股权辞职了。

40. Jillian D'Onfro, "Here's the Decadent Meal That Won Over Google's Early Employees and Persuaded Them to Hire Their First Chef," *Business Insider India*, October 9, 2014.

41. Nick Bilton and Evelyn M. Rusli, "From Founders to Decorators, Facebook Riches," *New York Times*, February 1, 2012.

42. George F. Will, "Lovin' It All," *Washington Post*, December 27, 2007.

43. Ilya Levtov, "How Much Equity Do Founders Have When Their Company IPOs?," *Priceonomics*, December 8, 2016, priceonomics.com/how-much-equity-do-founders-have-when-their.

44. Lyft: Paul R. La Monica, "Here's Who Will Get Rich from the Lyft IPO," CNN Business, March 29, 2019, edition.cnn.com/2019/03/29/tech/lyft-investors-ipo/index.html; Box: Ben Kepes, "Box's IPO, Revenue/Expenditure Mismatches and the Cult of 'Growth at All Costs,'" *Forbes*, March 24, 2014; Pandora: Nicole Perlroth, "Pandora Files for IPO, Reveals Founder Owns Less Than 3%," *Forbes*, February 11, 2011.

第 9 章

1. Pam Stranahan, "When Were Towns on Matagorda Island? Part II: Barrier Islands," History Center for Aransas County, theach istorycenter.com/history-mystery-1/when-were-towns-on-matagorda-island%3F.
2. Alan Peppard, "Islands of the Oil Kings, Part 3: Reach for the Stars," *Dallas Morning News*, December 18, 2014, res.dallasnews.com/interactives/oilkings/part3/.
3. "'Welcome to the Rocket Business': Private Rocket Destroyed in Test-Firing Explosion," UPI, August 5, 1981, upi.com/Archives/1981/08/05/Welcome-to-the-rocket-business-Private-rocket-destroyed-in-test-firing-explosion/7158365832000.
4. "The Launch of Conestoga 1, Space Services Inc. of America, September 9, 1982," Celestis, celestis.com/about/conestoga-1/; Dan Balz, "Commercial Rocket Explodes on Pad During Test in Texas," *Washington Post*, August 6, 1981; Stephen Harrigan, "Mr. Hannah's Rocket," *Texas Monthly*, November 1982; Michael A. G. Michaud, *Reaching for the High Frontier* (New York: Praeger, 1986), chapter 12; Tom Richman, "The Wrong Stuff," *Inc.*, July 1, 1982; UPI, "Welcome to the Rocket Business."
5. Braddock Gaskill, "Elon Musk/SpaceX Interview, Part 1," *NSF*, July 28, 2006, nasaspaceflight.com/2006/07/elon-muskspacex-interview-part.1; Brian Berger, "Falcon 1 Failure Traced to a Busted Nut," Space.com, July 19, 2006, space.com/2643-falcon-1-failure-traced-busted-nut.html.
6. Stephen Clark, "Falcon 1 to Launch Today," *Spaceflight Now*, August 2, 2008, spaceflightnow.com/falcon/003/preview.html; Jeremy Hsu, "Strike Three for SpaceX's Falcon 1 Rocket," NBC News, August 3, 2008, nbcnews.com/id/wbna25990806.
7. Anthony Ha, "Private Rocket Company SpaceX Gets $20m from the Founders Fund," *VentureBeat*, August 6, 2009, venturebeat.com/business/private-rocket-company-spacex-gets-20m-from-the-founders-fund/.
8. Catherine Clifford, "9 Years Ago SpaceX Nearly Failed Itself Out of Existence: 'It Is a Pretty Emotional Day,' Says Elon Musk," CNBC, September 29, 2017, cnbc.com/2017/09/29/elon-musk-9-years-ago-spacex-nearly-failed-itself-out-of-existence.html.
9. Patrick Kariuki, "SpaceX vs. Virgin Galactic vs. Blue Origin: What Are the Differences?," *Make Use Of*, November 30, 2021, makeuseof.com/spacex-virgin-galactic-blue-origin-differences.
10. John Zarella and Tom Cohen, "Ashes of 'Star Trek' Actor on Private Rocket," CNN, May 25, 2012, edition.cnn.com/2012/05/24/showbiz/spacex-scottys-ashes/index.html.

11. Ed Browne, "Bill Nelson: Everybody Pooh-Poohed SpaceX. Look at Them Now," *Newsweek*, September 12, 2022.
12. Elon Musk, Twitter post, September 19, 2020, twitter.com/elonmusk/status/1307356512411672578.
13. Connie Loizos, "Don Valentine, Who Founded Sequoia Capital, Has Died at Age 87," *TechCrunch*, October 26, 2019; "Our History," Sequoia, sequoiacap.com/our-history.
14. Soumya Karlamangla, "California Is Home to the Tallest, Largest and Oldest Trees in the World," *New York Times*, October 21, 2022; Ivana Simic, "Hyperion—the World's Tallest Tree," Tales by Trees, December 22, 2017, talesbytrees.com/hyperion-the-worlds-tallest-tree; "Measurement of Hyperion, the Tallest Tree in the World," Monumental Trees, monumentaltrees.com/en/trees/coastredwood/video.
15. "Why the Giant Sequoia Needs Fire to Grow," *Nature* on PBS, March 14, 2017, accessible at youtube.com/watch?v=lmNZGr9Udx8.
16. Bank of America: The Humble Beginnings of a Large Bank," available at occ.treas.gov/about/who-we-are/history/1866-1913/1866-1913-bank-of-america.html
17. Felice Bonadio, "A. P. Giannini and the Bank of Italy: California's Mixed Multitudes," *International Migration Review* 27, no. 2 supplement (1993): 107–123, onlinelibrary.wiley.com/doi/pdf/10.1111/j.2050-411X.1993.tb00085.x.
18. Steve Forbes, "What Can We Learn from America's Greatest Banker?," *Forbes*, November 2, 2016.
19. Bill Gurley, Twitter post, June 21, 2022, twitter.com/bgurley/status/1539024219010240512?lang=en.
20. Fabrice Grinda, "Winter Is Coming!," November 18, 2022, fabricegrinda.com/winter-is-coming.
21. Sandberg's Harvard Business School Speech to the Class of 2012, accessible at youtube.com/watch?v=2Db0_RafutM, 5:28.
22. Bart Eshwar, "The Crazy Story Behind the Creation of the Term 'Unicorn,'" *OfficeChai*, October 18, 2016, officechai.com/startups/origin-of-the-term-unicorn; Aileen Lee, "Welcome to the Unicorn Club: Learning from Billion-Dollar Startups," *TechCrunch*, November 2, 2013, techcrunch.com/2013/11/02/welcome-to-the-unicorn-club. In defining a unicorn, a post-money valuation is used.
23. 风投一般不参与过去几年出现的零星的二级交易，因为在这些二级平台上的交易金额往往非常小。有时，风投基金会在二次交易中将部分股份出售给同行。一些规模较小的风险投资基金和天使投资人往往更经常这样做。

24. Will Gornall and Ilya A. Strebulaev, "Squaring Venture Valuations with Reality," *Journal of Financial Economics 135*, no. 1 (January 2020): 120–43.

25. Gornall and Strebulaev, "Squaring Venture Valuations with Reality."

26. Ruth Umoh, "Amazon CEO Jeff Bezos: Focusing on the Present Is No Way to Run a Business," CNBC, April 27, 2018, cnbc.com/2018/04/26/why-amazon-ceo-jeff-bezos-doesnt-focus-on-the-present.html.

27. Max Roser, Hannah Ritchie, and Edouard Mathieu, "Technological Change," Our World in Data, ourworldindata.org/technology-adoption; Diego Comin and Bart Hobijn, "An Exploration of Technology Diffusion," *American Economic Review* 100 (December 2010): 2031–59.

28. K.N.C., G.S., and P.K., "Happy Birthday World Wide Web," *The Economist*, March 12, 2014.

29. Jake Chapman, "Driving the New American Century," *TechCrunch*, March 12, 2016, techcrunch.com/2016/03/12/driving-the-new-american-century.

30. Michigan Savings Bank president quote via the Quote Investigator, July 17, 2021, quoteinvestigator.com/2021/07/17/auto-fad; Riggio quote from Warren St. John, "Barnes & Noble's Epiphany," *Wired*, June 1, 1999; Ballmer quote from Ina Fried, "These People Thought the iPhone Was a Dud When It Was Announced 10 Years Ago," *Vox*, January 9, 2017; Smith quote from "Logistics Needs a Shake-up: Surging Demand Requires New Distribution Methods," *The Economist*, October 26, 2017.

31. Gary P. Pisano, Alessandro Di Fiore, Elena Corsi, and Elisa Farri, "Chef Davide Oldani and Ristorante D'O," Harvard Business Review Case 613-080, January 2013, hbs.edu/faculty/Pages/item.aspx?num=44165.

32. Stuart Dredge, "MySpace—What Went Wrong: 'The Site Was a Massive Spaghetti-Ball Mess,'" *The Guardian*, March 6, 2015.

33. Jay Babcock, "January 30 Is International Delete Your MySpace Account Day," *Arthur*, January 22, 2008, arthurmag.com/2008/01/22/january-30th-is-international-delete-your-myspace-account-day.

34. Peter Kafka, "Did Murdoch Cut News Corp.'s Internet Goals?," *Business Insider*, October 18, 2007.

35. Jennifer Saba, "News Corp Sells MySpace, Ending Six-Year Saga," Reuters, June 29, 2011, reuters.com/article/us-newscorp-myspace/news-corp-sells-myspace-ending-six-

year-saga-idUSTRE75S6D720110629.
36. Dredge, "MySpace—What Went Wrong."
37. Yinka Adegoke, "How MySpace Went from the Future to a Failure," NBC News, April 8, 2011, nbcnews.com/id/wbna42475503.
38. Dan Primack, "The VC Who Wanted MySpace Back," *Fortune*, July 1, 2011.
39. James M. Citrin, Claudius A. Hildebrand, and Robert J. Stark, "The CEO Life Cycle," *Harvard Business Review*, November–December 2019, hbr.org/2019/11/the-ceo-life-cycle; Matteo Tonello and Jason Schoetzer, "CEO Succession Practices in the Russell 3000 and S&P 500," Harvard Law School Forum on Corporate Governance, January 15, 2021, corpgov.law.harvard.edu/2021/01/15/ceo-succession-practices-in-the-russell-3000-and-sp-500.
40. Mark J. Roe, "The Imaginary Problem of Corporate Short-Termism," *Wall Street Journal*, August 17, 2015.
41. Shai Bernstein, "Does Going Public Affect Innovation?," *The Journal of Finance*, 70, no. 4 (August 2015): 1365–1403.
42. Eric Jackson, "6 Things Jeff Bezos Knew Back in 1997 That Made Amazon a Gorilla," *Forbes*, November 16, 2011; Julia Kirby and Thomas A. Stewart, "The Institutional Yes," *Harvard Business Review*, October 2007.
43. Jim Mertens, "John Deere Chairman Says Global Markets Are Key to Company's Future," WQAD News 8 (Moline, IL), August 15, 2016, wqad.com/article/news/agriculture/ag-in-the-classroom/deere-chairman-says-global-markets-are-key-to-company-future/526-8008aa6f-ab3b-4654-acbe-d277e1e91649.
44. Mario Gabriele, "Kaspi: The Shapeshifter," *The Generalist*, August 22, 2021, generalist.com/briefing/kaspi.
45. Rob Walker, "How Adobe Got Its Customers Hooked on Subscriptions," *Bloomberg*, June 8, 2017, bloomberg.com/news/articles/2017-06-08/how-adobe-got-its-customers-hooked-on-subscriptions.
46. W. Mischel, E. B. Ebbesen, and A. Raskoff Zeiss, "Cognitive and Attentional Mechanisms in Delay of Gratification," *Journal of Personality and Social Psychology* 21, no. 2 (1972): 204–18. Their first study is described in W. Mischel and E. B. Ebbesen, "Attention in Delay of Gratification," *Journal of Personality and Social Psychology* 16, no. 2 (1970): 328–37, but it does not involve the famed marshmallows.
47. Jonah Lehrer, "Don't! The Secret of Self-Control," *The New Yorker*, May 11, 2009.

48. Jennifer Ouellette, "New Twist on Marshmallow Test: Kids Depend on Each Other for Self Control," *Ars Technica*, January 21, 2020, arstechnica.com/science/2020/01/new-twist-on-marshmallow-test-kids-depend-on-each-other-for-self-control.
49. John T. Warner and Saul Pleeter, "The Personal Discount Rate: Evidence from Military Downsizing Programs," *American Economic Review* 91, no. 1 (March 2001): 33–53.
50. Stefano DellaVigna and M. Danielle Paserman, "Job Search and Impatience," Working Paper 10837, *National Bureau of Economic Research*, October 2004, nber.org/papers/w10837.
51. Timothy J. Richards and Stephen F. Hamilton, "Obesity and Hyperbolic Discounting: An Experimental Analysis," *Journal of Agricultural and Resource Economics* 37, no. 2 (August 2012): 181–98.
52. Annalyn Kurtz, "5 Lessons Ordinary Investors Can Learn from Warren Buffett," *U.S. News & World Report*, May 4, 2018, money.usnews.com/investing/buy-and-hold-strategy/articles/2018-05-04-5-lessons-ordinary-investors-can-learn-from-warren-buffett.
53. Jared Diamond, *Collapse: How Societies Choose to Fail or Succeed*, 2nd ed. (New York: Penguin, 2011).
54. Hanneke Weitering, "Red Wine in Space May Age Faster Than on Earth, Study Finds," Space.com, May 5, 2021, space.com/red-wine-in-space-aged-faster.

结语

1. Dayeeta Das, "Żabka Launches Cashierless Store Format, Żappka," *ESM Magazine*, June 16, 2021, esmmagazine.com/technology/zabka-launches-cashierless-store-format-zappka-136704; Kevin Rozario, "Poland's Biggest Convenience Chain Overtakes Amazon in European Race for Autonomous Stores," *Forbes*, January 18, 2022.
2. Bill Briggs, "A Grocer That Sells Smoothies, Snacks and 'Easier Lives'? Welcome to Żabka's Autonomous Stores," Microsoft Source, January 10, 2023, news.microsoft.com/source/features/digital-transformation/a-grocer-that-sells-smoothies-snacks-and-easier-lives-welcome-to-zabkas-autonomous-stores.
3. Zameena Mejia, "Steve Jobs Almost Prevented the Apple iPhone from Being Invented," CNBC, September 12, 2017, cnbc.com/2017/09/12/why-steve-jobs-almost-prevented-the-apple-iphone-from-being-invented.html.
4. Sheila Farr, "Starbucks: The Early Years," HistoryLink.org, February 15, 2017, historylink.

org/file/20292.

5. Tegan Jones, "The Surprisingly Long History of Nintendo," *Gizmodo*, September 20, 2013, gizmodo.com/the-surprisingly-long-history-of-nintendo-1354286257; "The Industry's Finest—Gunpei Yokoi," VGChartz, September 10, 2009, vgchartz.com/article/5145/the-industrys-finest-gunpei-yokoi/.